U0053000

世界哲學家叢書

馬 克 弗 森

——民主的政治哲學

許 國 賢 著

1993

東大圖書公司印行

國立中央圖書館出版品預行編目資料

馬克弗森／許國賢著.--初版.--臺北市
：東大發行：三民總經銷,民82
　　面；　　公分.--(世界哲學家叢書)
參考書目：面
含索引
ISBN 957-19-1496-7（精裝）
ISBN 957-19-1497-5（平裝）

1.馬克弗森(Macpherson, Craford
　Brough, 1911-1987)-學識-政治

570.953　　　　　　　　　　82005808

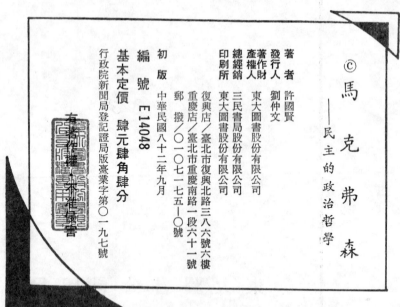

ⓒ 馬克弗森
——民主的政治哲學

著　　者　許國賢
發 行 人　劉仲文
著作財產權人　東大圖書股份有限公司
總 經 銷　三民書局股份有限公司
印 刷 所　東大圖書股份有限公司
　　　　　復興店／臺北市復興北路三八六號六樓
　　　　　重慶店／臺北市重慶南路一段六十一號
　　　　　郵撥／〇一〇七一七五——〇號
初　　版　中華民國八十二年九月
編　　號　E 14048
基本定價　肆元肆角肆分
行政院新聞局登記證局版臺業字第〇一九七號

有著作權·不准侵害

ISBN 957-19-1497-5（平裝）

的是，此刻在政治上整個中國仍　處於「一分為二」的艱苦狀態，加上馬列教條的種種限制，我們不可能邀請大陸學者參與撰寫工作。不過到目前為止，我們已經獲得八十位以上海內外的學者精英全力支持，包括臺灣、香港、新加坡、澳洲、美國、西德與加拿大七個地區；難得的是，更包括了日本與大韓民國好多位名流學者加入叢書作者的陣容，增加不少叢書的國際光彩。韓國的國際退溪學會也在定期月刊《退溪學界消息》鄭重推薦叢書兩次，我們藉此機會表示謝意。

　　原則上，本叢書應該包括古今中外所有著名的哲學思想家，但是除了財源問題之外也有人才不足的實際困難。就西方哲學來說，一大半作者的專長與興趣都集中在現代哲學部門，反映著我們在近代哲學的專門人才不太充足。再就東方哲學而言，印度哲學部門很難找到適當的專家與作者；至於貫穿整個亞洲思想文化的佛教部門，在中、韓兩國的佛教思想家方面雖有十位左右的作者參加，日本佛教與印度佛教方面卻仍近乎空白。人才與作者最多的是在儒家思想家這個部門，包括中、韓、日三國的儒學發展在內，最能令人滿意。總之，我們尋找叢書作者所遭遇到的這些困難，對於我們有一學術研究的重要啓示（或不如說是警號）：我們在印度思想、日本佛教以及西方哲學方面至今仍無高度的研究成果，我們必須早日設法彌補這些方面的人才缺失，以便提高我們的學術水平。相比之下，鄰邦日本一百多年來已造就了東西方哲學幾乎每一部門的專家學者，足資借鏡，有待我們迎頭趕上。

　　以儒、道、佛三家為主的中國哲學，可以說是傳統中國思想與文化的本有根基，有待我們經過一番批判的繼承與創造的發

「世界哲學家叢書」總序

本叢書的出版計畫原先出於三民書局董事長劉振強先生多年來的構想，曾先向政通提出，並希望我們兩人共同負責主編工作。一九八四年二月底，偉勳應邀訪問香港中文大學哲學系，三月中旬順道來臺，即與政通拜訪劉先生，在三民書局二樓辦公室商談有關叢書出版的初步計畫。我們十分贊同劉先生的構想，認為此套叢書（預計百冊以上）如能順利完成，當是學術文化出版事業的一大創舉與突破，也就當場答應劉先生的誠懇邀請，共同擔任叢書主編。兩人私下也為叢書的計畫討論多次，擬定了「撰稿細則」，以求各書可循的統一規格，尤其在內容上特別要求各書必須包括 (1) 原哲學思想家的生平； (2) 時代背景與社會環境； (3) 思想傳承與改造； (4) 思想特徵及其獨創性； (5) 歷史地位； (6) 對後世的影響（包括歷代對他的評價），以及 (7) 思想的現代意義。

作為叢書主編，我們都了解到，以目前極有限的財源、人力與時間，要去完成多達三、四百冊的大規模而齊全的叢書，根本是不可能的事。光就人力一點來說，少數教授學者由於個人的某些困難（如筆債太多之類），不克參加；因此我們曾對較有餘力的簽約作者，暗示過繼續邀請他們多撰一兩本書的可能性。遺憾

展，重新提高它在世界哲學應有的地位。為了解決此一時代課題，我們實有必要重新比較中國哲學與（包括西方與日、韓、印等東方國家在內的）外國哲學的優劣長短，從中設法開闢一條合乎未來中國所需求的哲學理路。我們衷心盼望，本叢書將有助於讀者對此時代課題的深切關注與反思，且有助於中外哲學之間更進一步的交流與會通。

　　最後，我們應該強調，中國目前雖仍處於「一分為二」的政治局面，但是海峽兩岸的每一知識分子都應具有「文化中國」的共識共認，為了祖國傳統思想與文化的繼往開來承擔一分責任，這也是我們主編「世界哲學家叢書」的一大旨趣。

傅偉勳　韋政通

一九八六年五月四日

誌　謝

感謝下列單位及個人在相關資料的蒐集上所給予之協助：

　　劍橋大學圖書館

　　大英圖書館

　　加州大學柏克萊分校圖書館

　　威斯康辛大學麥廸遜分校圖書館

　　拉特格斯大學圖書館

　　馬里蘭大學巴爾的摩分校圖書館

　　政治大學圖書館

　　政治大學社會科學資料中心

　　中央研究院社科所圖書館

　　中央研究院歐美所圖書館

　　中央研究院傅斯年圖書館

　　中央圖書館

　　森大圖書公司

　　大統圖書公司

　　桂林書局

　　傅可暢先生

　　宋美珍小姐

　　翁惠芬小姐

　　吳秀卿小姐

給　素芃

自 序

　　政治思想史的工作是對過往的政治理論同思潮進行再理解、再挖掘和再詮釋，政治哲學則是對人類當前所面臨的政治處境做哲學的思辨。在當今西方世界裏，同時涉足這兩個性質並不相同的領域的理論家，可謂並不多見，馬克弗森則為其中之一。雖然馬克弗森主要是以英語世界的思想遺產為其論述及反思的主題，但他卻能夠突破語言世界的限圍，並從他特定的思想立場出發──試圖調解社會主義和自由主義，以及試圖將政治研究的基本關懷重新回置到如何開發人的可能性的立場──去勾勒出思索人類當前的政治存在所不能規避的根本問題，同時也進一步提出他個人的解答。本書的主要目的即是透過對於馬克弗森的考察，來探究我們時代的政治實踐與政治理論的若干相關問題。當然，對於馬克弗森的分析和討論，仍然是本書的主軸。

　　就發生學的背景來說，本書是筆者於一九九二年六月繳交給政治大學政治研究所博士班的學位論文，在此要特別感謝我的指導教授郭博文教授和江金太教授，此外，吳庚教授、李永熾教授和華力進教授也給予許多令我受用的批評意見。而在我任職於中央研究院社科所期間，郭秋永先生、麥朝成先生和彭文賢先生慷慨地提供了一個良好的工作環境，讓我能安定地進行研究和思考。麥先生之督促我重新回到學校修讀學位（一九八八年），則改變了我在現實生活裏的既定道路。再者，本書可謂是與張福建、

蘇文流、王遠義在相互統合的知識志業與探索歷程底下的產物，
同他們的交流切磋使本書能避免更多的及更明顯的缺陷和遺憾。
尤其，福建既贈予他原先蒐集的有關馬克弗森的研究資料，並說
服我去研究馬克弗森（我原先是準備對K. Marx和G. A. Cohen
做比較研究），他無疑地乃是本書的催生者。最後，內人素芃一
直是我在知識道路上前行的支柱，也是分享我們的理想與希望的
伴侶，我由衷感謝她持恆的慰安同鼓舞，她和洴兒使我能更人文
地理解這個世界。

　　對我個人而言，這本書可算是告別我第一階段的學徒生涯的
文字記錄，十分感謝韋政通教授和傅偉勳教授將之列入他們主編
的「世界哲學家叢書」。錢賓四先生在寫給嚴歸田先生的一封信
裏，談到他之憚於修改《國史大綱》一書時曾謂：「一書既成，
亦只有仍之。若要在體裁或內容有改進，此極費力，所以著書戒
速成也。」（嚴著，《錢穆賓四先生與我》，第一〇五頁）本書
亦由於未能戒速成，故只能一仍其舊，而僅在若干處略做增補。
在告別第一階段的學徒生涯之後，我期望在爾後能逐步完成一些
更具企圖心及原創性的思考，畢竟，中國人思想天地的再創開，
仍需要更多的人在更多樣的面向，做出更篤實的投入。

G. K. 一九九二年八月，臺北

目　　次

第一章 導 論

在「必要的惡」與「善的實現」的兩極之間，政治被不同的人以不同的方式加以理解及定位。而在後政治社會（post-political society）尚無法被想像之前，如何理解甚至改造政治，乃是一個嚴肅的理論的及實踐的課題。在這樣的背景底下，政治理論做為理解及改造政治的系統化的論述，就有著獨特的存在樣態。如克里克（Bernard Crick）所言，「政治理論本身就是政治的」❶，政治理論除了是對政治的反省與思考，更是一種試圖從特定的方向去塑造政治的主張或意識型態。或者，如同另一位論者所指出的，政治理論既是一項詮釋的事業（hermeneutic enterprise），也是一項批判的事業（critical enterprise）❷，其詮釋的特質與批判的特質在形式上雖可分立，但在實質上則是相互共生的。

但並不是每一種政治理論都清楚地表現出上述的性質，有些政治理論的政治性已經被馴服（因為其主要是以別的政治理論為思索的對象，而逐漸忽略了直接面對政治的必要性），另有一些政治理論則格外專注於詮釋之展開（雖然它可能是一種「批判的」詮釋）。做為一個在方法上及批判的態度上皆有其獨特立場的政治理論家，馬克弗森（Crawford Brough Macpherson, 1911～1987）的政治理論則明顯地統合了政治的、詮釋的及批判的特質。自一九七〇年代以來，政治理論雖然已逐漸擺脫了前一個

世代所憂心的被經驗研究所取代的危機，但在羅爾斯（John Rawls）、諾吉克（Robert Nozick）等人手中，政治理論在復興的同時卻也顯現出另一個值得檢討的趨勢。那就是學院的政治理論愈來愈傾向於在空洞化的、脫離歷史系絡的格局裏進行政治判斷，同時後設理論（metatheory）與範疇取代了人與其具體的政治情境，成爲政治思索的主要對象。袞聶爾（John G. Gunnell）曾以「政治理論的異化」來形容這樣的趨勢，「異化了的政治理論自認是在探討政治，同時也有這麼做的權威，但它沒有做到前一項，也缺乏後一項。」❸ 袞聶爾的批評似乎太過於低估了哲學思辨在討論價值問題及政治可能性的作用，不過，他的疑慮也不是完全沒有憑據的。如果說袞聶爾在方法上嚴厲批判了政治理論的異化趨勢，則馬克弗森可謂是以實際的作爲去鋪陳解異化的（de-alienated）政治理論。

從其學術出版的紀錄來看，馬克弗森並不是一個少享大名的理論家。雖然他自一九三五年起就開始在他的母校加拿大多倫多大學政治經濟系講授政治理論課程，但一直要到一九五三年才出版了他的第一部著作《亞爾貝塔的民主》❹。該書旨在研究加拿大西部省分亞爾貝塔省的政黨政治的發展，特別是亞爾貝塔農民聯盟和爾後的社會信用運動如何由一個反政黨的民主結合退化成一個獨大的、同時也違背其民主理想的準政黨，以及加拿大東部先開發地區對西部地區的政治控制及支配關係。無疑地，《亞爾貝塔的民主》的關注及格局是純加拿大式的，這反映了政治學做爲一門獨立的學問在加拿大的篳路藍縷的開發歷程；不過，回溯地看，該書卻也明確指出了爾後馬克弗森最主要的理論關懷，那就是民主社會的建構。一九六〇年代則是馬克弗森確立其國際聲

譽並回歸到西方政治思想的大傳統的年代，他將早先發表於《西部政治季刊》(*Western Political Quarterly*) 和《過去與現在》(*Past & Present*) 的十七世紀英國政治思想研究，擴增成《佔有式個人主義的政治理論：霍布斯到洛克》一書❺，並以更具歷史穿透力的視野表達了他對英語世界主流政治思維的反省和批判。如他所強調的，我們「應該進行什麼樣的根本的整修，端賴於對弱點的診斷」❻，在他看來，當代西方的主要政治信念係奠基於十七世紀，他之以十七世紀的政治理論做為考察的起點，就是為了找出修補同改革現代政治的基本方向。此外，在這個時期裏，他也藉著主講一九六五年加拿大國家廣播公司梅謝講座 (Massey Lectures) 的機會，提出了他對人類民主處境的初步思考❼。

　　一九七○年代則是馬克弗森對民主之思考的進一步精緻化及深刻化的時期，他的著力點在於其民主理論的建構和對於自由主義民主思潮的歷史演化的模式分析，《民主理論：修補論文集》和《自由主義民主的生命與時代》即是此一階段的成果❽。我們可以說，馬克弗森的政治理論在這個時期已完全成型，並使他成功地從政治思想史家的身分過渡到政治理論家的身分。從這個立足點回顧他的前期著作，我們可以看出他是有意識地一步步邁向其理論典範的建構，他早先的研究過程中所遭逢的問題及所蘊生的不滿，促使他去鋪陳出他自認能夠對應他所挖掘出來的問題的理論。而他逝世前兩年結集出版的《經濟正義的興起與衰亡及其他論文集》❾，則可謂是在其理論典範已然確立的背景下，進一步去補強、密實其理論典範的後援工作。

　　早在一九五四年，馬克弗森著文評論他在倫敦政經學院求學

時期的業師拉斯基（Harold Laski）所寫的《我們的時代的困境》一書時曾表示，拉斯基的論點「所憑依的假設對自由主義者來說太過於馬克思主義傾向，同時對共產主義者來說則太過於自由主義傾向。」⑩ 而在一九五一年他評論薩拜恩（George Sabine）的《政治理論史》一書時則感歎，「美國的意識型態氛圍使得對於馬克思主義和自由主義的理解，顯得愈來愈困難。」⑪ 事實上，上述的第一段評論恰恰也適用在馬克弗森自己身上，而第二段評論則貼切地表達了他所欲克服的詮釋的困境以及他所欲達成的政治視野的整合。總的來說，在自由主義當道並成為西方世界的不容懷疑的政治信念，同時馬克思主義卻被不當地扭曲及矮化的時代（當然現今的情勢已有很大的不同），馬克弗森一方面要給予自由主義和馬克思主義更篤實的評估，並將評估後的新理解適切地應用到政治社會的考察之上，另一方面則企圖整合他所認為的自由主義和馬克思主義（或者更廣義地說，社會主義）裏的正面質素，以開展出一種強調人做為人的存在價值的政治理論。由於他政治理論裏的這種調和性格，馬克弗森之遭到自由主義者及馬克思主義者的強烈批評是可以想見的。以後一種立場來說，馬克弗森的整個努力雖被肯定為「重新政治化了（repoliticize）政治哲學」⑫，但卻又被嚴酷地批評為只是一種「空洞的形式主義」和「烏托邦式的道德主義」⑬。我們以為，馬克弗森的調和企圖雖不免暴露出內在的困難，但其用心實不應被率爾輕忽。

晚近的政治哲學逐漸呈現出兩種不同的研究取向的事實，似乎已越來越明顯。為了便於討論，讓我們姑且以「哲學取向的政治哲學」（philosophy-oriented political philosophy）和「政

治學取向的政治哲學」(politics-oriented political philosophy) 來概略區分這兩種研究取向。必須先行說明的是，這樣的分野並不是一種界線分明、不相踰越的區劃，而只是用來表徵這兩種在論述的構造及著重的面向上皆有所不同的研究取向。「哲學取向的政治哲學」其抽象層次較高同時推理也較爲嚴謹，它多半是從嚴格界定的前提出發，並以逐步將限制條件列入考量的方式，去推演出理想的政治秩序或可欲的政治原則，但缺乏對於具體歷史情境及社會結構的深入分析，則是其普遍的弱點。相對地，「政治學取向的政治哲學」則十分注重對於歷史實在與政治動性的考察，同時也強調人不能從其具體的存在關係中被抽離出來，但它在抽象層次和推理的嚴謹性上皆不及「哲學取向的政治哲學」。無疑地，自羅爾斯與諾吉克有效地重新形塑了政治哲學的探討主題之後，「哲學取向的政治哲學」已儼然成爲政治哲學的主流（從當前英語世界主要政治理論刊物的內容，即可得到明白的印證）。然而，後者的支持者對於「哲學取向的政治哲學」的批評往往是十分嚴酷的，除了前述的衰霽爾的批評外，亦有論者指責羅爾斯的理論在實質上乃是一種「沒有政治的政治哲學」❹。在我們看來，這兩種不同的研究取向各有各的建樹，也各有各的弱點，但並無高下優劣之別。至於馬克弗森的政治理論則可謂介於兩者之間，而較爲偏向「政治學取向的政治哲學」；如果說「成功的政治理論同時需要對於原則的哲學分析，以及對於政治過程和結構的經驗理解」❺，那麼馬克弗森的政治理論的確具備了這樣的條件。

整體地看，馬克弗森的理論事業所欲達成的目標有四，而這四項目標又同樣都是在重建一個理想的民主社會的要求底下來展

開的。

　　(一)探索政治現代性 (political modernity) 的根源，同時對其進行反省與批判，而其最終目的則在於規範新的政治現代性的應然走向。政治現代性是我們杜撰的名詞，柏曼 (Marshall Berman) 對於現代性有如下的形式的界定：

　　　　「存在著一種現今世界上的男男女女都共同享有的生命經驗的模式 —— 關於空間與時間的經驗、關於個我與他人的經驗、關於生命的可能性與危難的經驗。我將稱這樣的經驗體為『現代性』。」⑯

對我們來說，政治現代性一詞則用來指涉近現代政治所憑藉的對於政治事務的一般的理解和經驗的模式，這包括了個人的定位、個人與他人之間以及個人與社會之間的政治關連的性質、政治社會的作用及目的等等。葛列 (John Gray) 曾貼切地指出，自由主義乃是現代性的政治理論⑰，不過對馬克弗森而言，這樣的說法雖然成立，但卻不夠深入，更重要的是去找出政治現代性的底層假設，俾做為反省當前人類的政治處境的理論基點。我們以為，從政治現代性的角度出發，將更能突顯馬克弗森對於十七世紀政治思想之研究的特性，而本書的第二章即在處理這個問題。

　　(二)考察經濟關係的政治後果，並檢討以人為本位的而非以物質生產為本位的新經濟秩序的可能性。馬克弗森所任教的母系是政治經濟系，而不是單純地稱為政治系，這也是他一直引以為傲的。在他看來，若要有效地省視人類的政治處境，則現有的經濟關係就不應該被當做是剩餘範疇。相反地，本世紀的主流自由

主義理論卻毫不遲疑地認定資本主義市場經濟的正當性，而不再對其內在限制進行深刻的檢討。例如安德森(Perry Anderson)即指出伯林（Isaiah　Berlin）在他那篇討論自由的影響深遠的論文裏，前後只兩度概略地提到財產，同時也不認為財產關係會廣泛地影響到自由⑱，其之忽視經濟的政治作用由此可見。本書的第四章及第五章將針對財產、經濟民主、經濟正義及市場，逐一討論馬克弗森在這方面的努力。

　　(三)解構主流政治理論的內在政治，並透過對關鍵的政治概念的重建，來賦予政治理論新的政治動性。每一種政治理論都隱含著它對於什麼才是可欲的政治秩序的評判，而卽使是政治概念的選擇和界定（不管那是自由、平等或民主），也都是與這樣的評判相互呼應的。在第六章裏我們將分析馬克弗森如何展開政治理論的內部改革運動。

　　(四)分析自由主義民主思潮的歷史演化，以及當前民主的侷限和未來的可能性。民主可謂是馬克弗森政治理論的核心主題，也是他思索 人類政治生活 所得到的結論 。 古希臘的佩里克里斯(Pericles) 在他著名的葬禮頌辭裏曾自豪地表示：

　　　　「我們生活在一種不是模仿我們的鄰邦的政府形式裏，相
　　　　反地，我們絕不是別人的模仿者，我們本身就是一個別人
　　　　所模仿的模式。是的，我們的政府之被稱為民主，乃是因
　　　　為我們的政府的管理並不是在少數人手中，而是在多數人
　　　　手中。」⑲

不過，對馬克弗森來說，民主應該指涉一種社會類型，而不僅僅

只是指涉一種政府形式。就此而言，他的政治理論乃是在考察一個理想的民主社會應該是什麼的社會。我們知道，自柏拉圖以降一直到十九世紀，政治理論家們對於民主多半抱持著十分保留的態度[20]，尼采更直截了當地指出「民主運動不僅是一種政治組織之衰敗的形式，也是一種人的衰敗（亦即人的矮化）的形式，它使人變得平庸同時貶抑了他的價值。」[21]即使在民主已徹底取得正面聲譽的現今，民主之應用的限度也受到部分論者的關注，如克里克即謂：「民主只是政治裏的一個要素，如果民主企圖成為所有的事，它就會摧毀政治。」[22]相較之下，馬克弗森則是民主的積極倡議者，我們將在第三章及第六章分別討論馬克弗森對於民主的分析，以及他自己的參與式民主理論。

　　在以下各章裏，討論的進行將儘量與當代政治理論的大背景相互連繫，這樣做的用意在於一方面突顯出馬克弗森的定位，另一方面則透過對於馬克弗森的討論來考察特定的理論問題的當前處境。此外，在各章裏我們都會提出相關的歸結同批評，而結論一章（第七章）則試圖對馬克弗森進行總結的評價。

註　釋

[1] Bernard Crick, *In Defence of Politics,* 2nd edn., Harmondsworth: Penguin, 1982, p.186.

[2] David Held, *Political Theory and the Modern State,* Cambridge: Polity, 1989, pp.3-4.

[3] John G. Gunnell, *Between Philosophy and Politics: The Alienation of Political Theory,* Amherst, Mass.: University of Massachusetts Press, 1986, p.199.

❹ C. B. Macpherson, *Democracy in Alberta: The Theory and Practice of a Quasi-Party System,* Toronto: University of Toronto Press, 1953; 該書於一九六二年發行修訂版，同時將副標題改爲 "Social Credit and the Party System"，本書所參考的即是後面這個版本。

❺ C. B. Macpherson, *The Political Theory of Possessive Individualism: Hobbes to Locke,* Oxford: Oxford University Press, 1962.

❻ *Ibid.,* p.2.

❼ 其講稿則彙編成 *The Real World of Democracy,* Oxford: Oxford University Press, 1966.

❽ C. B. Macpherson, *Democratic Theory: Essays in Retrieval,* Oxford: Clarendon Press, 1973; C. B. Macpherson, *The Life and Times of Liberal Democracy,* Oxfoford: Oxford University Press, 1977.

❾ C. B. Macpherson, *The Rise and Fall of Economic Justice and Other Papers,* Oxford: Oxford University Press, 1985.

❿ C. B. Macpherson, "Review of *The Dilemma of Our Time* by Harold Laski", *Political Studies,* Vol.2, No.1, 1954, p. 176.

⓫ C. B. Macpherson, "Review of *A History of Political Theory* by George Sabine", *Western Political Quarterly,* Vol.4, No.1, 1951, p.145.

⓬ Ellen Meiksins Wood, "C. B. Macpherson: Liberalism and the Task of Socialist Political Theory" in Ralph Miliband and John Saville eds., *The Socialist Register 1978,* London: Merlin, 1978, p.215.

⑬ Ellen Meiksins Wood, "Liberal Democracy and Capitalist Hegemony: A Reply to Leo Panitch on the Task of Socialist Political Theory" in Ralph Miliband and John Saville eds., *The Socialist Register 1981*, London: Merlin, 1981, pp.173, 176.

⑭ 參看 Chantal Mouffe, "Rawls: Political Philosophy without Politics" in David Rasmussen ed., *Universalism vs. Communitarianism: Contemporary Debates in Ethics*, Cambridge, Mass.: The MIT Press, 1990, pp.217-235.

⑮ Held, *op. cit.*, p.3.

⑯ Marshall Berman, *All That Is Solid Melts into Air*, London: Verso, 1982, p.15.

⑰ John Gray, *Liberalism*, Milton Keynes: Open University Press, 1986, p.90.

⑱ 安德森在此指的是伯林的＜兩種自由概念＞一文，詳見 Perry Anderson, *English Questions*, London: Verso, 1992, pp.70-73.

⑲ 引自 Thucydides, *History of the Peloponnesian War*, Books I & II (Loeb Classical Library No.108), Cambridge, Mass.: Harvard University Press, 1928, p.323.

⑳ 參考 Raymond Williams, *Keywords: A Vocabulary of Culture and Society*, rev. edn., Glasgow: Fontana, 1983, pp. 93f.

㉑ Friedrich Nietzsche, *Beyond Good and Evil*, trans. by W. Kaufman, New York: Vintage, 1966, p.117.

㉒ Crick, *op. cit.*, p.73.

第二章　佔有式個人主義與政治理論

　　政治理論的起源和目的始終圍繞在人與政治社會的關係之上，政治理論可謂源自於對這一層關係的好奇或道德的關注，而政治理論的目的則在於提供一套理解、詮釋或改善人與政治社會之關係的理念乃至於實踐的原則。因此，無論是為現狀辯護或試圖改造現狀的政治理論，無論是明白宣示或有意無意隱匿其人性假設的政治理論，都無可避免地包含了特定的對於人以及人的可能性的認知，這種認知既限定了它對不同的政治社會的評判，也限定了不同的政治理論的性質、立場及發展方向。

　　當然，如果我們一味地將政治理論化約成人性假設的問題，勢必嚴重扭曲了政治理論二千餘年來的實質意義及其內容的歷史演化。但除了應該保有避免陷入這種不當的、不成熟的化約論的警覺之外，一個明白的事實是：對於人以及人的可能性的認知，的的確確在政治理論的形塑過程中，起著不可輕忽的重大作用。而本世紀的政治理論在這方面所面臨的問題是，能不能建立一種對於人及其可能性的一致的認知，從而使政治理論在一個共同的基礎上逐步形成一個累積性更強、知識的相互加總功能也更有效的典範？當邏輯實證論和語言哲學對政治理論的穿透達到最高潮之際，這種想法確實存在於部分政治研究者（或者，更精確地說，經驗政治學家）之中。他們試圖透過對於人的政治行為的實證研究（在他們看來，這不同於霍布斯那種思辨的、臆想的假設

及觀察），以及對於關鍵的政治概念的檢證分析（這又必須不同於傳統政治理論那種模糊的、充滿道德意涵的概念標示），來爲政治理論建立一種「科學的」基礎。但隨著邏輯實證論和語言哲學對政治理論的影響逐漸退潮回流，政治理論裏的「規範支流」和「經驗支流」彼此間的張力依舊持續著，而對於人及其可能性的形上的道德語言與經驗的科學語言之間的糾葛依然存在。

儘管「科學的」政治學的浪潮確實給予政治研究者重大的震撼和啓發，但它所引發的「科學革命」並沒有革掉傳統政治哲學的生存權，相反地，在政治理論日趨複雜的系譜裏，政治哲學雖然仍舊依附在不科學的道德論述之上，但它卻是最能夠爲人類價值的衝突提供一個交錯對談場域的理論形式。當「科學的」政治學試圖尋索對於人及其可能性的一致認知的努力，逐漸顯得力不從心，同時其事實與價值必須嚴格分立的主張，也未能有效解決人類價值的衝突之際，政治理論只能保留一定的空間，讓政治哲學在其中就人與政治社會的關係進行價值評判。無疑地，這也意味著不同的對於人以及人的可能性的認知，將繼續在政治理論及人類的政治生活裏進行較量。麥金泰爾(Alasdair MacIntyre)對此有極爲貼切的形容，「每一種生活方式都伴隨著它自己的人性圖像，一種生活方式的選擇都和一種人性觀的選擇携手並進。」
❶更明白地說，「不難看出的是，關於日常生活層次的政治行動的敵對說明和詮釋，都是植根於有關人性和人類行動的更廣泛的理論對立。」❷

很明顯地，馬克弗森可謂是積極介入當代的政治哲學復興運動的參與者之一，同時，在爲政治現代性尋根的企圖底下，他對過往的政治哲學也有著濃厚的研究興趣。更進一步說，他對近現

代（特別是十七世紀的英國）政治哲學的考察，一方面是對過往
的政治哲學的歷史研究，亦卽，是一種特定的詮釋觀點的鋪陳，
另一方面則是他爾後逐步展開他自己的政治理論的預備工作，亦
卽，由於他對過往政治哲學的不滿，同時也認識到該一特定階段
的政治哲學在形塑現代性上的重大作用，使他激發出自行提出一
種符合其價值立場的政治理論的企圖。因此，儘管馬克弗森在一
九五〇年代之前卽在其爲數衆多的論文及書評裏，表露他本身的
理論立場，但他眞正以具體的方式來展現他自己對人與政治社會
之關係的主張，則以其對洛克、哈林頓、霍布斯等人的研究爲肇
端，並以《佔有式個人主義的政治理論》一書爲初步的總結。
從後設的角度來看，如果馬克弗森未曾對近現代政治哲學做過硏
究，未曾自一九五〇年代起陸續發表他備受爭議的研究成果，事
實上也絲毫不影響他獨立地提出他自己的政治理論。也就是說，
卽使他對霍布斯、洛克等人的解釋存在著許多其他論者所不贊同
的「偏誤」（但什麼又是對特定的古代思想家的「偏誤」的詮
釋呢？對於特定的思想家的正確無誤的詮釋眞的存在嗎？），這
也不能被用來做爲駁斥馬克弗森自己的政治理論的論據。不過，
馬克弗森的投入十七世紀政治哲學的詮釋，對他的讀者及研究者
來說，乃是提供了理解其理論事業的歷史縱深和內在意義的重要
線索。本章卽是從上述的路向來探討馬克弗森對十七、十八世紀
英國政治思想的研究，但必須先行說明的是，本章的主要工作並
不在於評判或仲裁馬克弗森與其他論者之間的爭論（雖然我們也
會適當地注意到這個問題），而是在於突顯馬克弗森所選擇的詮
釋路徑的長處和偏限。

第一節 從政治思想史到政治理論

幾乎沒有人會懷疑要想對任何人文學門的當前處境和其所關注的主要問題有深刻的理解，就必須先明白該學門的歷史，政治研究自不例外。但對於特定學門的歷史發展的知識，並不等於已經參與了該學門的進一步推展或再生。對政治理論來說，儘管經驗研究發展至今已顯露了不少內在的盲點，但經驗研究的重要啟示之一就是，唯有不斷地去探索及反省現實的各種變貌，否則政治理論將無法有效地提供理解、詮釋和改善不斷蛻變中的人類的政治存在的參考地圖。因此，政治哲學和經驗政治學之間雖存在著方法上的紛歧，但其彼此之間的關係不應該是一種水火不容的對峙關係，相反地，經驗政治學的研究發現應該被適當地援引為政治哲學的新的思考素材，俾使政治哲學的涵蓋面能展現與時俱進的態勢。

此外，經驗政治學用以否定政治哲學之合法性的主要論據——亦即，所謂的「休姆之叉」(Hume's Fork; 它指的是不能從「實然」裏導出「應然」，不能從事實預設導出規範的、道德的或評價的結論) ❸——已遭到晚近倫理學的強力反擊。有論者指出，休姆及其繼承者混淆了制度事實 (institutional facts) 和物性事實 (brute facts) 之間的不同。物性事實如「某甲體重為九十公斤」，我們當然不能由此導出類似「某甲是一個重然諾的君子」這樣的價值陳述。制度事實則是與社會屬性或基構性規則 (constitutive rules) 有關，例如「某甲是一個政治人物 (不管是政府官員或民意代表)」，與物性事實不同的是，我們卻可由

此做出類似「某甲應該以公衆的利益爲其從政的優先考量」的價值陳述❹。換言之，制度事實係存在於基構性規則的體系之中，而基構性規則的體系又往往包含了義務、承諾和責任，是故，從有關制度事實的陳述確實可以推演出價值陳述❺。另有論者則從不同的角度指出，我們並不是從事實判斷導出（derive）或演繹出（deduce）價值判斷，而是對每一個人在同樣的事實情境裏所認識到的相同的或不相同的事實，基於其信念或意識型態做價值判斷或道德判斷。因此，價值判斷乃是針對事實所做的判斷，而我們又可透過經驗和觀察的累積，不斷修正我們的價值判斷或道德判斷。準此以論，對事實判斷和價值判斷做嚴格的邏輯的分割，乃是不必要的❻。總之，當「休姆之叉」被推翻之後，它所代表的重要意義是，政治哲學做爲一種論述形式仍然享有不容懷疑的合法性；當代經驗政治學的興起只是更加豐富了政治理論的內在多元性，但卻不能否定政治哲學的存在價值。馬克弗森明白地指出，「量化的經驗研究並不是使政治學向前推進的唯一方法，新的理論洞見至少也同樣是十分必要的。」❼此外，「語言學分析之所以失敗並不是因爲它太經驗取向，而是因爲它還不夠經驗取向：它未能充分考察語言和邏輯的社會本質；相反地，它接受了一種使其無法對政治義務的理論做社會詮釋的語言和邏輯。」❽因此，價值中立的政治學有著先天的侷限，政治理論應該勇於面對價值的衝突，而不是採取刻意迴避的態度。

在邏輯實證論和語言哲學的夾擊之下，拉斯利特（Peter Laslett）在一九五〇年代中葉曾悲觀地宣稱政治哲學已經死亡❾。但在今天，政治哲學又再度展現著蓬勃的生機，不過，這股生機的重現如果像某些論者所認爲的僅僅只是由於羅爾斯的《正義

論》和諾吉克的《無政府狀態、國家與烏托邦》等兩書的出現所致，則未免過度簡化了當代政治哲學復興運動的整體圖像。事實上，無論是伯林、歐克夏特（Michael Oakeshott）、阿蓮特（Hannah Arendt）、弗傑林（Eric Voegelin）、黑勒（Agnes Heller）、海耶克（Friedrich A. Hayek）、泰勒（Charles Taylor）或麥金泰爾，都在各自的立場以及不同的側重面向上對於人與政治社會之關係、自由、平等、民主、正義、政治秩序和人的自主性等問題，提出了有力的同時也具有完整體系性的思考成果。無疑地，馬克弗森也應被歸屬於此一政治哲學復興運動的行列之中。但不容忽視的是，在史特勞斯（Leo Strauss）、史基納（Quentin Skinner）、波寇克（John G. A. Pocock）、拉斯利特、席克拉（Judith Shklar）、阿文納里（Shlomo Avineri）、但恩（John Dunn）、萊利（Patrick Riley）、密勒（David Miller）等人的引領下，所持續進行的政治思想史的研究，可謂是當代政治哲學復興運動的先頭部隊。史特勞斯等人的努力使古典政治哲學繼續受到應有的重視，並使其成爲政治理論的珍貴遺產；此外，史特勞斯等人對特定思想家和思潮的研究——如波寇克之於哈林頓、馬基維利及共和主義，史基納之於宗教改革及馬基維利，史特勞斯之於古希臘、馬基維利、霍布斯及自然法傳統，席克拉之於盧梭及孟德斯鳩，阿文納里之於黑格爾及馬克思，但恩之於洛克及自由主義，萊利之於康德及近代法國政治思潮，密勒之於休姆及無政府主義，拉斯利特之於洛克及功利主義——也使古典政治哲學所關注的重要問題，在歷史關連性及政治概念的清晰性上，獲得更深刻的澄清與開展。要言之，對於古典政治哲學的研究提供了當代政治哲學一個可以繼續發展的

基礎，在這個基礎上，我們一方面得以了解今日之所以爲今日的
因由，另一方面則可以使古代的智慧成爲協助我們進行當代思考
與探索的參考。固然我們不可能倚賴古代的智慧來解決我們當前
所面臨的所有問題，但幾乎可以說,當代政治哲學的不同的創見，
或多或少都可以在過往的傳統中找到其雛形或源本，這些新的創
見可謂是對傳統理論的繼承、修補和轉化，雖然其思考的對象是
當前的人與政治社會的關係。

　　在這項先遣的預備工作上，馬克弗森也參與了磚石的鋪設，
這使馬克弗森同時做爲一個當代政治哲學的構築者和古典政治哲
學的詮釋者。這樣的雙重身份有效地呈現出馬克弗森理論事業的
歷史縱深，也突顯了他對政治現代性的質疑、憂慮及改革的企圖。
而就馬克弗森實質的思想史研究而言，他乃是試圖從一個嶄新的
角度(亦卽佔有式個人主義)來詮釋別的研究者所忽視的十七世紀
英國政治思想的底層脈絡，但馬克弗森的詮釋也引起多數論者的
質疑和挑戰。我們似乎可以這麼說，如果當代的社會理論就某個
程度而言是在對馬克思的理論做反動及註腳，那麼，當前關於十
七世紀英國政治思想的歷史研究，在某個程度上來說乃是在對馬
克弗森的詮釋做反動及批判。我們不難發覺馬克弗森對霍布斯、
洛克、哈林頓及平等派的分析與詮釋，在個別的完整性上顯然不
及某些霍布斯專家、洛克專家等所做的詮釋。不過，必須注意辨
別的是，馬克弗森的主要目的並不是在對霍布斯、洛克或哈林頓
做全面性的、鉅細靡遺的再呈現，相反地，他的目的乃是在考察
貫穿十七世紀英國代表性政治思想家的一種對於人及政治社會的
基本假設。此一基本假設，在他看來，不僅規範了政治現代性
的走向，也是使當前西方社會仍然做爲一種阻礙人類實現之普遍

落實的社會形式的重要原因。因此，做爲一個十七世紀政治哲學的詮釋者，馬克弗森的問題意識顯然是與霍布斯專家、哈林頓專家或洛克專家不同的，也就是說，馬克弗森和彼等專家的研究對象雖然相同，但在接觸與趨近的方法上卻迥然不同。

我們在前面說過，對於過往的政治思想家能否有一種正確無誤的唯一的詮釋存在，是十分可疑的；事實上，不同的詮釋者在方法上的差異也反映了其「政治傾向 (political leanings) 的差異。」⑩ 馬克弗森曾經質問：

> 「是否可能不去採取一個批判的立場，而能闡釋一位過往世紀的思想家的理念，以使一位現代的讀者能從中獲益？甚至也不試圖去指出該思想家所做的而並不爲我們所自動接受的社會假設？」⑪

馬克弗森認爲這乃是不可能的。在他看來，政治思想史的工作應包括試圖去指證特定的思想家對於人及政治社會的基本假設，這不僅有助於將該思想家回置到他的歷史系絡之中，也使我們更能理解其理論體系的內在邏輯。而馬克弗森也不諱言此一指證工作的操作過程，實質上又受到不同詮釋者的政治傾向及價值立場的影響。其實，只要我們稍加思量巴柏 (Karl Popper) 的政治傾向及主張，我們就不難理解他在《開放社會及其敵人》中的問題意識及其處理柏拉圖和黑格爾的方法，而這在一定的程度上也說明了馬克弗森在思想史方法論上的誠實而直率的態度。

至於政治思想史家的工作是不是僅在於將過往思想家的理論歸置到他們所身處的時代,同時對不同思想家的理論做比較研究,

並以此爲思想史家的功能的界限呢？對馬克弗森來說，這乃是一種過於消極保守的自我設限。他認爲政治思想史家更應該進一步釐清特定思想家的理念與社會變遷之間的互動關係，這項後續的工作是一位敏銳的政治思想史家所不能也不應荒廢的，「拒絕對理念與社會變遷之間的關係做考察，等於是說政治理論的問題——或者至少是說政治理論史家的問題——只是爲了理念本身而去研究理念，而不是在於研究社會或社會變遷。⋯⋯如果遵循這條路徑，則只會導致人本主義政治學（humanistic political science）的衰微。」⑫馬克弗森在此並不是在擡高社會或社會變遷的重要性，而去貶抑政治理念的作用，相反地，他並不是一個粗俗的（vulgar）物質論者，他的用意在於強調政治思想史家不能孤立地處理特定思想家的文本（text），不能僅僅著重於檢視文本的內在一致性，而忽視了文本所指涉的理念是如何與社會實在相互關連，「對一個理論的一致性的批評當然是一種有用的邏輯練習，但如果在辨明了某一理論的倫理和科學預設之後，還能進一步考察這些預設如何與該理論的生成背景所形塑的問題相互關連，那麼，這種批評就更爲有用了。」⑬

準此以論，由史基納、波寇克、但恩等人所領導的「新政治思想史」（"new" history of political thought）運動，儘管對馬克弗森多所批評，但究其實，他們對政治思想史的方法要求實有頗多類似之處。「新政治思想史」的倡導者強調，除非一個詮釋者深刻地明白了特定思想家的意圖、語言以及該思想家對他所身處的環境的理解，並避免將詮釋者本身的情境包袱涉入其中，否則就無法做出忠實的詮釋⑭。此外，思想史家除了要能夠對特定思想家的理念做哲學分析，他還必須具備歷史分析的能力，非歷

史的分析被認為是不可取的思想史研究⓯。而對於那些只強調透徹地一遍又一遍研讀文本的政治思想史家如普拉緬納茲（John Plamenatz）⓰，「新政治思想史」的倡導者則認為孤立地處理文本並無法得到完整的詮釋訊息。史基納就曾以馬基維利的《君王論》來說明文本派的限制，史基納認為《君王論》的意圖之一就是在駁斥當時義大利文人獻給君王的策書（advice-books）裏所瀰漫的道德教條，這樣的意圖是無法僅僅從《君王論》的文本就能察覺的，而是必須透過對當時情境的縝密的歷史分析才可能得知⓱。質言之，「新政治思想史」最著重的乃是回到歷史實在（historical reality）裏去詮釋政治思想的歷史，而儘管其倡導者一再標榜其方法的優越性，但必須指出的是，「新政治思想史」的方法並不是一種嶄新的創造，「新政治思想史」之外的許多政治思想史家也注意到了特定思想家的意圖與其所身處的歷史情境在詮釋上的重要性（例如席克拉、萊利和馬克弗森），因此，袞聶爾曾評論道：

> 「雖然史基納和波寇克兩人都宣稱是在倡導一種詮釋的方法，但他們所呈現的並不全然是一種方法，而更是一種關於詮釋的哲學論點。」⓲

不過，另一個困擾的問題乃是，不同的詮釋者對於特定階段的歷史實在有時卻存在著不同的認知，「新政治思想史」之攻詰馬克弗森對洛克、哈林頓或平等派的詮釋，即是這種不同的認知的反映。而必須特別一提的是，馬克弗森除了注重到被研究者的意圖及其所身處的歷史背景，他同時也強調被研究者的理念的歷史後果，

在某個程度上《佔有式個人主義的政治理論》即在分析洛克等人
的理論（被研究者的理念）如何間接地促成或鼓舞了市場社會的
興起（歷史後果）。這種歷史後果的分析是與對特定思想家的原
本意圖的分析，分屬不同的論述層次的。而馬克弗森的歷史後果
的分析則招致不少論者（「新政治思想史」的倡導者當然也包括
在內）的抨擊，他們指控馬克弗森將現代的概念不當地強加於前
代思想家身上。關於此一方法的爭論，將留待後文再詳加探討，
在此，我們將先行討論政治思想史家這個角色本身的侷限。

　　政治思想史家無疑地是政治理論的薪火的傳遞者，透過他們
的努力，使我們得以在每一個不同的新時代裏，以新的歷史視野
來反省當代與前行世代的政治價值之間的嬗變和轉折。因此，政
治思想史家本身雖然不是一個思想的創造者，但卻足以影響當代
政治思想氣候的形成，尤其，政治思想史家中的佼佼者更能以其
渾厚的思想史知識，來針砭當代政治思想或政治理論的處境，並
進而對其發展路向做出警示或提示。不過，政治思想史家究竟還
是政治思想史家，他們究竟還是思想發展的守門人，而不是思想
及理論的創造者。對於新時代的政治處境的新的哲學思考或理論
的重建，仍需由另一種類型的人來完成。袞聶爾對此曾有如下的
評論：

　　　「政治理論史的研究是不太可能導致政治理論的復興的，
　　但至少它可以重新喚起一種對於社會生活的創造性的重整
　　或再建構的可能性 —— 或者至少是理想 —— 的知覺。」❶

袞聶爾的前半段的評斷或許過於保守，但他的後段的評論則頗為

貼切；然而，無論如何，政治思想史家在喚起了重建社會生活的知覺之後，進一步的重建社會生活的新理論及新思考，仍需由政治理論家或政治哲學家來完成。

馬克弗森在這方面的想法，可謂和袞囂爾十分類似。在他看來，如果我們要想對當前人類的政治生活有更深入的理論的理解，並能提出更深刻的改革的理論（當然，改革的理論的目標是實質的改革），那麼僅僅固守於政治思想史的工作是無法奏效的。相反地，我們正需要像前代的政治思想家那樣，正面地面對自己的時代和社會，正面地以自己的時代和社會爲思考、研究的對象，而這就是政治理論家或政治哲學家的工作。馬克弗森指出：

> 「政治理論家與思想史家的區別在於他們的目的以及他們必須將理念和社會勢力相互連繫的程度。思想史家可能會關注到但政治理論家却必須注意到理念與社會勢力之間的關係。如果他（政治理論家）能適切地做好這項工作，則他對傳統理論的重新檢視將能對當今的權利和權力的問題提出新的洞見。」[20]

政治理論家不僅必須將目光朝向自己的時代和社會，也須努力去探索理念和社會結構及勢力間的交互關係。馬克弗森的《佔有式個人主義的政治理論》使他躋身於政治思想史家之林，但他更以做爲一個政治理論家爲其職志。他認爲在經驗研究和行爲主義的衝擊下，傳統派的政治研究者漸採守勢，並逐漸退却到前代政治思想家的思想遺產之中，「他們的明顯弱點是他們太羞澀了，他們傾向於去重新探討柏拉圖和彌爾，而不是自已嘗試去做後世的

柏拉圖或彌爾。 也就是說， 他們成了思想史家而不是政治理論家。」㉑這一段話可謂是馬克弗森本身的企圖心的最明白的表達。

但是， 政治理論或政治哲學如史特勞斯所定義的做爲一種「去眞實地了解政治事物 (political things)的本質以及正當的或善的政治秩序的本質的嘗試」㉒，能否進一步做爲政治實踐的參考或指引呢？不少論者對此抱持著審愼的態度，如海耶克就認爲「政治哲學家的任務只能是去影響輿論，而不能去組織民衆從事行動。」㉓歐克夏特也認爲政治哲學旣不應被高估也不應被鄙視， 政治哲學應該被視爲是一種解釋的活動而非實踐的活動，「政治哲學不能被期望去增益使我們的政治活動獲得成功的能力；政治哲學無法幫助我們區別好的及壞的政治計劃；政治哲學也沒有能力在追求我們的傳統的指示的事業裏來導引或指揮我們。」㉔這種審愼的態度也反映了海耶克和歐克夏特對於理論與實踐的關係的見解。然而，做爲一個政治理論家，馬克弗森的實踐意圖就表現的十分明顯；如何藉著對政治事物的本質的深入理解，來促成他所認爲的更良善的政治秩序，一直是他從事政治思想史的研究與政治理論的建構的首要鵠的。終其一生雖然他並沒有深入的實質的政治參與（他曾任加拿大政治學會會長及加拿大大學教師協會主席，在敎協主席任內，他追求學術自由的努力，可謂不遺餘力），但改善人類政治處境的強烈要求一直和他的學術事業相互蘊涵㉕，因此，表現在他著作裏的則是一種對於他所珍視的政治價值的毫不讓步的堅持。做爲一個政治傾向出奇地鮮明的理論家，馬克弗森直言不諱地指出：

「政治學家可以同時做為一個學者以及一個一種要求變遷

的政治哲學的代言人，而他將會是一個更好的學者如果他
是一種更適切的哲學的代言人，或者自己覺得已經在朝向
一種更適切的哲學。」㉖

青年馬克弗森（當時他三十一歲）所許下的這般抱負，在爾後可
謂成了他一生理論事業的註腳。

　　麥金泰爾曾極富創見的指出，政治理論如同那些側重模型和
理論的歷史解釋一般，可能既是錯誤的（false）但卻也是極具
啓發性的（illuminating）㉗。我們似乎可以說，政治理論的這
種二元性在那些有著強烈政治傾向的政治理論裏，表現的尤其明
顯。自古希臘以來，就沒有一種完全眞實無誤的政治理論存在，
但不同的政治理論卻能在不同的面向上，發揮它照亮人類政治生
活的實質樣態的啓發功能，進而成爲我們反省及謀求改善政治生
活的資佐或參考地圖㉘。這樣的說法或許會被指責爲過於相對主
義傾向，但政治理論做爲一種關於人類價值的研究，恐怕很難有
別的結局，誠如史特勞斯所說的：

　　　「過去的政治哲學家企圖一勞永逸地回答最好的政治秩序
　　　的問題，但他們所有的努力的結果則是，有政治哲學家存
　　　在就同樣會有許多種答案、許多種政治哲學。」㉙

過去的情況如此，今天的情況亦然，而馬克弗森的政治理論則是
當前少數具有代表性的政治理論中的其中之一，尤其更是一種試
圖調和社會主義和自由主義的代表性理論。

　　如上所述，馬克弗森同時透過政治思想史家以及政治理論家

這兩種身分，來思索政治事物的本質與人類政治生活的改良的問題。而他在前一個身分裏所得到的經驗，又促使他往第二個身分邁進，此外，他的前一個身分所顯現的對於歷史現實的重視，也清楚地在他的第二個身分裏得到延續。麥金泰爾曾謂：「嚴肅的政治理論家必須在或多或少的程度上同時也是一個史家。」❸ 無疑地，馬克弗森對許多政治或經濟理念和現象的探討，確實符合了此一要求。對他來說，理解特定理念、結構或現象的歷史發展脈絡，乃是使政治理論更能顧及時間這項要素的重要途徑，而唯有明白了特定理念或結構的時間性，才能對過去、現在與未來之間的繼承和決裂關係做評判或主動的轉化。本章的下列各節則在於評估做爲政治思想史家的馬克弗森的實質成果，以及佔有式個人主義做爲一種解析工具的意義及作用。

第二節　佔有式個人主義

「無論特定的詮釋是多麼充滿自信地被提出，霍布斯或洛克或柏克或馬克思在當時與現今的眞正意義爲何，乃是一個備受爭議的問題。」❹ 的確，對於過往政治理論的詮釋往往因爲詮釋者的立場和側重面向的差異而有所不同。但這並不是說各種不同的詮釋必然有著等量齊觀的價值，某些詮釋在還原特定思想家或理論家的本然面貌及其眞實關懷的問題上，確有其獨到之處；而另有一些詮釋則更能從長程的歷史眼光，辨別出特定理念的生成、發展及其所衍生的歷史後果。顯然地，馬克弗森做爲一個政治思想史家是以同時達成這兩項任務爲其企圖,但從其總體成果來看，他在第二項任務上的成就或許是比較突出的。

　　一位政治思想史家在選擇其研究題材時，也同時反映了他本身的主要關懷。對馬克弗森而言，他之選擇十七世紀做爲其研究的範圍，乃是爲了追溯自由主義民主國家的理論基礎，他認爲爾後成爲自由主義民主之構成要件的那些基本原則，都可以在十七世紀英國的政治理論與實踐裏找到其蘊生的源頭❸。十七世紀是個人主義在理論與實踐上分別奠立堅固基石的世紀，而此一基石至今仍是自由主義民主所仰賴的立足點，因此，對馬克弗森來說，要診斷自由主義民主的病源就必須將診療器對準十七世紀。馬克弗森指出，十七世紀的個人主義就已經顯露了爾後自由主義民主的主要困難（因爲後者乃是建立在前者的基礎之上），那就是其個人主義裏的佔有性，「它的佔有性可在其關於個人的觀念裏看出，個人被認爲本質上乃是其自身及能力的所有權人，而他之擁有這些並不對社會有任何虧欠。個人並不被視爲是一個道德整體，也不被視爲是一個更大的社會整體的一部分，而是被視爲他本身的一個擁有者。」❸ 以此爲核心的佔有式個人主義的觀念，一方面被十七世紀的主要的政治理論家援引爲人的本性，另一方面也成爲他們思考政治社會該如何被建構以及政治秩序的可能性的預設。

　　詳細地說，馬克弗森認爲十七世紀英國的主要政治理論家都同樣抱持著佔有式個人主義的預設，而佔有式個人主義關於人與社會的見解則包括了下列七個相互關連的命題：

（1）人之成爲人乃是基於免於依賴他人之意志的自由。

（2）免於依賴他人的自由指的是，除了個人爲了他自己的利益而自發地與他人發生的關係，個人得享有不與他人發

生任何關係的自由。

(3) 個人在本質上乃是其自身及能力的所有權人，而他之擁有這些並不對社會有任何虧欠。

(4) 雖然個人不能讓渡他對他自身的整個財產（權），但他卻可以讓渡他從事勞動的能力。

(5) 人類社會是由一系列的市場關係所構成。

(6) 既然人之成為人乃是基於免於依賴他人之意志的自由，每一個個人的自由只能是為了確保他人的相同的自由所需的義務和規則，才能合理地被限制。

(7) 政治社會是為了保障個人對其自身及財貨的財產的一種人為的設計，（因此）也是為了維持做為自身之所有權人的個人之間的正常的交換關係❸。

這些佔有式個人主義的假設在很大的程度上也與逐漸成型的（十七世紀英國的）市場社會相對應，也就是說，這些假設完全符合了市場社會的發展需要，同時，也唯有在市場社會已然浮現的情況下，霍布斯、洛克等人才會自覺或不自覺地以這些預設做為其政治理論的基本前提。馬克弗森指出：

「一個思想家關於哪一種政治秩序是可能的結論，將明顯地倚賴著他所認為的什麼是人與人之間的必須的或無可避免的關係」，「因此一個關於什麼樣的政治秩序是可能的同時在道德上是可欲的的理論，將直接或間接地倚賴著該理論家對於普遍存在於人們之間的實質關係的認知。」❸

對馬克弗森來說，他之指稱霍布斯、洛克等人的政治理論是以佔有式個人主義為其預設，乃是出自於他考察十七世紀英國的政治理念與實質的社會勢力及脈動之間的互動關係所獲得的結論。他同時也進一步指出，儘管十七世紀英國的主要政治理論家並未在他們的著作裏直接地揭示佔有式個人主義的預設，但這並不妨礙他們以佔有式個人主義為其理論之基礎的事實，「如果政治理論家們都明白地陳示他們的所有的假設，那才是令人驚訝的。」❸⁶至於這些理論家為何會隱匿其佔有式個人主義的假設，馬克弗森提出了三個可能的原因：（1）霍布斯等人可能認為與他們同時代的讀者們也都抱持著這些假設，因此他們沒有必要在其著作裏再重複地陳示這些假設。（2）霍布斯等人並不自覺到他們所抱持的佔有式個人主義的假設，這些被視為理所當然的假設乃是很自然地流瀉在他們的思維及著作裏，而不為他們所察覺。（3）政治理論在十七世紀仍然是一個危險的行業，或者為了怕觸怒他們試圖去說服的讀者（這些讀者當然也包括當時的統治階層），或者怕受到制裁，或者怕有礙讀者之接受其理論的結論，他們遂有意地隱匿其佔有式個人主義的假設❸⁷。

　　無論如何，馬克弗森探索十七世紀英國政治理論的主要目的，即在於追溯政治現代性的根源，在於找出自由主義民主的原始母型（即十七世紀英國的政治理論）所依據的並在當今仍居於主流地位的基本社會假設。這項思想史的尋根的工作既是歷史的也是政治的，其政治意義在於馬克弗森想藉此指出自由主義民主是如何繼承了一組應該被重新反省思考的基本社會假設，馬克弗森既然以修補及改善自由主義民主的理論及實踐為職志，當他透過思想史的回溯找出了自由主義民主的病源之後，他就可以進行

後續的步驟：第一，指出病根之所在；第二，提出治療的建議。
準此以論，馬克弗森乃是以他的歷史的發現來增益其改革政治理
論與政治實踐的說服力，在他的手裡歷史研究已不單單只是在釐
清過去的眞實面貌，更在於做爲支持改革現狀的理由，這種強烈
的實踐意圖在當代政治理論家裏可謂並不多見。比較近似的例子
可能是卡爾‧巴柏❸，但他們的策略卻有著明顯的不同。首先，
巴柏追索開放社會之敵人的歷史回溯曲線似乎過於長遠（最遠的
線索直追到古希臘的赫拉克利圖斯），但在如此亙長的歷史裏包
括了許多截然不同的社會類型，而從其中所抽繹出來的原則（反
開放社會的思維型態）或許就顯得缺乏緊密的內在連繫性，同時
也有將理念與社會結構相互抽離的嫌疑。姑且不論柏拉圖及黑格
爾是否眞如巴柏所言乃是封閉社會及歷史主義的囚徒，巴柏純粹
只從理念出發的研究顯然在歷史實在與理念的互動關係的分析上
是十分薄弱的。與巴柏不同的是，馬克弗森只試圖探索政治現代
性的興起歷程，其所涵蓋的歷史時段裏的社會亦有著一脈相承的
內在延續性（亦即是一個愈來愈成熟的市場社會）。再者，巴柏
只是消極地批判了反開放社會的思維型態，他並沒有積極闡述開
放社會的政治理論（或許在巴柏看來，這不僅是不必要的同時也
是危險的），而馬克弗森除了指陳佔有式個人主義的不當，更進
一步提出了替代的理論，也就是說，馬克弗森在批判性與建構性
之間建立了一個自足的內在關連。

　　佔有式個人主義做爲一種探照近現代政治理論的概念工具，
無疑地是出自馬克弗森的創造，但我們似乎可以說，此一概念工
具之形塑可謂有兩個主要的影響來源：馬克思主義和譚尼（Rich-
ard Henry Tawney, 1880～1962）的《尙得的社會》（*The*

Aquisitive Society, 1921)。就其對人和社會的抽繹來說，佔有式個人主義這個概念在很大的程度上是承接了馬克思主義對資本主義的解剖，或者說佔有式個人主義這個概念乃是將馬克思對資本主義的哲學的和經濟的批判，在政治理論的範疇裏進行系統化的重建之後的產物。再就譚尼來說，早在馬克弗森留學倫敦政經學院期間（一九三二至一九三五年），即在他的指導敎授拉斯基的引薦下，與當時正擔任工人敎育協會主席的著名經濟史家及社會理論家譚尼建立了亦師亦友的情誼。而馬克弗森在一九八六年的一次訪談裏也對訪問者指出，佔有式個人主義的概念是受到《尚得的社會》一書的影響，他在研讀譚尼著作的過程中，一直希望找到一個比譚尼的「尚得性」(aquisitiveness)更爲精確的概念，而其努力的最後結果就是佔有式個人主義這個概念❸。對譚尼來說，資本主義社會乃是一個處於道德解組狀態下的社會，其成員則是非理性的不平等(irrational inequality)的受害者，他用尚得的社會來描述這種只重視個人利得而不講求社會目的的社會。尚得的社會的「整個趨勢、利益和首要任務都是在促進財富的獲取，……它乃是誘引人們去使用自然或社會所賦予的力量，去使用技藝或能耐或冷酷的利己主義或純粹只是好運所給予的力量，而絲毫不必考量是否有任何限制其力量之運用的原則存在的一種邀請。」❹尚得的社會所保障的只是以財富或資本爲基礎的經濟權利，在每個人競相追逐個人利益的巧取豪奪中，「個人成了他自己的宇宙的中心，而道德原則也消解爲一種便利的抉擇。」❹因此，尚得的社會裏的財產只是被動的財產，只是爲了獲取、爲了剝削及爲了權力的財產❹，這種不能使社會成員透過他們實質的服務和專業來實現社會功能和目的的無功能的（func-

tionless）財產，只會是創造精神及有意義的生活的最大敵人
❸。譚尼認爲尚得的社會應該被「功能的社會」（functional so-
ciety）所取代，功能的社會強調每一個成員以提供有用的勞務、
履行其專業和社會功能爲要務，而非汲汲於個人財富的貪婪營
求，透過每一個成員之履行其功能（不過，這並不否認個人的自
主性），社會目的及道德秩序才能在非尚得性的基礎上獲得重建。
功能社會的獎賞原則是以功能之履行而非以經濟權利爲準據，功
能的社會「分派了一個正當的位置給經濟活動本身，那就是做爲
社會的僕役而不是社會的主人」❹，「這樣的一種政治哲學意味著
社會並不是一種經濟機制，而是一個意志的社羣（community
of wills），這些意志雖然往往是不一致的，但卻能夠被爲共同
目標的奉獻所鼓舞。因此，它也是一種宗教的社羣，‥‥而最適合
宣揚此種社羣的機構乃是基督教會。」❺

　　做爲一個人本主義的基督教社會主義者，譚尼可謂是從馬克
思主義以外的陣營來批判資本主義的道德基礎的本世紀的先聲之
一。但從其概念的指涉來看，尚得的社會可謂是資本主義社會的
同義詞，它並沒有提出一組可用來檢視特定理論或社會的關於人
和社會的基本假設。換句話說，儘管譚尼提供了一幅理解資本主
義社會的極具啓發性的參考圖像，但他並沒有供給一組除了可以
應用在二十世紀初期的資本主義社會，同時也可以涵蓋到早期資
本主義社會的基本社會假設，一組可用來做進一步的理論分析的
概念構件。而保有這一份自覺意識的馬克弗森則有效地完成了這
項後續的工作，準此以論，「佔有式個人主義」雖然在批判的立
場和理念的系譜上都和「尚得的社會」有著密切的血緣關係，不
過，「佔有式個人主義」並不純粹只是「尚得的社會」的延伸，它

做爲一種分析的概念工具在適用的涵蓋面上實與「尚得的社會」有
著明顯的質的不同。 馬克弗森 既不是一個徹底的 馬克思主義者
（有論者曾形容他是一個六分之五的馬克思主義者）❹，也不是
一個基督教社會主義者，但他的佔有式個人主義的概念一方面使
馬克思主義能夠介入政治思想史的研究，就此而言，他乃是少數
馬克思主義傾向的政治思想史研究者如愛倫・伍德 (Ellen Me-
iksins Wood)及尼爾・伍德 (Neal Wood) 夫婦的前輩❹；在
另一方面來說，佔有式個人主義也將譚尼的尚得性朝更高的分析
水平推進，並將其從描述的層次提高到概念操作的層次。雖然不
少論者對佔有式個人主義做爲一種概念工具的可信度頗表懷疑，
但對那些主張徹底改革自由主義民主與自由主義的哲學基礎的人
而言，它卻是一個有著嶄新意義的標竿，因此貝伊 (Christian
Bay) 認爲佔有式個人主義乃是一個「不可或缺的術語」❹。本
章的下列各節將依序討論馬克弗森如何透過佔有式個人主義的概
念，來解析霍布斯、洛克等人的政治理論。

第三節　霍布斯

「我們之研究霍布斯乃是因爲我們認爲他是一位權力與和平
的敏銳的分析家。而當我們發現霍布斯自認其政治體系是一種科
學時，我們就更爲其所吸引了。他確信政治可以被發展成一種科
學，他也深信他已經做到了，而且還是第一個做到的人。」❹霍
布斯政治理論的主要動機是要爲他所身處的動盪紛擾的社會找到
一個永久和平的基礎，使政治社會裏的每一個成員都能獲得安全
的保障，此外，他也要應用伽利略 (Galileo, 1564～1642) 的

「分解合成法」（resolutive-compositive method）來解析人的實然本性及生理運動的律則（這也是《巨靈篇》第一卷的主要工作），並在分解之後再予以合成，從而導出永久主權的必要性，以及政治社會之成員的無可懷疑的政治義務。

　　儘管某些當代論者對於霍布斯的人性理論以及他之從經驗的事實預設導出政治義務的演繹模式頗為懷疑，但馬克弗森認為語言（分析）哲學對霍布斯政治理論之內在一致性的挑戰，必須回置到霍布斯所身處的歷史現場才能得到公允的評斷，「如果不先對霍布斯的不清楚的或未表明的假設做歷史的同時也是邏輯的臆測，我們就無法建立（霍布斯的）理論的面貌。」⑩在馬克弗森看來，霍布斯對自然狀態裏的人的各種心理特性的假設，並不單單只是關於自然人的假設，而是已經將霍布斯所看到的當時（十七世紀的市場社會）的文明人的特質導入他的自然狀態裏（這主要是在《巨靈篇》第一卷的第十、十一及十三章裏），「在第十及第十一章裏，我們看到了人從本身做為一種機器過渡到人這個機器做為一系列的社會關係之一部分的主要轉化。」⑪這種將文明人的特質導入自然人的人性裏的做法不僅表現在霍布斯身上，也表現在洛克身上，「霍布斯和洛克都將他們的布爾喬亞社會模式所得出的酷好爭論的、競爭的行為導回到人的本性裏，他們兩人的自然權利的理論都是被其關於人性的預設所決定。」⑫馬克弗森指出，霍布斯身處於一個資本的累積有著關鍵重要性的時代，雖然霍布斯的政治理論的主要目標並不是在為強調資本累積的市場社會做辯護，但他對於人的理解和假設確實受到這樣的社會的主導價值的影響。因此，他的政治理論和政策建議一方面受到了他對市場社會的認知的限定，另一方面，他的政治理論也間接成

爲市場社會的鼓舞❸。

在霍布斯的著作裏，我們可以看到市場社會及市場的價值觀的明顯的影響，「一個人的價值（value）或所值（worth）如同其他的事物一樣，就是他的價格（price），也就是說，等於爲了使用他的權力所需給付的，因此它不是絕對的，而是由他人的需要和判斷來決定。一個出色的兵士的指揮者在戰時或迫在眉睫的戰爭前夕，有著昂貴的價格，但在和平時期就不是如此。一個有才學而不腐化的法官在和平時期可謂所值不薄，但在戰時就值不了那麼多了。如同其他的事物一般，對人來說，不是出售者而是購買者在決定價格。就讓一個人（多數人都是這麼做）盡其所能地給自己標定最高的價值，然而他們的眞實的價值並不會超過他人所認定的價值。」❸「所有被交易的事物的價值都是由交易者的慾望所決定的，因此，公道的價值就是他們所願意付出的價值。」❸再如霍布斯認爲財產乃是一種排除他人之享有的人與人之間的法律關係，財產「除非是被理解成這是屬於你的，所有的他人都不得干預你的自由使用，而是可隨你自己的意願和喜好在任何時間都可安全無虞地享受它，否則法律就是徒勞無功的。這也是對於財貨的財產所須具備的，並不單單只是指一個人能夠使用它們，而是單獨地使用它們，這就必須禁止他人成爲他的一種阻礙。」❸要言之，馬克弗森所要強調的是，霍布斯對於人及社會的預設已經不受封建社會的觀念的限囿，而是反映了市場社會的價值觀，但當代的研究者卻過份忽視了霍布斯的經濟認知對其政治理論的影響，以致他們的純粹的內在邏輯理路的分析，並不能有效地挑明霍布斯的洞見及矛盾，「或許是因爲霍布斯是一個這麼明顯的重商主義者，以致他關於人及社會的基本假設的根本的資本主義

性格，卻遭到如此普遍的忽略。」❻

　　馬克弗森也指出，霍布斯自然狀態裏的人之所以必須走上人人相互爲戰的境地，乃是因爲他巧妙地將一種文明化了的權力的觀念鑲入他的自然狀態裏。「我提出一個所有人類的一般傾向：一種永恆的、不間斷的追逐權力的慾望，這種慾望只有到死才會終止。之所以會如此的原因⋯乃是因爲如果不擁有更多一些，他就不能確定他目前擁有的權力和手段能使他過得安穩。」❺ 在這個意義下，權力變成是一種互斥的、零和式權力，我的得就意味著你的失，反之亦然，「權力的本質在這一點上就如同名聲一樣，愈是進展就愈增加，或是像重物的運動一樣，跑得愈遠就愈形急速。」❺ 如果每個人的權力並不是相互對立的，如果每個人之追逐權力並不需以壓制他人爲手段，那麼自然狀態裏的人就不必然處於相互爲戰的境地，也不必然非接受霍布斯的主權才能得到安全的保障。換句話說，抽除了上述的權力的假設，霍布斯的主權理論就不能成立，設若他的主權理論要能夠成立，他就需要相互對立的權力假設。但問題在於，霍布斯對人的生理假設並無法涵蓋這樣的權力關係，因此，每個人的權力必然與他人的權力相對立的假設並不是一個生理的預設，而是一個社會預設❻，並且是一個只有在一種特定的社會才能成立的預設，「所有的人都具有無限制地追求更多權力的內在慾望的預設，只有在描繪已經身處於一個普遍競爭的社會裏的人，才有明顯的說服力。」❻

　　從以上的脈絡來看，馬克弗森認爲霍布斯的理論如果要能成立，則除了關於人的機械式的生理預設外，他還需要一組社會預設，或者說，他還需要一種未曾在他的著作中明白表示的關於特定社會模式的假設。但霍布斯所欠缺的社會預設究竟是建築在哪

一種社會模式上的預設呢？可以涵蓋古代帝國、封建社會及部落社會的「習慣法或地位社會」(customary or status society)的模式，是不是就能填補霍布斯的理論縫隙呢？馬克弗森認為不可能。因為「習慣法或地位社會」模式裏的工作及報償是由不同等級的統治階層分別進行權威式的分配，不同階級的人的工作或職業類型乃是由其身分所決定，土地亦不能自由買賣，相反地，勞動力是緊密地固著於土地之上，而土地的不可交易性也限定了勞動力的自由交易。對於主張人的價值應由他人所同意的價格來決定同時勞動力亦可自由販售的霍布斯來說，「習慣法或地位社會」的模式顯然是不能符合霍布斯之需要的⓬。那麼，財貨與勞務的生產和分配是由市場來決定，但勞動本身並不是一種市場商品的「簡易市場社會」(simple market society) 模式，是不是就能符合霍布斯的需要呢？馬克弗森也指出這仍然是不足夠的。儘管「簡易市場社會」模式並不對工作及其報償做權威式的配置及分配，其成員也得以在契約的履行受到政府的監督及擔保的情況下盡其所能地去追求個人效益的極大化，而其成員也都能擁有賴以維生的土地及其他資源，並在市場裏進行產品的交易，但此一社會模式裏的成員的滿足感主要是來自於對自己的勞力的自主的控制，而不是來自於計算自己做為一個獨立生產者或被人所僱用之間的所得價差（這乃是因為勞力並非可自由交易的商品）。因此，每一個成員之增加其營收只能透過更多的本身的或家族的勞力投入，而每一個成員的利得並不必然造成他人的損失。由上可知，如果主導著霍布斯的理論推衍的是這樣一種社會模式，則他是無法導出其所要求的結論的⓭。準此，唯一能滿足霍布斯之理論需要的假設乃是「佔有式市場社會」(possessive market society) 的模式。在馬克弗森看來，「佔有式市場社會」模式乃是「簡易市場社會」模式的進一步轉化，它們之間的主要差別在於前者容許了勞動的商品化，唯有加入了這一項要素（並去除後者的不利於勞動之商品化的假設），才能充分填補霍布斯社會預設的縫隙。而「佔有式市場社會」模式乃是由下列假設所構成：

(1) 並無對於工作的權威式的配置。

(2) 並無對於工作之報償的權威式分派。

(3) 存在著對於契約的權威式界定及執行。

(4) 所有的個人都理性地追求其效益的極大化。

(5) 每一個個人的勞動能力是他自己的財產，並且也是可以讓渡的。

(6) 土地及資源乃是由個人所擁有，並且也是可以轉讓的。

(7) 某些個人企求一種高於他們目前所擁有的效益及權力的水平。

(8) 某些個人比其他人擁有更多的能耐、技術和佔有物[64]。

在這個社會模式裏，勞力、土地、資本及產品都被市場化，市場競爭成為個人效益之極大化的唯一途徑，而擁有土地及資本者由於可以自由僱用他人的勞動能力，因此亦能合法地對被僱用者進行權力的淨轉移 (net transfer of powers)。歸結地說，只有「佔有式市場社會」的模式才能使霍布斯推演出一個得以和平地、非暴力地競逐他人的權力，以滿足自身之慾望的政治社會。

　　旣然霍布斯所憑藉的「佔有式市場社會」的預設已能確立人

與人之間普遍的權力對立的論點，他就不難導出他所要求的主權及政治義務。對霍布斯來說，人做為一個無限制地追求效益、權力和榮耀的理性的利己主義者，如果要在一個沒有橫遭劫禍的恐懼的環境下滿足其與生俱來的慾望並保有其財產，那麼，共同接受一個能夠確保每一個人之安全的主權，乃是一個合理的抉擇，「如果市場社會已無別的選項，或者如果唯一的選項就是無政府狀態，那麼，每一個身處於其中並且明瞭他自己的真實處境的人，除了支持一個能夠維持社會使其成為一個正常的有秩序的體系的政治權威外，已無其他的理性選項。」⑱再者，馬克弗森也指出，平等的假設也是使霍布斯能夠從事實導出政治義務的重要憑藉。此一平等的假設包括了兩個主要內容：（1）每一個人對於滿足其需要的期待（expectation）的平等；（2）每一個人的能力（abi-lity）的平等（固然霍布斯並不認為每一個人的能力真的都是絕對平等的，但他也認定最弱的人仍可狙殺最強的人）。而在霍布斯看來，事實的平等可以導出權利的平等，因為每一個人都不能自認是優於或高於他人的，都不能無因地要求從他人那裏獲取利益（這種平等的假設在「地位社會」裏是不可能被接受的），因此，霍布斯並不是要證明事實的平等隱含了權利的平等，他是假定我們沒有理由不去承認事實的平等可以讓每一個人擁有同樣的權利，既然每一個人都有同等的能力和對滿足其慾望的期待，每一個人在權利上就應該是平等的。也就是說，除非我們能夠證明事實的平等不能讓我們承認權利的平等，否則霍布斯認為我們就沒有理由不接受他的推論。而當擁有平等權利的每一個人都共同承認一個主權者並讓渡了部分的權利之後，每一個人就有同樣的政治義務去服從這個主權者，否則就會再陷入人人相互為戰的

狀態❻❻。霍布斯無疑地滿懷自信地認爲，他之從事實導出政治義
務是一項可以放諸四海的「科學」成就，但馬克弗森指出，霍布
斯的政治義務的理論是一種爲佔有式市場社會所鋪陳的同時也只
能適用於該種社會的理論，而多數論者之批評霍布斯的政治義務
理論，卻忽視了這個侷限性❻❼。

　　霍布斯政治理論的結論，不管從什麼樣的角度來看，都很難
被視爲是自由主義式的，但他卻是爲近代個人主義的政治理論奠
下堅固基石的先鋒人物❻❽。更進一步說，霍布斯政治理論所倚賴
的「佔有式市場社會」的預設在與其個人主義的信念合流之後，
卽成了馬克弗森所謂的「佔有式個人主義」的母型。馬克弗森認
爲，十七世紀英國的主要的政治理論（特別是霍布斯、平等派、
哈林頓和洛克）都以不同的形式接收了佔有式個人主義的假設，
尤其，「這些假設在霍布斯身上表現的最爲明白、最爲完整。」❻❾
因此，霍布斯相對於長期主導著政治理論的論述形式的亞里斯多
德來說，他的理論是亞里斯多德典範的一種替換（replace-
ment），而不僅僅只是一種典範內的轉化(transformation)❼❶。
在馬克弗森看來，十七世紀的英國社會已經是一個佔有式市場社
會（馬克弗森也將其等同爲資本主義社會），而霍布斯的前衛性
卽在於自覺或不自覺地將一個興起中的新社會秩序的預設融入他
的理論之中，「霍布斯爲資本主義經濟的勝利清除了路障」❼❶，
「二十世紀國家理論的核心問題是後期資本主義國家的合法性，
霍布斯的問題則是初期資本主義國家的合法性。」❼❷霍布斯政治
理論的侷限則在於他無法從佔有式個人主義之外的立場來考量政
治秩序的可能性，同時他對於佔有式市場社會裏的形式平等所可
能導致的實質不平等及階級分野，並無先見之明，同時也過份高

佔了自我持續的主權者或主權機構（self-perpetuating sov-ereign person or body；這指的是主權者之延續及繼承乃由其自己來決定）的重要性❼❸。事實證明，興起於佔有式市場社會的資產階級以行動表明他們無法接受自我持續的主權，那也是英國憲政史上最慘烈但也是收穫最多的抗爭。

　　不過，馬克弗森對霍布斯的解釋也招致許多的質疑和反彈。有論者指出，霍布斯的政治理論並不需要佔有式市場社會的假設，將佔有式市場社會的預設強加於霍布斯身上，只是一種不高明的、不必要的、後設的強制❼❹，甚至是一種時代錯置，「一種使論點能像緊身衣一般符合他（馬克弗森）所預設的模式的非歷史的企圖。」❼❺此外，與上述批評相反的是，另有論者認為霍布斯的《巨靈篇》正是理性抉擇理論裏的「囚犯的困境」原理的卓越的應用，霍布斯的論證不只是適用於佔有式市場社會，而是具有更廣泛的適用效力❼❻。但比較深刻的批評則來自波寇克和密勒，波寇克認為十七世紀英國政治理論的主軸是關於權威與自由的辯證關係，因此「政治人」乃是當時政治理論的主要關懷，但在馬克弗森手裏「政治人」形同死亡，取而代之的則是「經濟人」以及對於物質利得和市場化的財產的過度關注，以致錯置了當時政治理論的核心課題❼❼。密勒則指出，雖然霍布斯承認人與人之間的關係是一種競爭的關係，但這並不意味著經濟競爭即是最重要的人類情境；對霍布斯來說，人最主要的並不是一個財貨的消費者，而是一個恐懼的生靈（fearful creatures），社會被視為是一種階層的秩序，而不是市場經濟，因此，國家的目的在於維持和平，為了達成此一目的，財產權應該服從政治之決定，故而並不是一種神聖的自然權利，準此，霍布斯的道德價值乃是貴族式的，而非

資產階級式的⑱。

　歐克夏特曾謂：

「政治哲學是在將政治經驗同化於一個一般的世界的經驗，
就此而言，霍布斯的偉大之處並不是他開啓了一個新的傳
統，而是在於他建構了一個能够反映主要肇始於十五及十
六世紀神學家的歐洲知識意識的變遷的政治哲學。」⑲

的確，霍布斯確實是一個舊時代的終結與新時代的開端，而馬克
弗森和其他的霍布斯研究者的主要歧見乃是：在這個思想的轉折
上，霍布斯是不是已經反映了一種新經濟秩序的興起，霍布斯是
不是已經透露了一種新的經濟經驗也正在展開它的同化歷程的訊
息。馬克弗森的主要企圖即是在說明霍布斯在這個意義上的前衛
性，他並不是要全方位地、毫無遺漏地詮釋霍布斯政治理論的各
個細節（他對哈林頓、洛克及平等派的詮釋亦是如此），而是帶
著政治經濟學家的問題意識去考察霍布斯的政治論述與經濟思維
之間可能隱藏的連繫關係。佔有式市場社會這樣一個假設模式的
提出，就是要使此一隱藏的連繫關係變得可以被觀察及被理解，同
時也要補充霍布斯的推論所欠缺的前提假設。如馬克弗森所言，
佔有式市場社會是一種**理念型**（ideal type）⑳，他並不是將此
一理念型強加於霍布斯之上，相反地，他是從霍布斯未曾明言的
社會預設（如人與人之間的普遍的權力對立）裏，來爲霍布斯整
編出他一直憑藉的社會模式㉑。至於馬克弗森之重建霍布斯所憑
依的社會模式是不是一種非歷史的時代的錯置，則關係到不同論
者對於十七世紀英國社會本質的判斷，在此姑且予以保留。不

過，更應該被指責為非歷史的詮釋的，或許是理性抉擇論者對霍布斯的解釋，因為他們完全忽略了不同的歷史條件對於人的抉擇空間的限制，馬克弗森則並未陷入這種不重視歷史的窠臼，他之指出霍布斯的政治義務的理論只能適用於佔有式市場社會，即是明證。

再者，馬克弗森是不是如波寇克所言只從人的經濟需要去解析霍布斯，而忽視了十七世紀的「政治人」以及「政治人」的理論家們（霍布斯當然是其中之一）所著重的自由與權威之間的關係？我們以為，馬克弗森並不是那麼武斷地以「經濟人」來取代「政治人」，他是試圖以更傳神的、更具有歷史對照功能的「**政治經濟人**」來分析經濟動性已獲得解放的新時代的政治理論。他曾感歎：「現今的政治哲學的研究者往往不太熟悉政治經濟學。」㉜「政治經濟人」的理論範式可謂是他在感歎之後的積極的建構，在此一範式裏自由與權威的問題（即「政治人」的問題）並未被排除，相反地，它是以更重視經濟的背景系絡的方式來呈現自由與權威的問題，同時也在這個新的背景系絡下進一步追問**什麼樣的自由**與什麼樣的權威的問題。而密勒和馬克弗森對於霍布斯的理解的主要差異在於：馬克弗森如同馬克思主義者一般，都肯定了經濟競爭的擴散作用，這裏的重點並不是在指出何者才是最重要的人類情境，而是在說明霍布斯對新形式的經濟活動（市場的普遍化和勞動力的商品化）的認知，如何擴散到他的政治論述裏。因此，對霍布斯來說，人除了是一個尋求安全保障的恐懼的生靈外，他同時也可能是一個效益的極大化者及消費者。總的來說，馬克弗森並不是要一舉摧毀霍布斯對「政治人」的處境的關注，而是試圖從他對十七世紀英國社會的歷史理解出發，去提供一個

理解霍布斯的不同的途徑，故而只是理解霍布斯的諸多方式中的
其中一種。他和其他詮釋者之間的歧見在很大的程度上也反映了
他們彼此間史觀的差異，這也說明了不同的政治哲學的價值立場
乃是建立在不同的歷史判斷之上。姑且不論馬克弗森對近代西歐
社會演化的歷史判斷是否全然無誤（這應該是社會經濟史家的專
業），他嘗試將特定思想家的理論與社會演化的趨向相互連結、
相互對勘的企圖，則十分明顯。

　　當代著名的十七世紀英國史研究者希爾(Christopher Hill)
曾謂：

　　　「霍布斯被正確地視為是競爭式個人主義的高級祭司，他
　　赤裸裸地剝解了資本主義的本質，並企圖建立一種所有的
　　理性的人即使不喜歡卻又不得不信服的政治的科學。」[83]

這段評論說明了馬克弗森對十七世紀英國社會的歷史判斷，並不
是毫無根據的，至少在希爾看來，霍布斯所身處的社會已是一個
資本主義社會。希爾又指出：

　　　「霍布斯將個人主義及競爭納入他關於人的基本心理學之
　　中，並歸結出絕對的服從主義是對每一個人都有利的。他
　　的嚴謹的邏輯是如此有力，因此要想打破其鏈結是十分困
　　難：故而只能從其假設、從其心理學去挑戰它。」[84]

馬克弗森的工作正是從他為霍布斯所整造的更嚴密的社會預設，
來對霍布斯做歷史的與哲學的剝解。對馬克弗森來說，霍布斯只

是他考察佔有式個人主義的起點，我們接著還要繼續討論他對哈林頓等人的政治理論裏的佔有式個人主義成份的解析。

第四節　平等派與哈林頓

平等派 (the Levellers) 在一六四〇年代末期查理一世與國會（或者說「騎士黨」與「圓顱黨」）決戰的關鍵期，扮演了重要的角色，平等派的勇於參戰可謂是克倫威爾(Oliver Cromwell) 最後能擊潰王軍的因素之一。但戰爭的勝利並未使平等派的政治主張獲得克倫威爾的垂青，在查理一世被「臀餘議會」(Rump Parliament) 處死的那一年（一六四九年），平等派的勢力也從政治舞臺上消逝。不過，平等派的政治主張無疑地乃是爾後憲政民主發展的先聲，如佛朗克 (Joseph Frank) 所言：

> 「平等派的主要目標是要在英格蘭建立一個憲政民主，在十七世紀，那個目標是失敗了，而在十九及二十世紀，那個目標至少已經被局部地實現時，平等派則早就被遺忘了；然而，他們乃是英格蘭朝向民主之進化的鎖鏈中的一個環節。」[35]

馬克弗森對平等派的研究主要是以該派領導人如歐弗頓 (Richard Overton)、佩提(Maximilian Petty)、李爾本 (John Lilburne) 及懷爾德曼 (John Wildman) 等人的演說及政治宣傳册，以及平等派與克倫威爾及其他將領們於一六四七年十、十一月間在普特尼（Putney）教堂所舉行的著名的憲政改革大

辯論（史稱「普特尼大辯論」）爲素材，來分析平等派所倡議的
選舉權是否如多數論者所認定的乃是普遍的成人選舉權；如果不
是，那麼平等派又是以什麼樣的標準來排除哪些成年人的選舉權；
以及此一排除的判準又反映了什麼樣的社會觀。來自中下階層的
平等派向來是以人民 (the people) 的代言人自居，以爲人民爭
取政治權利及經濟保障的急先鋒自居，而多數論者也很自然地認
爲平等派所倡議的選舉權乃是涵蓋了所有的成年男子。的確，平
等派的文件裏是充滿了爲人民請命的訴求，他們在「普特尼大辯
論」期間所提出的政治草案也稱爲《人民爭取穩固和平的協議》，
該草案雖在克倫威爾及其首要幕僚艾勒頓 (Henry Ireton) 的
反對下，未被下議院通過（克倫威爾當時最關心的是軍隊的紀律
及戰爭的勝利，因爲查理一世似乎已取得蘇格蘭人的協助，隨時
有反撲的可能），但該草案之要求法律之前人人平等及有效的代
議體制，則十分明顯❸。馬克弗森所要強調的是，平等派的選舉
權並不包括爲數衆多的下列兩類人：(1)僕役或工資賺取者；(2)
收受救濟金者或乞丐❸。這兩類人的被排除所代表的並不是一個
不值得重視的選舉權的涵蓋範圍的問題，相反地，它乃是考察
平等派政治理論之經濟預設的切入點，而既有的對平等派的解釋
「本身乃是未能考量市場的假設已如何穿透十七世紀中葉之英國
政治思想的產物。」❸

平等派在《協議》中強調，「這個國家目前的和所有未來的
代議士的權力，僅次於那些選擇他們的人的權力」❸，此外，佩
提在「普特尼大辯論」中也主張，「我們認爲所有未喪失其與生
俱來的權利的居民，都應該在選舉時享有平等的發言權」❹。馬
克弗森指出，在「普特尼大辯論」之前，平等派的主要目標在於

使下列兩項原則獲得普遍的確認：第一，國會的權力來自於人民的委託；第二，即使是國會也不得違反個人的公民自由、經濟自由及信仰自由。一直要到「普特尼大辯論」期間，平等派才試圖去界定何謂人民❸。不少論者以爲，「普特尼大辯論」期間的主要爭論乃是克倫威爾及艾勒頓所主張的財產選舉權（即擁有一定財產者才能擁有選舉權）與平等派所主張的普遍的成年男子選舉權之間的爭論。但馬克弗森認爲，平等派所要求的是將克倫威爾和艾勒頓所排除的已登記土地的所有人、佃農，以及未擁有世襲土地同時也不是商業公司之成員的獨立工匠及小生意人，納入選舉權的範圍之內，不過，平等派的主張仍不包括僕役及收受救濟金者。

馬克弗森認爲，存在於平等派、國會領袖與軍方將領之間的選舉權主張可歸結爲下列四種：

（一）世襲土地所有人的選舉權：每年能營生四十先令以上之世襲土地的所有人及商業公司裏的自由人，才能享有選舉權。在一六四〇年代，這大概包括了二十一萬二千人，這也是克倫威爾及艾勒頓所主張的選舉權。

（二）納稅人的選舉權：除了上一項裏的兩類人外，在貧窮標準之上的已登記土地的農人或佃農、小生意人、店主及工匠也應享有選舉權，在一六四〇年代，這大概涵蓋了三十七萬五千人。

（三）非僕役的選舉權：除了僕役及收受救濟金者外，成人男子都應享有選舉權，在一六四〇年代，大約包括了四十一萬七千人。與「納稅人的選舉權」相較，它還多涵蓋了兩類人，那就是內戰期間參與國會軍的士兵，以及既非世襲土地所有人、也非商業公司裏的自由人，同時也未納稅的小生意人、店主及工匠。此

卽平等派實際上所主張的選舉權。

　　(四)成年男子選舉權：除了罪犯及違法失職者外，成年男子都應享有選舉權，在一六四〇年代，這大概包括了一百一十七萬人❷。

　　在馬克弗森看來，儘管平等派所主張的選舉權在涵蓋範圍上已遠大於克倫威爾所容許者，但與普遍的成年男子選舉權相較，仍然有很大的差距。因此，佩提所謂的擁有與生俱來的權利的人仍排除了當時半數以上的成年男子。但馬克弗森也指出，「平等派所劃定的界線並不是介於貧窮與財富之間，而是介於依賴與獨立之間，這兩條界線並不重疊。」❸ 平等派的選舉權主張所反映的並不是貧富的區別，而是以一個人在經濟生活上足以獨立營生抑或必須依賴他人，來決定應否享有選舉權，他們之反對僕役或賺取工資者以及收受救濟金者或乞丐的享有選舉權，乃是因為這些人在經濟上都是不能自立的。平等派自認他們的階級屬性是與這些依賴者有著明顯的種類的不同❹，而他們的政治權利也應該和這些依賴者有所不同。對平等派來說，貧窮並不等於不自由，相反地，貧窮但自由的人應該享有與生俱來的權利，「英格蘭最窮苦的人也和最富有的人一樣有其生命要活」，如果最窮苦的人不能表達他對統治形式的同意，「我將懷疑我究竟是不是一個英國人。」❺ 雖然平等派反對以財產來做為能否擁有選舉權的判準，但他們並不是財產的反對者，他們認為財產是先於政府而存在的自然權利，而唯有給予每一個成年男子（僕役和收受救濟金者除外）選舉權，「才是確保所有財產的唯一途徑。」❻

　　準此，平等派的選舉權主張乃是建築在下列的預設上：「每一個人天生都是他自身的所有權人。」❼ 公民及政治權利係源自

於自然權利，而自然權利又源自於人之擁有其自身，因此，那些能擁有其自身之獨立生產者，不管他是多麼貧窮，皆當擁有選舉權。至於那些出售自身之勞力的人（僕役及工資賺取者），則因已不再擁有其自身，故而亦不得享有選舉權，因為他們之棄絕其自身之所有權等於放棄了他們的自然權利，以及他們的政治權利。「對克倫威爾和艾勒頓來說，唯有擁有世襲土地或註冊的商業權利之財產（權），才能使一個人自由；但對平等派來說，擁有對自己的勞力的財產（權），即能使一個人自由。」[98] 基於上述，馬克弗森認為平等派的政治主張也反映了佔有式個人主義的思維，只不過他們的思維「並不像洛克那樣是全然佔有式的」[99]，至少他們不像洛克那樣認可無限制的資本累積，不過，他們仍然無法想像在一個非尚得的社會裏實現自由的可能性。平等派向來被視為是英國政治理論的最早的民主主義者，但馬克弗森則認為「他們應該被視為是激進的自由主義者，而非激進的民主主義者」[100]，因為他們最關注的是自由，同時是以財產做為一種自然權利所延伸而來的自由，而絕大多數的「人民」仍被平等派認為是無權享有選舉權和自由的依賴者。希爾曾指出，所謂「人民」在十七世紀的指涉是十分曖昧的，通常都是以經濟能力為判準而將一大部分窮人排除在外[101]。以追求憲政改革為要務的平等派仍無法免除此一時代風潮的限囿，他們的獨立或依賴的判準實際上只是用來區隔他們以及比他們還更窮的人，「我們可以說當平等派想到『人民』時，他們所想的是工匠、店主、登記註冊土地的所有人和小規模的世襲土地所有人，而不是那些一無所有的人。他們雖然對窮人充滿了同情，但他們幾乎不曾考量到這些人對於平等的選舉權的要求。」[102] 馬克弗森之認為平等派並非激進的民主主義者，

即肇因於此。

雖然平等派對十七世紀英國階級結構的理解要比霍布斯來得更深刻，不過，他們的認知圖像仍然不夠準確。他們一方面要向富有的階級要求政治權利，但在另一方面卻又要排除廣大的工資賺取者的政治權利。他們錯誤地認為僅僅只靠富有階級及他們自己（他們多半都是小規模的獨立生產者），即可透過選舉權來建立一個人人都可接受的、穩固的政治權威。他們所忽略的是，在一個佔有式市場社會裏，缺乏大規模資本的獨立生產者（即平等派自己）也會淪落到他們所不齒的依賴的地位，這一點則不幸被歷史的發展所證實❶。就此而言，平等派的政治主張雖根植於佔有式個人主義的假設，但他們的偏限也在於未能充分洞悉佔有式市場社會的政治後果。馬克弗森一向強調，在自由主義民主的形塑過程中，是先有自由主義的成份，爾後才逐漸補入民主的成份，平等派所代表的正是此一形塑過程在理論面向上的一個驗證。

如果說平等派是在不自覺地景況下表露了他們選舉權主張的經濟預設，那麼，哈林頓可謂是以再明白不過的經濟認識來開展他的政治理論，他認為唯有明白了財產分配與政治權力之間的真實關係，才可能建立穩固而平衡的政體，「哈林頓被認為是馬克思的先驅者，⋯哈林頓是一個馬克思主義者所謂的經濟決定論者，他認為經濟變遷是一種隱匿的、與人無涉的力量，此一力量在冥冥之中自動促發了政治變遷，而不需以羣眾的政治行動為手段。」❷雖然哈林頓最後是在精神異常的狀態下終結了他不如意的晚年（他在五十歲時被羅織了叛國的罪名而遭逮捕入獄），但他對法治、權力分立及共和主義的強調則大大影響了爾後的美國及法國憲法，一七七九年時尚有人提議將麻塞諸塞州的州名改為

「大洋國」（Oceana），此議後來雖未通過，但亦可見哈林頓在當時之聲望。

哈林頓和他所敬重的馬基維利一樣，都試圖從古代歷史（特別是羅馬共和）的考察中汲取政治智慧的靈光，並藉此舖陳他們心目中的理想政體。波寇克曾謂：「他（哈林頓）是以承襲自馬基維利的語言和世界觀，來達成對英國政治理解的典範式重述的第一人。」❶但馬基維利只看到了武力是公民權的基礎，哈林頓則進一步歸結出土地是武力的基礎❶。在哈林頓的歷史理解裏，古代世界政治秩序的崩潰肇因於帝王的興起（帝王壟斷了土地的所有權致使政治失去了平衡），取而代之的則是由貴族掌握土地及武力的「哥德式平衡」（Gothic balance，即封建的政治秩序），但當人民（事實上是中產階級）逐漸取得多數土地後，「哥德式平衡」即無法再維持。從這個脈絡來看，他的《大洋國》（一六五六年）乃是考量到新時代的土地（財產）分配的變化，而試圖守住當時英國內戰在人民政治權利上的進展，並防範過度的民主所可能造成的危險的一部憲政藍圖。在這部包括三十條條文的憲政藍圖裏，哈林頓詳細闡述了《大洋國》的政治制度、人口分類、軍事整備、選舉辦法、教育事務、土地法、繼承規定及神職的派任等等，他的目標則是在繼「哥德式平衡」之後，達成新時代所需要的新的政治平衡。而馬克弗森所關注的則是，哈林頓的平衡原則在其「大洋國」裏能否奏效（特別是衡諸第十三條土地法的規定），以及他對於士紳階級（gentry）之定位歸屬的曖昧性，最後並檢討哈林頓政治設計裏的佔有式個人主義成份。

「國家是從財產的基礎上產生的，所以就需要某些特定的根基或立足點，但除了土地之外，就不可能有根基或立足點。如果

沒有土地，它就像空中樓閣一般。」❼哈林頓認爲財產的分配決
定了政治權力的分配，而財產的分配主要又取決於土地所有權的
分布，「沒有政府就不可能有和平，沒有適當的平衡就不可能有
政府；因此，你如果不將你現有的土地法確定下來，就只能靠流
血了。」❽對哈林頓來說，土地法乃是使「大洋國」維持長治久
安所不可或缺者，它規定每人擁有的土地的年收入不得超過二千
鎊，依他的估計，這可使擁有土地者至少包括五千個人。土地法
的目標在於使擁有過半數土地的階層握有政治權力，使財產和政
治權力之間維持平衡的關係，同時也在於避免土地分配的進一步
流動去破壞政治的穩定。做爲一個混合政體的信仰者，哈林頓認
爲雖然「大洋國」的政治權力和財產主要是由人民所掌握，但貴
族仍有其重要的政治作用，他們的政治及軍事智慧仍是一個理想
國家的支柱❾。但馬克弗森指出，哈林頓對於新興的士紳階級
（gentry）的定位歸屬是十分含混的，他有時將他們歸爲貴族，
有時候卻又將其歸爲人民❿。在哈林頓看來，如果貴族和人民
各自擁有旗鼓相當的土地，則政治必無法穩定，共和政府必無
法建立，因此，所擁有的土地數量愈來愈多的士紳階級，在他
的平衡原則裏扮演了極爲巧妙的角色。馬克弗森認爲，哈林頓
「在描述從哥德式平衡到現代式平衡的變遷時，他使用的是狹義
的定義（亦卽，不將士紳階級列爲貴族），而當他在討論一六五
六年的情境時，他則使用廣義的定義（亦卽，將士紳階級視爲貴
族）。」⓫

　　這種士紳階級定位的曖昧性反映了幾項事實。第一，哈林頓
看到了當時土地所有權的變化，自伊莉莎白時代（十六世紀下半
葉）起，貴族已不再是土地的主要擁有者，士紳階級和人民才是

土地的主要擁有者❷，因此，「哥德式平衡」已然崩潰，故而必
須建立新的政治體制（共和政府）才能恢復政治的穩定。第二，
哈林頓在構想他理想的政體時一方面要防範人民的政治影響力的
過度擴張，另一方面則要為逐漸壯大的士紳階級保留其政治作用，
因此才會將士紳階級歸為貴族。「大洋國」的政治制度規定，參
議院由貴族及士紳階級組成，衆議院則由七分之三的貴族和士紳
階級，及七分之四的人民（年收入在一百鎊以下者）所組成，但
兩院的議員皆由全體公民投票選舉。參議院得提出及討論法案，
但沒有通過法案之權；衆議院對法案享有唯一的同意權，但不能
提出或討論法案。而依哈林頓的估算，貴族和士紳階級並未擁有
足以威脅共和國之基礎的過半數的土地，「因為英格蘭的『貴族
或士紳階級』並未擁有財產的優勢，所以他們可以安全地被允許
去享有他所建議的 英格蘭共和國 的領導權。 哈林頓之要求在一
六五六年的英格蘭建立一個由士紳階級所領導的共和國的整個論
據，都是建築在這上面。」❸更進一步說，哈林頓只是傳達了新
社會正在形塑的訊息，「並不是哈林頓將士紳階級從『人民』裏
移到『貴族』；而是士紳階級透過取得獨立於封建地位的條件及
靠他們自己取得了大量的土地，而移動了自己。」❹在貴族逐漸
式微之後，「士紳階級起而填補了貴族的衰微所遺留的權力眞空，
……唯有士紳階級和人民的聯合統治才行得通。」❺

哈林頓自信地認為，土地法乃是確保共和國之穩定的基石，
但馬克弗森指出，哈林頓的土地法是無法維繫其平衡原則的。在
哈林頓的構想裏，土地法是用來防止財產的過度的不平等，在二
千鎊的限制下，全國的土地至少會落在五千個人手裏（因為他估計
每年的總生產值為一千萬鎊）；他又認為全國的土地恰恰只落在

五千個人手裏的可能性並不大，即使眞是如此，也不會造成政治的不穩定，因爲如果他們要破壞土地法，就只會陷入對彼此都不利的相互掠奪的局面❶。但馬克弗森認爲這只是因果倒置的說法，也就是說，只有先假定了土地法不會被破壞，才能確定說土地法可以維持平衡原則❶。再者，馬克弗森也質問，五千個人之外的任何人爲什麼不能透過武力或其他手段要求平均財富或降低年收入的上限規定，而坐視百分之一的人口（當時的公民總數約爲五十萬人）擁有全國的土地❶？因此，馬克弗森認爲除非哈林頓已認定當時的公民（不論是貴族、士紳階級或人民）都是資產階級，都有佔有及累積財富的動機，以及那些未來可能成爲富有階層的人都支持市場經濟，否則哈林頓就不能說土地法可以用來鞏固平衡原則❶。因爲唯有如此每一個人才可能在人人都有致富的機會的前提下，去遵守土地法，「在哈林頓的見解裏，財富的平等並不是算術的平等，而是每一個人都有平等的機會去增加自己的財富。」❶此外，即使如此也無法消除哈林頓政治設計的內在矛盾，「一旦建立了一個資產階級共和國，平衡原則就會停止運作。資產階級少數所擁有的土地的優勢，並不會導向他們的政治權力的優勢。如果哈林頓的共和國被建立起來，歷史就終結了。哈林頓自然認爲它應該如此，他的整個目標就是使歷史終結。」❶

　　要言之，馬克弗森認爲哈林頓的平衡原則和土地法之間的矛盾，唯有當哈林頓抱持著佔有式市場社會的假設時，才能夠被理解。但哈林頓的整個企圖在最終仍然是自我取消的，因爲他終結了平衡原則的繼續推進，他所構想的共和國乃是屬於資產階級的機會國家 (opportunity state)。

第五節 洛 克

洛克做爲自由主義之鼻祖的地位，是絕大多數論者都同意而不會輕率地去進行挑戰的。洛克的政治理論和霍布斯一樣都是從自然狀態出發，但洛克之能夠從霍布斯所確立的個人主義的基礎上進一步跨向自由主義，乃是因爲他對於人的權利做了不同的假設及論證。對霍布斯來說，自然（或上帝）雖然已將地球上的所有事物交付給人類，但任何人在自然狀態中都不能有效地將其中一部分據爲己有。洛克則認爲人在自然狀態中卽可擁有財產權（這是自然權利中的一項），因此，財產權是先於政治社會的，而成立政府的重要目的之一就是在保障財產（或者廣義地說，生命、自由和財產）的安全❷。財產理論在洛克的政治哲學裏佔有極爲特殊的地位，它不僅是洛克得以導出自由主義的結論的重要環節，也是理解洛克的政治哲學的經濟意含的線索。馬克弗森對於洛克的討論主要在於解析他的財產觀如何展示了一種嶄新的政治的可能性，以及此一政治的可能性的內在矛盾如何與他的財產觀相互關連。

在馬克弗森看來，洛克之要求一個有限的憲政國家，除了反映他對當時英國的政治情境所抱持的立場，更是要以這樣的國家「來做爲支持他主張個人得享有無限制的私有財產的自然權利的論據。」❷因此，洛克的政治理論所要求的及所辯護的，並不單單只是一種政治秩序，而是一種政治經濟的秩序。如衆所知，洛克的自然法及自然權利給予自然狀態裏的人在自然法的範限下享有財產權：由於人有權保全其生命，同時又擁有其自身勞力的所

有權，所以能夠將上帝交付人類共同使用的事物據為一己所有。
但自然法又對財產權設下了三個限制的原則：（1）充足原則，每
一個人得擁有財產，但必須「仍然有足夠的以及同樣良好的留給
他人共享。」⑫（2）毀損原則，每一個人所能擁有的財產應以一己
能夠使用而不致令其毀損者為限，若因不及使用而致毀損，使他
人喪失利用之機會，則在禁制之列，「上帝為人類所造設之物，
並無任人毀損或敗壞者。」⑭（3）勞力原則，唯有人曾加諸一己之
勞力者，方能成為其財產，「勞力使它們（財產）和共有物有所
不同」⑯，未曾加諸一己之勞力者，則不能成為一己之財產。不
過，馬克弗森也進一步指出，洛克所要確立的並不是這種限制重
重的財產權，他的原創性即在於將自然法對財產的限制一一剝除，
使國家所要保障的並不是自然法限制下的有限的財產權，而是一
種無限的財產權，「洛克的驚人的成就在於將財產權建立在自然
權利和自然法之上，然後再卸除自然法對財產權的所有限制。」
⑰易言之，洛克一方面以自然法來證成財產權係先於政治社會而
存在，另一方面則又要說明早在自然狀態裏財產權即已是一種不
受自然法限囿的無限的財產權。後面這個步驟亦反映了洛克做為
一個重商主義者的經濟要求。

　　馬克弗森認為，洛克之能夠在自然狀態裏即解除自然法對財
產權的三個限制，乃是因為他將貨幣的發明及使用導入自然狀態
之中。在洛克看來，地球上的土地原本仍有許多尚未被開發者，
但當貨幣被發明同時人們也都默認它具有公認的價值之後，就不
復存在著尚未被開發的土地了⑱。當貨幣被發明之後，天生就
具有理性計算能力的人類在提高生產力及土地的利用價值的考量
下，土地之被特別勤勉的人開發殆盡則為必然之事⑲。因此，貨

幣的發明勢必使自然法 原先對財產權的 三個限制發生改變 。 首先，一個人能夠合理佔有的土地，已不再以他必須完全使用及消耗該土地所孳生的產物為限，因為他可將未能享用的部分向他人換取大家所默認的等值的金或銀，這些金或銀「可以被貯存起來而不對任何人造成傷害，這些金屬在其所有者的手中並不會損毀或敗壞。」⑩而既然金或銀（貨幣）已解決了土地所孳生的產物貯存過量的難題，毀損原則做為一項對財產權的限制，自然就不能成立了。準此，馬克弗森認為洛克不僅將貨幣導入自然狀態之中，也將商業（特別是資本主義式的商業）導入其中，並企圖將其合理化⑩，「洛克不僅將貨幣視為是一種交換的媒介，更視之為一種資本。事實上，貨幣做為一種交換媒介的功能乃是從屬於其之做為資本的功能，因為在他（洛克）的觀念裏，農業、工業及商業的目標乃是資本的累積。」⑩

其次，儘管洛克認為一個人所擁有的土地應以足夠他自己使用，並保留足夠的以及同樣良好的土地給他人為原則，但他又認為：「一個人透過其勞力將土地歸他所用，並不減少而是增加了人類的共同的貨藏。」 ⑩一塊已由人墾殖之土地較諸同樣大小但卻仍歸眾人所共有而廢棄未墾的土地，其生產力要大上十倍；再加上貨幣發明之後，未被墾殖之土地已漸次為特別勤勉者所開發利用，土地分配之不均已成事實。對洛克來說，擁有土地的權利（財產權）乃是源自於生命權,生命權才是最基本的權利；因此，如果不能夠保留足夠的土地給他人使用，但卻能保留足夠的甚至比仍然有足夠的土地時還更好的生存條件給他人（洛克認為那些未擁有土地的人，仍可藉著出售其勞力而獲致更好的生存條件），則一個人之擁有超出充足原則之限制的土地,就不是不合理的。⑩

在此情形下，充足原則亦被取消。因為擁有土地只是為了確保一個人的生存，如果其生存權可以被別的方式所確保，那麼，別人是否擁有過量的土地以致使他未能擁有土地，就不是那麼重要了。「因此，當（洛克）說在使用貨幣之後，人有權擁有比保留足夠的土地給他人還更多的土地，洛克並未與他原先所假定的所有的人都得擁有維生之手段的自然權利相互矛盾。」🐾 最後，雖然洛克一再強調一個人對其自身及勞力，皆擁有不容侵犯的財產權，但這並不表示他不能轉讓對其勞力及其所衍生的成果的所有權，「一個自由人如果在特定的期間內將其所從事的勞務售與他人，並換取他應得的工資，他就成了別人的僕役 (servant)。」🐾 馬克弗森指出，「對洛克來說，一個所有的土地都已經被佔用的商業經濟，即隱含了工資勞動的存在。而既然已經將一個發達的商業經濟的市場關係導入自然狀態中，可以推知的是他也將工資關係連同其他的市場關係導入自然狀態中。」🐾 如果工資關係是可以被接受的，如果人可以為了生存而出售其勞力，則他人即可正當地使用他付出工資所購得的勞力，來增益自己的財產，準此，勞力原則如同其餘的兩個原則一樣，都在自然狀態的假設中即已被洛克所取消。所以馬克弗森要認為，洛克從自然權利和自然法中確立了財產權，但又將自然法對財產權的三項限制一個個地撤除。洛克雖然是以傳統的自然法來進行他的論證，「但他卻為其添加了一項十分新穎的內容，那就是無限制累積的權利。」🐾 就此而言，曾一度流行的洛克的財產理論（特別是他的充足原則）隱含了社會主義思維的說法，是不可能為馬克弗森所接受的🐾。姑且不論洛克生前的經濟處境究竟如何（洛克是一位不在籍的地主，並是從事奴隸買賣的皇家非洲公司的股東，他逝世時在各項

事業的投資總計超過一萬二千鎊,而其總財產則超過二萬鎊),
馬克弗森所要說明的是,做為一個對英國當時的經濟情況有深入
理解的重商主義者,洛克(為資本累積尋求合理化)的經濟思維
也反映在他的政治理論之中。

馬克弗森同時指出,洛克的自然狀態的假設並不是十分清楚
明白的,「有時候自然狀態就是戰爭狀態的對反,有時候卻又等
同於戰爭狀態。」事實上,洛克的自然狀態可謂包含了兩個階
段,在第一個階段裏,每一個人都是理性的,每一個人的自然權
利都是平等的,因此是「一種和平、善意、互助和保全的狀態」
;但在第二個階段裏,人的理性能力卻有等級之別,人的自然
權利(特別是關於財產)也不再平等,甚至是一種與霍布斯式的
人人相互為戰的狀態已無太大不同的不安、不穩定的狀態。而
從第一階段的自然狀態裏是無法導向文明社會的,只有在第二階
段的自然狀態裏,人們才有共同進入文明社會的必要。但為什麼
洛克對自然狀態會有如此含混不清的界定呢?馬克弗森認為這乃
是因為洛克同時抱持了兩種不同的社會觀,其中一種認為社會乃
是由平等而未分化的個人所構成,另一種則認為社會乃是由理性
程度有高低之別的兩個階級所構成(這種理性能力的差別,並非
如亞里斯多德所認為的乃是天生所使然,而是由其不同的經濟地
位 —— 有產者或無產者 —— 所形塑),而洛克並未意識這兩種社
會觀的矛盾,因為它們都源自於洛克對當時英國社會的理解。
馬克弗森又進一步指出,這兩種自然狀態的假設都源自於資產階
級的社會觀,第一階段的自然狀態無疑地可以滿足一般平民讀者
的心理期待,而第二階段的自然狀態則更符合資產階級的需要,
因此,「真正曖昧而矛盾的是洛克對於他自己的社會的理解,……

它準確而充分地反映了一個要求形式平等但卻又需要實質權利的不平等之興起中的資產階級社會的兩面性矛盾。」[144]

而第二階段的自然狀態所呈現的理性程度的差別，也被文明社會所繼承，它的外在的表現形式則是權利的不平等。蓋人類之需要脫離（第二階段的）自然狀態而進入文明社會，乃是因為前者的不便利、不安全和暴力，但文明社會所要保障的正是這些不便利和不安全之外的所有已形成的秩序。因此，儘管洛克認為人之進入文明社會是為了保障每個人的廣義的財產（生命、自由、財產），但他卻是以狹義的財產（對土地及事物的財產）來決定文明社會裏的政治地位。馬克弗森指出，洛克的文明社會只給予有產者完整的成員身分，他們也是進行統治的階級；而那些沒有財產者則只是非完整的成員，他們由於理性能力較低（至少他們便無法保留住對其勞力的所有權），因此並未具備足夠的政治能力，故而只能做為被統治的對象，他們可謂既是在同時也不在文明社會之中[145]。但既然無產者並不能擁有完整的政治權利，他們又何必加入文明社會呢？馬克弗森認為這正是洛克的「**默示的同意**」(tacit consent) 的巧妙之處。如果一個人不表示其他的意見（在洛克看來，那些無產者皆屬之），那麼，他就默示了他同意成為文明社會的「成員」,「洛克之所以要引入默示的同意這個概念的原因，或可被推斷為一個既有國家的所有現存的公民要表達其明示的同意是不太可能的。但他的默示的同意的理論仍有其附帶的便利，那就是它明白地將義務加諸在⋯那些沒有任何財產的人身上。」[146] 要言之，洛克所要確立的國家乃是階級國家，他所苦心經營的就是要確保無限制累積的財產權；雖然這絕不是說洛克對人類權利的保障在理論上沒有重大貢獻，但在馬克弗森看來，

洛克的憲政主義的主要著眼點乃是在「保障擴增財產的權利，而不是保障個人對抗國家的權利。」⑭

　　在洛克研究的領域裏，馬克弗森的詮釋可謂是極具挑激性的，他認為僅僅只侷限在擴展政治權利的範圍裏並不能展現洛克理論的意圖及其內在的糾結，因此，他試圖從政治經濟學的角度去撐開洛克的理論傘架，並由此來闡明洛克的劃時代的創造力以及其根本的限制。再者，馬克弗森並不是孤立地處理洛克，而是將洛克放置到從個人主義邁向自由主義的歷史動線上，來分析洛克對於霍布斯的繼承與突破，以及洛克如何為爾後的自由主義民主理論奠下了堅固的基石。「洛克確實是挺立在英國自由主義的源頭，十七世紀個人主義的偉大之處在於主張自由而理性的個人乃是良善社會的判準，而它的悲劇在於正是這樣的主張必然造成半數人民的個體性的被拒斥。」⑭ 馬克弗森之能夠下此論斷，乃是從洛克所確立的（並為爾後的絕大多數的自由主義者所依循的）經濟權利來立論的。此一追求普遍的解放但卻只能解放一部分人的困局，不僅是洛克的盲點，也是十九世紀以後的自由主義民主理論的盲點。歸結地說，儘管洛克並不放棄傳統自然法的觀念，但他的政治理論仍無法脫開佔有式市場社會的假設，「一個市場社會在有效的權利與理性上製造了階級分野，但卻又需要平等的自然權利和理性的預設來使其本身合理化；洛克認識到了他自己的社會的這種分野，但同時他卻又保留了平等的自然權利和理性的預設」⑭，這正是洛克政治理論的曖昧性的根源，洛克有效地修正了霍布斯的自我持續的主權，並在霍布斯的基礎上完成了從個人主義步向自由主義的過渡；當時序進入十八世紀之後，休姆和邊沁更直接拋棄了傳統的自然法，但他們所仰賴的仍然是洛克為自

由主義所確立的理論裝備。

　　然而，馬克弗森之後的洛克研究在很大的程度上乃是對馬克弗森的反動，例如但恩即從另一個截然不同的角度來詮釋洛克。在但恩看來，「洛克的人類情境理論的基本術語，從政治、社會、道德和宗教等面向來說，都不是由馬克弗森教授的市場社會及與其相伴隨的佔有式個人主義的心理學所決定的」❿，相反地，決定洛克的人類情境理論的乃是清教徒的（尤其是喀爾文式的）宗教價值。但恩指出，洛克的政治理論的眞正意圖是在一個動盪的時代裏爲每一個人爭取更大的獲得救贖的可能性，使每一個人都能在一個穩定的政治秩序裏克盡他履行上帝之召喚的天職。因此，洛克所要爭取的自由「乃是履行召喚之職責所需的自由」❶，「而所有的社會制度乃是依其在人履行召喚的過程中所能促進的肉體的安逸程度以及動機的淨化程度來被評判的」❷，政治社會的存在的理由也不純粹是基於世俗的原因,「政治社會的道德地位係源自於其做爲人達成上帝爲人所造設的宗教任務之工具，故而政治義務的結構在邏輯上乃是建築在個人的宗教職責之上。」❸從這樣一個詮釋路徑出發，但恩猛烈抨擊了馬克弗森對洛克的解釋，他認爲馬克弗森嚴重曲解了洛克的本意，並進而對其理論意涵做了極不允當的過度推論。

　　此外，塔利（James Tully）也認爲，「如果存在著一種串連洛克的著作的中心思想，那必定就是一種宗教實踐的哲學」❹，財產和政治社會對洛克來說都只是實現宗教目的的手段，由於馬克弗森完全忽略了洛克政治理論的宗教目的，以致錯估了洛克財產理論的實質內容。塔利徹底反對馬克弗森將洛克解釋成一個市場關係的辯護者,因爲對洛克而言,現世所提供的一切享受並

不是植根於馬克弗森所謂的「尙得性的罪惡」，而是植根於基督教的慷慨和博愛的責任❺，因此，他認爲馬克弗森在下列問題上對洛克都是不公允的：(1) 在洛克來說，勞力的投入並不是爲財貨的累積和佔有財產的權利做合理化的依據，相反地，勞力只是用來確認或表明特定財貨的歸屬❻。(2) 洛克並未鼓吹市場式的工資關係，他特別強調的是創造性勞動實爲履行對上帝的職責的一種行爲方式❼。(3) 貨幣的發明及使用並未取消充足原則的限制，洛克如同其他十七世紀的重商主義者一樣，在討論貨幣時並不包含相關的經濟分析，相反地，洛克所關心的是貨幣被廣泛使用後所引發的道德的墮落❽。再者，雖然伯林並不像但恩和塔利那樣將洛克的政治理論視爲是喀爾文式社會價値的具體化，但他也認爲馬克弗森誇大了洛克爲無限制的資本累積做辯護的論據，同時他在指稱洛克抱持著（以是否擁有財產爲判準的）差別的理性和權利的觀念時，也犯了曲解洛克之本意的錯誤❾，「他（馬克弗森）指控洛克將文明社會的特徵回導摻入到自然社會之中，但或許正是馬克弗森教授才將十九世紀的衝突回導摻入到十七世紀。」❿

我們以爲，在馬克弗森企圖重新整造理解洛克的座標時，固然做了某些過於激進的推論，但無論如何他終究還是爲理解洛克的政治思維與經濟考量之間的可能關係，提供了一項極具挑戰性的說明❻。更進一步說，如果馬克弗森只是去說明洛克的政治理論有著鞏固無限制財產累積之合法性的後果，或許會更具有說服力，但他似乎對他的論據是信心十足的，因此他要去證成洛克本身卽抱持著這種他自己並不十分自覺的社會基設，這也是他會招致衆多批評的主因。不過，値得注意的是，卽使洛克如同但恩和

塔利所認定的那樣是帶著喀爾文式的宗教信念去建構他的政治理論，這也並不排除他的理論在後果上是有助於佔有式市場社會之被合理化的可能性，至少早在本世紀初，韋伯就曾針對新教倫理（特別是喀爾文教義）之有助於資本主義精神之形成，做了典範性的分析⑯。韋伯所提醒我們的是，純粹只從宗教的動機出發仍然可能在宗教以外的面向上產生重大的、非預期的影響，準此以論，馬克弗森對洛克的解釋並不是毫無根據的。洛克做爲一個喀爾文教義的忠實信徒的同時，仍然可能是一個無限制佔有的理性的擁護者，馬克弗森所強調的是這兩者並不是無法同時並存的⑯，此外，如果只是去考察洛克**爲什麼**要闡述其政治理論，而不再去考察他究竟闡述的是**什麼樣**的理論，也並不是一種合理的詮釋路徑⑯。至於馬克弗森是否以現代的價值去衡量洛克的理念，則涉及不同的詮釋者對十七世紀英國社會的不同的理解，誠如馬克弗森所說的：「歷史學家往往被迫以他們對於可能的未來（the possible future）的觀點來解讀過去。」⑯同樣的過去對不同的人來說有著不同的存在意義，因此，這其中所涉及的並不完全是知識的誠實問題，更包含了各種主觀的價值立場在歷史解釋裏的對陣交鋒。

第六節　馬克弗森做爲一個政治思想史家

　　十七世紀的英國是一個追求政治秩序能夠被穩定地確定下來的時代，更是一個要求人民的政治權利能夠被承認的時代；是一個宗教倫理依舊深刻影響人的行爲的時代，也是一個新的經濟理性已逐漸解放的時代。在這樣一個風雲際會的時代裏,霍布斯、洛

克等人的政治理論除了展現其有別於中世紀的新思維外，也在一定程度上反映了該時代的新需求和變動移轉的軌跡。歷史情境形塑了政治理論的主題，但某些政治理論卻又宣告了新的歷史情境的開場。做爲政治思想史家的馬克弗森之所以要選擇十七世紀做爲研究的對象，乃是因爲他認定當代（英美）主流政治理論的基本社會假設卽是承襲自十七世紀，也就是說，他認爲霍布斯、洛克等人的政治理論已經奠下了一個影響力一直延續至今的基石，而當代主流的政治理論及政治制度所抱持的對於社會、人以及人的可能性的假設，其根源也可以回溯到十七世紀。因此，與其說馬克弗森是在**個別地**研究霍布斯、平等派、哈林頓和洛克的政治理論，毋寧說他是在探索佔有式個人主義做爲政治現代性的重要特徵的形塑過程。從這個角度來看，我們或許能夠更清楚地看出馬克弗森做爲一個政治思想史家的長處及弱點，現依序分析如下。

（一）馬克弗森果決地挑明了政治理論所無法廻避的阿基米得基點 (Archimedean point)，那就是，特定的思想家究竟是從什麼樣的對於人和社會的假設出發，來推展及建構他的理論。一個理論所認定的理想的政治社會的形成，乃是與其所抱持的人及人的可能性的假設息息相關的；一個理論的內在一致性的基本要求就是它所假設的人確實能夠建立它所倡導的政治社會。在馬克弗森看來，十七世紀英國政治理論之具有劃時代的新內容，就是因爲他們從不同於前行世代的人性假設（以及此種人性假設所隱含的社會關係）出發，來考量新的政治秩序的可能性。如果不認定人是其自身及能力的所有權人、人有權讓渡其從事勞動的能力、人之成爲人乃是基於免於依賴他人之意志的自由等等，則洛克或霍布斯就不可能推展出他們各自的政治理論（當然，他們的

理論之所以會呈現 不同的結論，　乃是由於其他的 不同的假設所致）。而馬克弗森所做的工作就是明白地刻劃出十七世紀英國政治理論的阿基米得基點 —— 佔有式個人主義。

（二）在考察十七世紀英國政治理論的過程中，馬克弗森所懷抱的並不單單只是一種為了了解十七世紀而去研究十七世紀的考古興趣，更重要的是，他已然認識到政治現代性的根源是源自於十七世紀。因此，他一方面要對當代政治理念的特質做追本溯源的工作，另一方面則要藉著這樣的工作來考察佔有式個人主義在霍布斯等人的理論上所顯現的侷限性，並用此來說明佔有式個人主義並不是當代的政治理論所應依賴的基礎。換句話說，他既要去釐清當代與過去（十七世紀）的政治理念間的連繫性，也要為當代政治理論找尋一個在他看來更合理的新阿基米得基點。從這樣的脈絡來看，如果僅僅是將馬克弗森試圖釐清佔有式個人主義在政治理論裏的形塑過程的努力，矮化成一種「為馬克思和後馬克思的社會主義教條做辯護的新術語」⑯，或甚至矮化成一種「偵探故事」⑰，恐怕都太過低估了佔有式個人主義做為一個理解政治現代性的概念工具的參考價值。如果因為反對馬克弗森的價值立場或不贊同他對洛克等人的詮釋，而要一舉摧毀佔有式個人主義這個概念工具的存在價值，則我們所損失的將不只是每年都在不斷生產創造的概念工具中的其中之一，而是一種協助我們去理解政治現代性之內涵的歷史視野。

（三）同時注重到經濟條件的轉化對政治理論的影響，是馬克弗森之能獨具慧眼地提出佔有式個人主義這個概念的重要原因。馬克弗森並不認為經濟要素是形塑特定思想家的政治理論的唯一原因，他只是試圖從這個一直被人忽略的角度去切入，以求找出

一些前人所未發現的線索。再者，他之選擇這個特定的角度，也是以其特定的歷史判斷做根據的；如果他以政治和經濟的連繫性爲主軸去考察中世紀的政治理論——不管是奧古斯丁、奧坎(William of Ockham)或阿奎納斯，則其可能的收穫必是十分有限的，但自十七世紀以降，西方社會的生產關係已產生了重大的變化，勞動力已經從封建時代的束縛中逐漸解放出來，而隨之而來的新的個體性也改變了探討政治秩序之建立的基本語言。準此，我們可以說，馬克弗森並不是憑空地選擇切入的角度和方法，他是順應著時代的轉變而去選擇研究的標尺，而他爾後對柏克 (Edmund Burke)的研究也是本著與此相同的歷史認識來進行的。在他看來，柏克最令人費解的問題並非他究竟是一個功利主義者或自然法理論家，而是爲什麼他既是階層體制的辯護者但同時也是擁護市場社會的自由主義者，這個看似矛盾的兩面性則必須從柏克做爲一個政治經濟學家的角度去切入，才能得到較爲清楚的理解❸。蓋經濟因素乃是柏克在考量政治時的重要憑藉，他之反對法國大革命和史賓罕蘭原則 (Speenhamland principle；當時英國薄克夏地區要求以非市場的原則來補貼勞動階級俾改善其生活條件的主張)乃是因爲這兩者都威脅到資本主義累積的前提條件（亦即他們會攪亂了向來穩定而服從的賺取工資階級），而有摧毀傳統社會之虞❸。十八世紀後半葉的英國雖仍維持著對來自於血統的地位的尊重，但資本主義式的契約則寄生在地位之上，因此當時的英國社會實際上已經是一個資本主義社會。故而柏克之能夠同時做爲傳統階層秩序的辯護者和擁護市場的自由主義者而不相互矛盾，即是因爲「資本主義經濟已經滲入到傳統社會秩序之中，同時雖然並未改變該種秩序的形式，但卻

改變了其內容。」[⑦]柏克的洞見在於他看到了當時英國社會的一體兩面性，並藉此鋪陳他看似矛盾但實則一致的政治論述。我們要強調的是，由於馬克弗森特別重視政治與經濟的交互關連，使他能夠提出以及在他的證據所容許的範圍內回答其他論者所未見到的問題。

　　(四)然而，馬克弗森最大的困難在於，他在追索政治現代性的普遍原則時，仍不免爲了確立普遍原則的有效性而削弱了個別案例（不管那是霍布斯、平等派、哈林頓或洛克)本身的完整性。也就是說，他在提出佔有式個人主義做爲新的時代精神的堅固成分時固然是極具穿透力的，但他在解釋個別思想家的政治理論時，卻過分突出了佔有式個人主義的主導作用，以致對個別思想家的理論有削足適履之嫌。事實上，這個困難也反映了個案研究與較長的歷史幅距的研究之間，以及歷史解釋與政治或社會理論之間在抽繹層次上的基本差異。儘管馬克弗森強調「我所做的僅僅只是對於佔有式市場社會以及包含其假設的理論的道德和政治的不適切性之診斷」[⑰]，但我們所看到的是，他對佔有式市場社會所浮現的新的政治現代性的診斷(一種透過普遍原則所做的診斷)，有時候卻逼使他窄化了特定思想家的理論內涵的主要關切。這並不是說我們不能以佔有式個人主義的概念來解讀十七世紀英國的代表性政治理論，而是說將這個概念應用到對於個別思想家的解釋時，不應該超出或踰越了該思想家本身所呈現的證據，這些證據的判定，恰恰正是馬克弗森和其他論者之間的主要爭論所在。

　　歸結地說，馬克弗森做爲一個政治思想史家，其主要的成就是在探究政治現代性的形成，而不是在完整而鉅細靡遺地詮釋特定的思想家。這其中的辯證是他雖然以處理個別的思想家爲形式，

但實質上卻是在尋索貫穿整個時代的政治現代性的普遍原則，在這個意義上，個別的思想家成為他彰顯他所認定的政治現代性（佔有式個人主義）的論據。再者，做為政治思想史家的馬克弗森乃是在為做為政治理論家的馬克弗森預先鋪路；由於他對近代以來的政治理論所隱含的關於人以及人的可能性的預設，有著明白的認識和強烈的不滿，使他在鋪陳他自己的理論時，即清楚地自覺到必須以一種更為合理的對於人以及人的可能性的預設，做為衡量人類的政治情境和設想新的政治秩序的基礎。在下一章裏我們將可看出，他在探討他最關注的民主問題時，仍然是本著這樣的問題意識和理論前提，來展開同挺進的。

註　釋

❶ Alasdair MacIntyre, *A Short History of Ethics,* London: Routledge & Kegan Paul, 1966, p.268.

❷ Alasdair MacIntyre, "The Indispensability of Political Theory" in David Miller and Larry Siedentop eds., *The Nature of Political Theory,* Oxford: Clarendon Press, 1983, p.31.

❸ Raymond Plant, *Modern Political Thought,* Oxford: Blackwell, 1991, p.11.

❹ A. J. M. Milne, "Political Obligation and the Public Interest" in Paul Harris ed., *On Political Obligation,* London: Routledge, 1990, p.10.

❺ John R. Searle, "How to Derive 'Ought' from 'Is'" in Philippa Foot ed., *Theories of Ethics,* Oxford: Oxford

University Press, 1967, pp.101-114, esp. pp.111f.

❻ Stuart Hampshire, "Fallacies in Moral Philosophy" in Stanley Hauerwas and Alasdair MacIntyre eds., *Revisions: Changing Perspectives in Moral Philosophy*, Notre Dame: University of Notre Dame Press, 1983, pp.51-67, esp. pp. 57-61.

❼ C. B. Macpherson, "The Social Sciences" in Julian Park ed., *The Culture of Contemporary Canada*, Ithaca: Cornell University Press, 1957, p.214.

❽ C. B. Macpherson, "The Treadmill", *The Canadian Forum*, Jan. 1958, p.232.

❾ Peter Laslett, "Introduction" to he ed., *Philosophy, Politics and Society*, First Series, Oxford: Blackwell, 1956, p.vii.

❿ C. B. Macpherson, "The Historian as Underlabourer", *The Listener*, Jan. 11, 1968, p.53.

⓫ C. B. Macpherson, "Halevy's Century Revisited", *Science and Society*, Vol.31, No.1, 1967, p.40.

⓬ C. B. Macpherson, "A Disturbing Tendency in Political Science", *Canadian Journal of Economics and Political Science*, Vol, 16, No. 1, 1950, p. 106.

⓭ C. B. Macpherson, "The History of Political Ideas", *Canadian Journal of Economics and Political Science*, Vol.7, No.4, 1941, pp.565-566.

⓮ 參考 John G. Gunnell, *Political Theory: Tradition and Interpretation*, Cambridge, Mass.: Winthrop Publishers, Inc., 1979, pp.99f.

⓯ John Dunn, "The Identity of the History of Ideas" in

Peter Laslett et. al. eds., *Philosophy, Politics and Society*, Fourth Series, Oxford: Blackwell, 1972, pp.158-173.

⑯ John Plamenatz, *Man and Society*, Vol.I, London: Longman, 1963, p.x.

⑰ Quentin Skinner, "'Social Meaning' and the Explanation of Social Action" in *Philosophy, Politics and Society*, Fourth Series, pp.136-157, esp. pp.154-155.

⑱ Gunnell, *Political Theory: Tradition and Interpretation*, p. 102.

⑲ *Ibid.*, p.161.

⑳ C. B. Macpherson, "Quandary of Positive Liberalism", *New Statesman*, Nov. 3, 1967, p.591.

㉑ *Ibid.*

㉒ Leo Strauss, *What Is Political Philosophy?* Chicago: University of Chicago Press, 1959, p.12; 史特勞斯的這項定義是給予政治哲學的定義，他認爲政治理論是對於政治情境的反思，其作用在於達成對廣泛政策的建議（*Ibid.*, p.13）。但筆者以爲，史特勞斯的這種區分過份窄化了政治理論的內涵，筆者在本節的用法裡乃是將政治哲學視爲是政治理論的一個分支。關於此點可參考David Miller, "Political Theory" in D. Miller et. al. eds., *The Blackwell Encyclopaedia of Political Thought*, Oxford: Blackwell, 1987, pp.383-386.

㉓ Friedrich A. Hayek, *The Constitution of Liberty*, Chicago: University of Chicago Press, 1960, p.411.

㉔ Michael Oakeshott, *Rationalism in Politics and Other Essays*, London: Methuen, 1962, p.132; expanded edn., Indianapolis: Liberty Press, 1991, p.65.

㉕ William Leiss, *C. B. Macpherson: Dilemmas of Liberalism and Socialism,* New York: St. Martin's Press, 1988, pp.112f and 143f. 列斯的這本書比較像是馬克弗森的思想傳記，做爲馬克弗森政治理論的專門研究，可能稍嫌不足。

㉖ C. B. Macpherson, "The Position of Political Science", *Culture,* Vol.3, 1942, p.458.

㉗ MacIntyre, "The Indispensability of Political Theory", p.33.

㉘ *Ibid.,* p.32.

㉙ Strauss, *op. cit.,* p.62.

㉚ MacIntyre, "The Indispensability of Political Theory", p.19.

㉛ Jack Lively and Andrew Reeve, "General Introduction" to they eds., *Modern Political Theory from Hobbes to Marx: Key Debates,* London: Routledge, 1989, p.1.

㉜ Macpherson, *The Political Theory of Possessive Individualism,* p.1.

㉝ *Ibid.,* p.3.

㉞ *Ibid.,* pp.263-264.

㉟ Macpherson, *The Rise and Fall of Economic Justice,* p.133.

㊱ Macpherson, *The Political Theory of Possessive Individualism,* p.5.

㊲ *Ibid.,* pp.5-7.

㊳ Karl Popper, *The Open Society and Its Enemies,* 2 Vols., fifth edn., London: Routledge and Kegan Paul, 1966.

㊴ Leiss, *op. cit.,* pp.27-28.

㊵ R. H. Tawney, *The Aquisitive Society,* Brighton: Wheatsheaf Books, 1982, p.32.

㊶ *Ibid.*, p.33.

㊷ *Ibid.*, pp.58f.

㊸ *Ibid.*, pp.74f.

㊹ *Ibid.*, p.190.

㊺ *Ibid.*, p.180.

㊻ Victor Svacek, "The Elusive Marxism of C. B. Macpherson", *Canadian Journal of Political Science,* Vol.9, No.3, 1976, pp.395-422, see p.419.

㊼ 在此特別是指伍德夫婦合著的 *Class Ideology and Ancient Political Theory: Socrates, Plato and Aristotle in Social Context,* New York: Oxford University Press, 1978.

㊽ Christian Bay, *Strategies of Political Emancipation,* Notre Dame: University of Notre Dame Press, 1981, p.36.

㊾ C. B. Macpherson, Editor's "Introduction" to Thomas Hobbes, *Leviathan,* Harmondworth: Penguin, 1968, p.10.

㊿ Macpherson, *The Political Theory of Possessive Individualism,* p.15.

(51) *Ibid.*, p.34.

(52) Macpherson, *Democratic Theory,* p.234.

(53) Macpherson, *The Rise and Fall of Economic Justice,* p.145.

(54) Thomas Hobbes, *Leviathan,* ed. by Richard Tuck, Cambridge: Cambridge University Press, 1991, p.63.

(55) *Ibid.*, p.105.

(56) Thomas Hobbes, *De Cive,* English version, ed. by Howard Warrender, Oxford: Oxford University Press, 1983, p.172.

(57) Macpherson, *The Rise and Fall of Economic Justice,* p.135.

⑱ Hobbes, *Leviathan*, Cambridge edn., p.70.

⑲ *Ibid.*, p.62.

⑳ Macpherson, *The Political Theory of Possessive Individualism*, p.40.

㉑ *Ibid.*, p.45.

㉒ *Ibid.*, pp.49-51.

㉓ *Ibid.*, pp.51-53.

㉔ *Ibid.*, pp.53-54.

㉕ *Ibid.*, p.87.

㉖ *Ibid.*, pp.74f; see also Macpherson, Editor's "Introduction" to *Leviathan*, pp.59f.

㉗ *Ibid.*, pp.100f; see also Macpherson, Editor's "Introduction" to *Leviathan*, pp.62-63.

㉘ *Ibid.*, p.1.

㉙ *Ibid.*, p.264.

㉚ C. B. Macpherson, "Hobbes a la Mode de Kuhn", *New Statesman*, Oct. 26, 1973, p.616; 史特勞斯對此一問題的見解則與馬克弗森十分近似，詳見 Leo Strauss, *The Political Philosophy of Hobbes,* Chicago: University of Chicago Press, 1952, pp.130f.

㉛ Macpherson, *The Rise and Fall of Economic Justice*, p.144.

㉜ *Ibid.*, p.145.

㉝ Macpherson, *The Political Theory of Possessive Individualism,* pp.91f and 99.

㉞ D. J. C. Carmichael, "C. B. Macpherson's 'Hobbes': A Critique", *Canadian Journal of Political Science,* Vol.16, No.1, 1983, pp.61-80; Jean Hampton, *Hobbes and the Social Contract Tradition,* Cambridge: Cambridge University

Press, 1986, pp.10-11.

⑦ Ian Shapiro, *The Evolution of Rights in Liberal Theory*, Cambridge: Cambridge University Press, 1986, p.75.

⑦ Michael Taylor, *The Possibility of Cooperation,* Cambridge: Cambridge University Press, 1987, pp.148f.

⑦ John G. A. Pocock, *Virtue, Commerce and History,* Cambridge: Cambridge University Press, 1985, pp.51, 59f and 70-71.

⑦ David Miller, "The Macpherson Version", *Political Studies,* Vol.30, No.1, 1982, pp.123-124.

⑦ Michael Oakeshott, *Hobbes on Civil Association*, Oxford: Blackwell, 1975, p.58.

⑧ Macpherson, *The Political Theory of Possessive Individualism*, p.48.

⑧ C. B. Macpherson, "Leviathan Restored: A Reply to Carmichael", *Canadian Journal of Political Science,* Vol.16, No.4, 1983, pp.802-803.

⑧ Macpherson, *The Rise and Fall of Economic Justice*, p.135.

⑧ Christopher Hill, *The World Turned Upside Down: Radical Ideas during the English Revolution,* Harmondsworth: Penguin, 1975, p.388.

⑧ *Ibid.*, p.390.

⑧ Joseph Frank, *The Levellers,* Cambridge, Mass.: Harvard University Press, 1955, p.245.

⑧ *Ibid.*, pp.138-147.

⑧ Macpherson, *The Political Theory of Possessive Individualism*, p.107.

㊽ Macpherson, *The Rise and Fall of Economic Justice,* p.154.

㊾ 引自 David Wootton ed., *Divine Right and Democracy: An Anthology of Political Writing in Stuart England,* Harmondsworth: Penguin, 1986, p.284.

⑨⓪ *Ibid.,* p.286.

⑨① Macpherson, *The Political Theory of Possessive Individualism,* p.120.

⑨② *Ibid.,* pp.112-117 and 279ff.

⑨③ *Ibid.,* p.134.

⑨④ C. B. Macpherson, "Review of *The Levellers and the English Revolution* by H. N. Brailsford and Other Books", *Canadian Historical Review,* Vol.43, 1962, pp.352-356, see pp.353-354.

⑨⑤ 引自 Wootton, *op. cit.,* p.286.

⑨⑥ *Ibid.,* p.295.

⑨⑦ Macpherson, *The Political Theory of Possessive Individualism,* p.139.

⑨⑧ *Ibid.,* p.148.

⑨⑨ *Ibid.,* p.156.

⑩⓪ *Ibid.,* p.158.

⑩① Christopher Hill, "The Poor and the People" in his *The Collected Essays of Christopher Hill,* Vol. 3, Brighton: Harvester, 1986, pp.247-273.

⑩② C. B. Macpherson, "Review of *The Leveller Tracts, 1647-1653,* ed. by W. Haller and G. Davies & *Leveller Manifestoes of the Puritan Revolution,* ed. by D. M. Wolfe", *Canadian Journal of Economics and Political Science,* Vol.9,

1945, pp.633–636, see p.635.

⑩ Macpherson, *The Political Theory of Possessive Individualism*, pp.266–267.

⑩ Christopher Hill, *Puritanism and Revolution*, Harmondsworth: Penguin, 1985, p.301.

⑩ J. G. A. Pocock, "Historical Introduction" to he ed., *The Political Works of James Harrington*, Cambridge: Cambridge University Press, 1977, p.15.

⑩ *Ibid.*, p.43.

⑩ *The Political Works of James Harrington*, p.165.

⑩ *Ibid.*, p.241.

⑩ Macpherson, *The Political Theory of Possessive Individualism*, p.167.

⑩ *Ibid.*, pp.164f.

⑪ *Ibid.*, p.172.

⑫ *Ibid.*, p.165.

⑬ *Ibid.*, p.167.

⑭ *Ibid.*, p.173.

⑮ *Ibid.*, p.174.

⑯ *The Political Works of James Harrington*, pp.235–236.

⑰ Macpherson, *The Political Theory of Possessive Individualism*, pp.184–185.

⑱ *Ibid.*, p.186.

⑲ *Ibid.*, pp.186, 192 and 268.

⑳ *Ibid.*, p.186.

㉑ *Ibid.*, p.190.

㉒ Wolfgang von Leyden, *Hobbes and Locke*, London: Macmillan, 1982, pp.101f.

- C. B. Macpherson, "Editor's Introduction" to John Locke, *Second Treatise of Government,* Indianapolis: Hackett, 1980, p.vii.

- John Locke, *Two Treatises of Government,* ed. by Peter Laslett, Cambridge: Cambridge University Press, 1988, p. 288.

- *Ibid.,* p.290.

- *Ibid.,* p.288.

- Macpherson, *The Political Theory of Possessive Individualism,* p.199.

- Locke, *Two Treatises of Government,* Cambridge edn., pp. 293 and 299.

- Macpherson, *Democratic Theory,* p.231.

- Locke, *Two Treatises of Government,* Cambridge edn., p. 302.

- Macpherson, *The Political Theory of Possessive Individualism,* pp.208-209.

- *Ibid.,* p.207.

- Locke, *Two Treatises of Government,* Cambridge edn., p. 294.

- Macpherson, *The Political Theory of Possessive Individualism,* p.212.

- *Ibid.,* p.214.

- Locke, *Two Treatises of Government,* Cambridge edn., p. 322.

- Macpherson, *The Political Theory of Possessive Individual-*

ism, p.217.

⑱ Macpherson, *Democratic Theory,* p.232.

⑲ 李契泰姆（George Lichtheim）和柏基（R. N. Berki）也不贊同這種說法，詳見 G. Lichtheim, *A Short History of Socialism,* Glasgow: Fontana, 1983, pp.13f and 48–49.以及R. N. Berki, *Socialism,* London: Dent, 1975, pp.51f.

⑭ Macpherson, "Review of *John Locke: A Biography* by Maurice Cranston and *Locke on War and Peace* by Richard Cox", *Canadian Journal of Economics and Political Science,* Vol.28, 1962, p.312; Maurice Cranston, *John Locke: A Biography,* Oxford: Oxford University Press, 1957, chs. 9, 10 and 26.

⑭ Macpherson, *The Political Theory of Possessive Individualism,* p.241.

⑭ Locke, *Two Treatises of Government,* Cambridge edn. p. 280.

⑭ Macpherson, *The Political Theory of Possessive Individualism,* p.243.

⑭ *Ibid.,* p.247.

⑭ *Ibid.,* pp.248–249.

⑭ *Ibid.,* p.250.

⑭ *Ibid.,* p.257.

⑭ *Ibid.,* p.262.

⑭ *Ibid.,* p.269.

⑮ John Dunn, *Rethinking Modern Political Theory,* Cambridge: Cambridge University Press, 1985, p.33.

⑮ John Dunn, *The Political Thought of John Locke,* Cambridge: Cambridge University Press, 1969, p.245.

⑮ *Ibid.*, p.248.

⑯ *Ibid.*, pp.124-125.

⑰ James Tully, *A Discourse on Property: John Locke and His Adversaries,* Cambridge: Cambridge University Press, 1980, p.174.

⑱ *Ibid.*, pp.175-176.

⑯ *Ibid.*, pp.131f.

⑰ *Ibid.*, pp.136 and 142-143.

⑱ *Ibid.*, pp.148-151.

⑲ Isaiah Berlin, "Hobbes, Locke and Professor Macpherson", *The Political Quarterly,* Vol.35, 1964. pp.444-468, esp. pp. 461f.

⑯ *Ibid.*, p.468.

⑯ 贊成馬克弗森對洛克之分析者並非完全闕如，如 Jeffrey Issac, "Was John Locke a Bourgeois Theorist? A Critical Appraisal of Macpherson and Tully", *Canadian Journal of Political and Social Theory,* Vol.11, No.3, 1987, pp. 107-129. 以及 Joyce Oldham Appleby, "Locke, Liberalism and the Natural Law of Money" in Richard Ashcraft ed., *John Locke: Critical Assessment,* Vol.2, London: Routledge, 1991, pp.300-326, 即是顯例。

⑯ Max Weber, *The Protestant Ethic and the Spirit of Capitalism,* London: Allen and Unwin, 1974.

⑯ C. B. Macpherson, "Progress of the Locke Industry", *Canadian Journal of Political Science,* Vol.3, No.2, 1970, p.325.

80　馬克弗森

⑯ *Ibid.*, p.324.

⑯ Macpherson, "The Social Sciences", p.197.

⑯ Jacob Viner, "'Possessive Individualism' as Original Sin", *Canadian Journal of Economics and Political Science*, Vol. 29, No.4, 1963, p.550.

⑯ Miller, "The Macpherson Version", p.121n.

⑯ C. B. Macpherson, *Burke*, Oxford: Oxford University Press, 1980, pp.4-7.

⑯ *Ibid.*, p.61.

⑰ *Ibid.*, p.71.

⑰ C. B. Macpherson, "Scholars and Spectres: A Rejoinder to Viner", *Canadian Journal of Economics and Political Science*, Vol.29, No.4, 1963, p.561.

第三章　民主動性的展開與限制

　　史維夫特(Jonathan Swift) 在他出版於一七二六年的《格列佛遊記》裏，記述他對巨人國布羅丁納格（Brobdingnag）的文化觀感時，曾感歎他們的知識只侷限於道德、歷史、詩和數學，而對於治國之道的理解則不甚了了，同時也十分鄙視，「我認爲布羅丁納格人的這項缺點是由於他們的無知，他們到目前爲止仍未曾如同歐洲的較爲敏銳的智者那樣，將政治還原爲一種科學。我記得十分清楚，有一天在和國王談天時，我剛好提到在我們那裏有幾千種關於政府的藝術的書（但完全和我的本意相反的），他卻極爲瞧不起我們的理解。」❶ 的確，早在史維夫特的時代，歐洲人對政治的思考在質與量等兩方面都已經累積了驚人的成果。但思想除了有對現實做反動的一面，也有爲現實所限的另一面；民主的政治形式雖曾在古希臘一度成爲希臘公民治理其城邦的方法，但自希臘結束其黃金時代並逐漸趨於衰敗之後，民主政治在爾後的長遠歷史裏即不再是人類所熟知的政治形式，在這種現實背景下，政治理論家們也鮮少出現擁護民主政治的聲音。一直要到自由主義在理論與實踐上確立了自由優先於政治權威、政治權利的保障、政府權力的限制等原則之後，民主政治才在這個新基礎上一步步地走回歷史的舞臺。誠如當代義大利的民主理論家波比歐 (Norberto Bobbio) 所說的：

「自由主義不僅是與民主並存不悖的，同時民主也可被視
為是自由主義的自然發展。」❷

不過，長久以來一直爲多數政治理論家所警戒並畏懼的民主
的理念（因爲他們認爲由無資產、無德性的庶民來進行統治，將
會危及自由和文明），自從在十九世紀透過不斷的政治抗爭轉而
成爲可欲的價值後，卻在其本身的內容仍有待釐清的情況下卽成
了不容懷疑、不容挑戰的眞理。尤其，隨著本世紀國際局勢及學
術主導權的嬗變，西方現有的民主政治（特別是美國式的民主政
治）一方面被當做是檢驗非西方國家政治水平的標準，另一方面
在知識的面向上也被視爲是民主理念的參考範本。它的結果是，
因爲民主已經被認爲是具體地存在於西方國家之中，因此理論和
實踐的首要任務乃是鞏固現有的民主，而不是去探究現有的民主
是否眞正確保了每一個人的平等的自由權，是否仍存在著進一步
創造及改善的空間。萊弗利（Jack Lively）卽指出：

「民主理論愈來愈不去嘗試它的傳統任務 —— 對旣存的政
體提出批判及激進的評價。」❸

在經驗政治學透過實證研究逐漸揭露了西方民主政治的眞相後，
固然使不少政治研究者採取一種守成的程序民主的態度（熊彼得
可謂是此一立場的開路先鋒），不過，另外一個趨勢是，仍有一
些論者並不因經驗政治學的研究發現而放鬆了他們對民主的嚴格
要求，相反地，他們企圖建立一種使自由與平等能夠在更高的層
次相互結合的規範的民主理論，並以此來批判西方現有民主政體

的不夠成熟的民主性。但他們在建構規範的民主理論的同時，並非完全無視於經驗政治學關於一般公民的政治惰性的研究發現，他們傾向於認爲公民的政治惰性是現有結構的限制所致，如果能有效改善現有的政治和經濟結構，使其更能普遍地確保自由和平等，則一般公民將能夠透過活潑的政治參與，來達成一種充分展現民主之本質的政治秩序。

在這些（我們姑且這麼稱呼）「嚴格民主派」看來，當前西方直接承襲自自由主義的民主政體，在實踐及理論上都存在著亟待重新思考的缺陷。而做爲政治理論家，他們的首要之務就是在理論上確立（嚴格的）民主的可欲性，以及民主與善的政治生活間的積極關係，並深入分析自由主義民主 (liberal democracy) 之本質及其必須被超越的原因。「嚴格民主派」的主要代表人可謂包括了馬克弗森、蓓德曼 (Carole Pateman)、巴薄 (Benjamin Barber) 和赫爾德 (David Held) 等人，而馬克弗森的特殊性在於他不僅爲西方當前民主政體回溯了其基本假設的思想源頭（詳見第二章），同時也對自邊沁以來的自由主義民主的理論典範逐一進行模式分析（赫爾德後來也在馬克弗森所確立的基礎上，對古希臘以降的民主理論進行類似的模型分析）❹。這雙重的作業使馬克弗森能夠將近現代西方政治理論的發展與民主思想的形塑過程相互連繫起來，並突顯出從個人主義到自由主義再到自由主義民主的脈絡中所蘊含的對於人及人的可能性的假設，從而映照出他自己的民主理論所堅持的基本假設，以及他對於前行世代的政治理論的繼承與反動。本章旨在探討馬克弗森對於自由主義民主之理論與實踐的分析，至於他自己的民主理想則將留待第六章再進行整體的討論。

第一節　民主類型的多元性

　　長久以來，民主一直被知識階層和上層階級認爲是一個具有
貶義的、壞的字眼，因爲民主的原始意義乃是一種依絕大多數人
民的意志去統治的政治形式，或被壓迫階級及窮人的統治❺，這
種政治形式在他們看來非但會危害自由（特別是他們的自由），
也是文明生活的嚴重威脅。但當西方世界在英國率先領頭下於十
七、十八及十九世紀間先後過渡成爲自由主義國家後，即已埋
下了民主在爾後得以被確立及正名的種籽。就近代西方的歷史來
看，「在民主來到西方世界之前，就先有了選擇的社會和政治(the
society and the politics of choice)、競爭的社會和政治、
市場的社會和政治，此即自由主義的社會和國家。……（也就是
說）社會做爲一個整體以及政府體系都是依選擇的自由的原則而
組成的。」❻自由主義國家的出現無疑地乃是人類政治形式演化
史中的一個里程碑，自由主義國家是爲了因應新的市場社會的需
要而產生的政治形式。與先前的專制國家不同的是，自由主義國
家的政府被視爲是政治財貨的供給者──這包括了法律與秩序的
維持、軍事防衞及擴張、教育、徵稅、交通運輸、衞生以及一切
有助於市場社會（特別是該社會裏佔上風者）之持續運作的政治
財貨。

　　由於經濟活動皆仰賴「自由契約」及市場來進行，而不再受
制於封建時代的重重束縛，市民社會成爲足堪與政府相互抗衡的
力量，使得自由主義國家裏的政府無法做爲一種任意而專斷的政
府，而是必須向有實質的政治及經濟影響力的階級或人民（但在

形式上則是向所有的人民）負責的政府。而具有影響力的階級或試圖發揮影響力的團體則組成政黨，政府必須對這些政黨負責，這些政黨也交替地進行執政的工作。一般人民雖然在經濟上已享有勞動的自由，同時也獲得了政治權利（結社自由、言論自由、人身自由等）的保障，但他們的實質的政治身分仍然只是一個被統治者，因此，馬克弗森指出，「自由主義國家的任務在於維持和促進自由主義社會，後者基本上並不是一個民主的或平等的社會；而競爭式政黨制度的任務則在於維繫競爭式市場社會，使政府對那些主導市場社會的人的不斷改變的多數利益負責。」❼自由主義國家獲得確立之後，沒有選舉權的人（這包括了一個社會裏的絕大多數人）在政治市場裏就沒有份量可言，就未能擁有政治購買力。然而，這些未擁有政治購買力的人則仍然享有自由主義國家所給予的結社及言論自由，他們遂透過不同範圍、不同層次的政治抗爭，逐步要求開放選舉權。而既然自由主義社會在理論上是標榜著提供了平等的個人權利及機會平等來為其自身做合理化，當面臨了沒有選舉權者的不歇止的挑戰及抗爭，它終於在本世紀走到了其本身邏輯的結論（英國一直到一九二八年四月才將婦女選舉權的年齡限制由三十歲降到二十一歲），使自由主義國家過渡到自由主義民主的新階段。

在馬克弗森看來，民主可謂是自由主義國家及自由主義社會的「附屬物」（adjunct），下層階級之要求平等的政治權利與公平的競爭地位乃是在已然穩固的自由主義國家的格局底下進行的，在這個過程中，「民主從自由主義國家的一種威脅，轉而成為自由主義國家的一種實現。」❽但自由主義國家的這種全面開放並未改變其本質，它只是在既有的格局裏將競爭式政治體制開放給

所有的個人，「它既未摧毀也未削弱它自己，而是同時強化了它自己及市場社會。在使自由主義民主化的同時，自由主義國家也將民主自由主義化。」❾這所表徵的是，首先，當前西方的民主政體（自由主義民主）是一種帶著明顯的自由主義國家烙印的民主；其次，在全球性的追求民主的競賽中，並不是只有西方世界才能壟斷民主的專有權（儘管馬克弗森也承認，西方的自由主義民主至少在目前的階段是表現出較高的民主水平），東歐發生鉅變之前和蘇聯解體之前的共產世界所試圖達成的民主理想，以及第三世界新興國家所嘗試的民主道路，在企圖上及其所仰賴的意識型態上也都是符合 民主的原始內涵的（我們以爲， 設若馬克弗森能親眼目睹由八〇年代末期一直延續至今的東歐及蘇聯的變局，他勢必會認爲東歐國家所做的是捨棄其原有的共產主義民主，而逐漸改採西方的自由主義民主，但這並不絲毫意味著西方自由主義民主已取得全面的勝利，而毫無進一步改善的必要）。

　　雖然第三世界及共產世界的民主實踐所達成的民主水平是不及西方世界的，但這並不表示非西方世界特有的政治形式就不包含了追求民主的目標，也不表示西方現有的自由主義民主就不存在著嚴重的內在缺陷。然而，確實有許多西方的政治研究者（更遑論從政人物及媒體工作者）抱持著唯有他們的政體才是唯一可能的民主政體的信念。有位論者對此有如下的說明：「自由主義民主主義者——亦即那些認爲自由主義民主是最好的政治體制類型的人——傾向於認定自由主義民主乃『唯一』可能的民主類型。其他類型的自稱爲民主的政治體制，則被（他們）認爲是假冒的，其論點是他們根本就不是民主體制。」❿但對馬克弗森來說，當今的世界正處於一種追求民主的競賽狀態之中，而非自由主義式

的民主並不如某些西方本位主義者所認爲的完全不隱含著民主的
質素。事實上，共產主義民主主張在資本主義以外的基礎上建立
起另一種民主的體制，一種無產階級的階級民主的體制，但不幸
的是，以蘇聯爲典範的共產主義民主最先所建立的就是一種由少
數人來領導的先鋒者的國家 (vanguard state)，而自其建國之
後又爲了提高其生產力，使其原先所允諾的階級民主一直無法落
實❶。馬克弗森又指出民主有廣義的指涉及狹義的指涉，狹義的
民主指的是「一種政府體制」，廣義的民主則是指「一種社會類
型」(a kind of society)❷。如果由一個政黨來主政的共產國家
能夠滿足下列三個條件的話，則亦可被認爲是符合了狹義民主的
要求。這三個條件是：(1)充分的黨內民主；(2)黨員資格是開放
的；(3) 參與黨的活動的代價必須是一般公民都能負擔的❸。但
截至整個東歐世界發生鉅變之前，可以說沒有任何一個東歐國家
滿足了上述三個條件，因此，共產世界的政府體制並不能稱得上
是民主的。不過，就民主做爲一種社會類型的角度來看，「民主
在這個廣義的意義裏往往包含了一種人類平等的理想，不單單只
是攀登階級階梯的機會的平等，而是一種只有在沒有任何階級能
夠以別人爲代價去逐行支配或生活的社會裏才能夠被充分實現的
平等」❹，則一直以此爲目標的共產世界並不能說完全是不民主
的。

　　再者，對那些同時拒斥自由主義和共產民主的第三世界國家
來說，他們則是企圖透過單一的威權政黨來達成盧梭式的全意志
(general will) 的民主理想。這些國家一方面沒有自由主義國
家的包袱（或者說有利的立足點），另一方面也沒有共產民主的
階級負擔，他們認爲其社會、道德及自由的病症的根源在於不平

等的制度，因此，他們所需要的是一種「針對一羣未分化的人民的全意志的專政 (dictatorship of a general will)。」⑮不過，儘管在狹義民主的三個必要條件以及廣義民主的實況上，第三世界國家的成就都略優於共產國家⑯，但他們卻受制於一個極不利的要素，那就是他們必須大幅地提高他們的物質生產力，因爲如果人民不能擁有免於饑餓的自由，則合乎人道的生活是不可能落實的，而平等亦將是不切實際的。雖然如此，馬克弗森仍然認爲開發中國家或第三世界國家的民主訴求——被壓迫人民的統治——「是比另外兩種（民主類型）更接近（民主的）原始觀念的。」⑰他們在實踐上的挫敗，並不否定他們的政治體制所追求的民主目標。

綜上所述，馬克弗森認爲當前的世界同時存在著三種各有其缺陷的民主類型，而不是如西方本位主義者所確信的只有一種唯一的民主政體，「民主的眞實世界是由這三種類型所共同構成的，而不單單只是其中的任何一種。」⑱任何一種類型之宣稱其爲唯一的民主類型（事實上，他們確實都如此宣稱），都是不切實際的。然而，他們無可否認地都有著一個相同的目標——「爲社會的所有成員提供基本人類能力的充分與自由發展的條件」⑱，只不過他們對於哪些條件是必要的，以及如何達成那些條件，有著不同的判斷。做爲一個生活在西方自由主義民主底下的政治理論家，馬克弗森雖然並未抱持著一種西方本位主義的民主觀，但他所最關注的仍然是自由主義民主的未來。我們可以說，在《亞爾貝塔的民主》（一九五三）之前的馬克弗森所呈現的形象，主要地仍是一個加拿大的政治研究者，但爾後他便逐漸轉而以整個西方的政治傳統爲思考的素材，最後終於成爲對西方的政治現代性

做出獨特的詮釋和理論的再建構的代表人之一。　然而，　必須指出的是，馬克弗森的理論對象及目標雖然是純西方的（其實絕大多數的西方當代政治及社會理論家，　從巴柏、　海耶克、伯林到已故的歐克夏特、　阿蓮特，　莫不如此），但西方的政治情境仍有其具有世界性參考價值的面向，尤其當絕大多數的非西方國家愈來愈朝西方自由主義民主的典範趨近時（臺灣自不例外），馬克弗森就不再顯得那麼純西方了。相反地，他對西方自由主義民主的分析，正足堪做為非西方世界（當然也包括臺灣在內）的借鏡。

第二節　自由主義民主的特殊性

在歷史的發展路徑上，確立於十七世紀的自由主義在十九世紀逐漸轉化成自由主義民主的新格局，對人類權利與自由的保障來說，這乃是一個由局部的保障走向普遍的保障的正面的發展。但在這個邁向開放的過程中，如哈洛威爾（John H. Hallowell）所指出的，由於實證主義科學觀的興起，使十七世紀自由主義的道德本質（例如道德的秩序及法律、人的道德價值等信念）受到十九世紀的實證主義傾向的自由主義者的強烈質疑（因為這些信念無法被「科學地」檢證），　因此，　自由主義者所強調的自由乃由十七世紀的「免於不公道的強制的自由」（freedom from unjust compulsion）轉化成十九世紀的「免於不合法的強制的自由」（freedom from illegal compulsion）[19]。從另外一個角度來看，這種崇尚法治的精神固然是一種進步，但法律的徹底世俗化及脫道德化卻更加明白地表顯了其以規範個人利益為要務

的本質，而自由主義民主就是在這樣的基礎上被確立起來的。但在討論自由主義民主的不同模式之前，我們必須先就馬克弗森爲什麼要將自由主義民主的理論區分成不同的模式，以及自由主義民主的理論與十九世紀之前的民主理論的不同，做必要的說明。

對馬克弗森來說，自由主義民主同時包含了兩種不必然相容的指涉，它可以指的是「資本主義市場社會的民主」，也可以指的是（如約翰・彌爾等倫理的自由主義者所主張者）「一個努力去確保其所有的成員都能平等地自由去實現其能力的社會」，因爲「『自由主義的』可意味著強者透過市場規則去壓倒弱者的自由，也可以意味著所有的人都能使用及發展其能力的平等的有效的自由，而後一種自由是與前一種自由不相容的。」❷但截至目前，不管是在理論上或實踐上，佔上風的一直是前一種自由（亦即市場的自由），而馬克弗森的理論任務則在於指出，除非平等的自我發展的自由能夠取代市場的自由，否則自由主義民主的前景將是晦黯的。哈洛威爾曾謂：

> 「我們這一代的知識任務是去找出和闡述一種能够保存自由主義的真理同時超越其錯誤的政治和社會哲學。」❷

我們可以說，馬克弗森所自許者正是這樣的目標，同時，他也試圖透過釐清過往政治理論的內在邏輯，來探究及思索自由主義哲學的限制及可能性，而以不同的模式來分析自由主義民主則是在對一個鉅型的傳統，做更細緻的細部考察，並嘗試找出它時進時退的歷史脈搏。

理論模式的使用無疑地在自然科學裏最見成效，但馬克弗森

認爲政治理論或社會科學裏的模式還具有兩個自然科學裏的模式
所無的特殊面向。第一，社會科學裏的模式不僅被用來解釋過去
與現在的人與人之間的關係，也被用來解釋這些關係的未來變遷
的可能性。例如十八世紀最流行的見解卽是將人類社會的演化區
分爲漁獵社會、畜牧社會、農業社會及商業社會等模式或階段，
並以商業社會爲此一演化歷程的最後階段。但進入十九世紀後，
在孔德、馬克思、約翰・彌爾等人手中，則更注重將過往模式的
發展主軸朝未來做預示性的推演，亦卽模式也被用來「辨別可能
在未來會起作用的變遷的力量及變遷的限制。」❷ 第二，政治理
論或社會科學裏的模式往往又牽涉到什麼是可欲的、好的或對的
等問題，因此乃是一種倫理的模式。至少自霍布斯以來，政治理
論裏的模式可謂是在指陳一個政治社會是如何運作或如何能夠運
作，以及以什麼樣的方式去運作才是好的或可欲的，故而一個模
式的提出旣是在解釋一種政治秩序，也同時是在爲該政治秩序做
辯護性的及使其合理化的宣揚。而這一切都必須從更根本的假設
或認知出發，那就是一個理論模式所抱持的關於社會的假設，以
及關於人性的假設，唯有從這樣的基礎出發，一個特定的理論模
式才能夠去指陳什麼樣的政治社會是可欲的或什麼樣的政治秩序
是應該被辯護的❷。馬克弗森提醒我們，自由主義民主模式如同
其他的政治體制的模式一般，都包含兩個不一定被特定的理論家
以明白的方式加以表述的要素，那就它一方面包含了關於人及社
會的預設，另一方面爲了使其所倡導的模式能付諸實踐，它也必
須包含一個具有說服力的倫理的合理化理論❷。

　　此外，如果所研究的對象是自由主義民主的限制及未來的可
能性，爲何不直截了當地以當前的自由主義民主政體爲藍本，去

抽繹、建構一個自由主義民主的模式，又何必去建構幾個在時序
上相互延續的不同的模式呢？事實上，要去建構一個當前的自由
主義民主的理論模式，並不是一件困難的事情，但問題在於如果
我們果眞這麼做，就不容易分辨出歷來的不同的自由主義民主之
主張的內在歧異，這包括了他們對於民主以及民主與個人的關係
的不同見解。要言之，馬克弗森之主張將自由主義民主區分成幾
個不同的模式乃是基於下列兩個原因：(一)多元模式的分析「在
瞻望未來時可減少近視的風險」❷，多元模式的分析除了可用來
突顯不同主張的不可化約的差異，當我們在思索未來的可能出路
時，也不會因而排除了應該被列入考量的各種可能性，同時也不
會單純地以現有的模式爲唯一可能的出路。(二)多元模式的分析
「更能夠顯現當前模式的完整的內容及現有體制的完整的本質」
❷，因爲當前西方的自由主義民主體制乃是一個分別局部吸收了
先前各種不同的自由主義民主主張的混合物，如果我們能夠更深
入地了解先前存在的理論模式，我們就能對當前自由主義民主體
制的實質內容做出更清楚的研判和診斷。當然，馬克弗森的專業
並不是科學哲學或方法論，我們也不必過於考究他對於理論模式
的哲學分析的嚴謹性，他所要強調的是自十九世紀以來對於如何
建構自由主義民主體制的理論構想，並不存在著一種唯一的類型。
儘管自由主義民主的主張都共同地源自於十七世紀自由主義，並
企圖在這個基礎上加入民主的成分，但他們對民主的界定及功能
的理解仍存在著必須藉著類型的區分才能加以闡明的差異。如赫
爾德所指出的，「民主模式必然包括了…一種介於描敍的 —— 解
釋的陳述與規範的陳述之間的變動的平衡」❷，馬克弗森之使用
理論模式來分析歷來的自由主義民主的主張，卽是要釐清不同的

主張所賴以解釋的依據，以及所要合理化的理想和制度，其最終目的在於明瞭自由主義民主的生命歷程與時代特性，並探討自由主義民主該如何被改良才能延續其生命。

　　但自由主義民主爲什麼能夠被視爲是一種有別於先前的民主理想的獨立的類型，它和先前的民主模式（例如盧梭的或湯瑪士・摩爾的民主理想）又有什麼樣的根本差異呢？馬克弗森指出，如果我們深入去探究民主與階級之間的關係，我們就能夠發現自由主義民主與先前的民主模式的根本差異。要言之，從古希臘一直到十八世紀所曾經存在的民主模式，都是爲無階級社會或單一階級社會所鋪陳的民主體制，但始自十九世紀的「自由主義民主則以設計一種適合於一個階級分立社會 (class-divided socie-ty)的民主政府的規劃爲其特色。」❷ 馬克弗森從來就不是一種偏狹的階級政治的倡導者，但他也從不低估階級在社會結構裏的份量,尤其當階級結構的不同確實是區別不同的政治理想的要素時，他更不會放棄從階級結構的角度去切入他所要研究的課題。階級是一個與財產關係緊密連繫的概念，無階級社會指的是並不存在著土地及資本的個人所有權的社會，亦卽並無任何財產階級存在的社會；單一階級社會指的則是每一個人都能擁有生產性土地及資本的所有權的社會，同時任何人的所有權又不會危害到他人的所有權。而階級分立社會所指涉的是存在著生產性土地及資本的個人所有權，但並不是每個人都擁有是項所有權（事實上，往往只有一小部分人才擁有是項所有權）的社會 ❷。

　　從上述的判準來看，馬克弗森認爲自由主義民主確實是一種獨特的民主類型，因爲十九世紀之前的民主理想若非以無階級社會，就是以單一階級社會爲體現其理想的社會結構。例如湯瑪

士·摩爾的《烏托邦》（一五一六）及溫士坦利（Gerrard Win-
stanley）的《自由之法》（一六五二）所鋪陳的卽屬於無階級
社會的民主理想。在摩爾所設想的烏托邦裏，一切生產工具均爲
社會之公產，人人以農爲業（但仍需在羊毛加工、亞麻布之製造、
石工、金屬工、木工等項中擇一習之），每日工時爲上、下午各三
小時，餘暇則多從事知識之研習，衣著服裝只用來區別男女及已
婚或未婚，行政秩序之維持則由公民選舉之智老（syphogrant）
及智老經由秘密投票選出之主君（prince）負責，再者，人人皆
可透過增進自身之知識而成爲學者（scholar），俾參與行政工
作❸。這樣的體制無疑地乃是一個平等的無階級的民主體制。此
外，十七世紀掘地派（the Diggers）的代言人溫士坦利所要求
的也是一個著重社羣精神的、不虛僞的、無階級的民主體制。他
認爲「大地屬主所有，而不應該被特定的利益所限制」❸，富人
無權剝奪窮人之自由及生活。罔顧平等並忽視多數人之普遍的自
由者，既違背對全能上帝之盟約，亦違反對衆人的盟約❸；因此，
不朝公有體制改良的國家乃是可怖的國度，「英國是一座監牢，
由武力所確保的法律的精巧花樣乃是監牢的門栓、柵欄和牢門，
律師們是獄卒，窮人們則是囚徒」❸，英國的主政階級並不明白
普遍的愛的眞諦，而只沈溺在自愛與想像之中，以致黑暗的力量
瀰漫不散。從馬克弗森的判準來看，摩爾和溫士坦利並不能被歸
入自由主義民主的傳統，而是自由主義民主的前驅者。

再如平等派、盧梭和傑弗遜（Thomas Jefferson）所鋪陳
的則屬單一階級社會的民主理想。以盧梭爲例，他認爲財產乃是
一項神聖的個人權利，「擁有財產的權利當然是所有的公民權利
中的最神聖者，在某些面向上甚至比自由本身還更重要，這乃是

因為其與生命之維持更密切相關，或是因為它比一個人的人身更
容易被侵奪並且更不容易被防備捍衞，對更容易被盜取之物就必
須被給予更多的尊重，或者最後乃是因為財產是文明社會的眞正
基礎和公民之承諾的眞正保證。」❸但盧梭所主張的並不是無限
制的財產權，相反地，無限制的財產權正是剝削及不自由的淵藪，
他所主張的乃是使每一個人皆得以自足獨立的、不必依賴他人的
財產權。而當政治社會的成員不因其財產關係而被區隔成不同的
階級時，全意志才可能得到具體的實現。要言之，盧梭、傑弗遜
和平等派所期盼的民主在內容上固然不同❸，但他們都將其民主
理想建築在單一階級社會之上，亦卽他們都主張在一個人人都擁
有獨立的但又不足以威脅他人的所有權的社會裏，民主才可能成
為穩固的政治形式。在馬克弗森看來，自由主義民主裏的自由
主義成分卽意味著接受資本主義生產關係和階級分立的社會，因
此，為單一階級社會而鋪陳的民主模式只能算是「手工業的民主
模式」，而不能被歸入自由主義民主的傳統裏❸。

　　綜上所論，我們固然可以說馬克弗森在區別自由主義民主與
先前的民主模式的不同時，是以他自己所給定的定義來進行區分
的。但值得注意的要點在於，如同亞里斯多德在區分不同的政體
及馬克思在區分不同的社會形構時一樣，馬克弗森在透過定義來
區別民主的理論模式的過程中，也將歷史演化的動性納入其進行
辨識區分的考量之中。因此，當他在辨別自由主義民主模式與先
前民主模式的差異時，他也是在針對理論模式所反映的歷史現實
的差異，做宏觀的比較分析。再者，他在分辨不同的民主模式時，
並不單單只偏限在政治權力的正當性及運作方式的範圍裏去進行
了解，而是同時考量到經濟及社會秩序的性質，這與熊彼得之將

民主化約成一種政治方法，並以此來區分古典民主與他所倡議的
程序民主之間的不同❸，實有極大之差別。正因爲馬克弗森一直
對政治民主與經濟、社會秩序之間的關連保持高度的警覺，才使
他在最終成爲一個民主社會的政治理論家，而不僅僅只是一個民
主政治的分析家。

第三節　自由主義民主模式的演化

在不同的時代裏，同一個政治概念往往有著不盡相同的指涉，
因此，政治理論的任務之一就是去澄清特定政治概念的意義的歷
史演化，同時也要去（或者說更要去）探討此一演化過程中所包
含的價值或觀點的變遷，柏爾（Terence Ball）即強調，「政治
概念的歷史…即政治論辯（political arguments）及其所引發
之概念的競爭和爭論的歷史。」❸馬克弗森之對自由主義民主思
潮做更細緻的類型區分，其近程目標即在指出民主做爲一種政治
概念在近百餘年來的變遷基調，以及這其中所含涉的價值衝突，
而其遠程目標則在爲他理想中的民主社會確立可以被合理化的理
論基礎。

3.1 保障式民主（Protective Democracy）

雖然在普遍的成年男子選舉權的擴張上，英國的步伐是不及
法國的，但法國所給予的普遍的成年男子選舉權卻不能決定新政
府的成立或舊政府的被取代，因此，自由主義民主體制及思潮的
發源地並不是法國，而是自由主義社會已穩固確立的英國❸。因
爲唯有選舉權眞正能決定政府的去留——十九世紀英國的自由主
義國家正具備這樣的條件——選舉權的擴展才足以做爲衡量民主

政府之水平的標準。

　　在自由主義國家的基礎上逐步添補民主成分的過程中，最先出現的理論典範乃是由邊沁和詹姆士‧彌爾所提出，馬克弗森稱之為「保障式民主」。如前所述，自由主義民主之前的民主理論並不贊同階級分立的社會，他們（如盧梭和摩爾）期望透過一種新人類來達成平等的民主理想，故而是一種烏托邦色彩十分濃郁的民主理論。但自由主義民主的倡導者則與其不同，他們是在接受階級分立社會的前提下，來考量民主的可能性及必要性，就此而言，他們的理論乃是牽就現實的產物，他們認為「人就是人所表現的那樣，人就是被市場社會所形塑的人，並且認定人是無法改變的。」❹保障式民主的理論基石無疑地乃是追求最大多數人的最大幸福的功利主義原則，對邊沁和詹姆士‧彌爾而言，自然將人類置於苦與樂這兩大主宰的統御之下，而趨樂避苦乃是人的天性，不管是個人的行動或政府的作為皆應在此一認知下，去追求效益的最大化（亦即增加快樂、減少苦痛）❹，「然而，什麼是社羣的利益呢？ —— 即構成社羣之許許多多的成員的利益的總和」，「如果不明白何謂個人的利益，則去談論社羣的利益是沒有用的 。」❹因此，政府的主要目的就是提供一個使每一個人都能依功利原則去趨樂避苦的穩定的環境。

　　不過，除了民主政府之外，統治者和有影響力的少數人都是被統治的多數人的永遠的敵人，邊沁對此有如下的說明：「一個民主政體…的特有的目標和作用乃是保障其成員，使其不受到為了其防衞之需而聘僱的那些公務員的迫害和掠奪」，「而任何別的政府類型都必然地以將人民或非公務員置於完全無防衞的處境，為其特有的及主要的目標和作用。」❹邊沁和詹姆士‧彌爾都認

爲（或者說都不否認）財富是衡量效益的標準，而每一個人之追求自己的效益都不免要以他人爲代價，「每一個人都渴盼將他人或他人的財產屈服於自己的快樂之下…乃是政府的基礎。對目標的渴望隱含了對於實現該目標所需的權力的渴望，因此，對於該種使他人及他人的財產屈服於自己之快樂之下的權力的渴望，乃是人性的最主要的主宰法則。」❹民主政府的好處就是它能夠將人之干預或妨礙他人的現象，減少到最低的限度，使政府確實能提供對每一個人的保障作用，正因爲邊沁和詹姆士・彌爾所著重的乃是民主政府的保障作用，故而馬克弗森才稱呼其所主張的民主爲保障式民主。馬克弗森又進一步指出，由於邊沁和詹姆士・彌爾都抱持著佔有式個人主義的人性觀及社會觀（人乃是效益的極大化者、社會乃是一羣有著相互衝突的利益的個人的集合）❹，同時對於資本主義市場經濟及階級分立社會的正當性也不表質疑，因此，財產的保障更是他們主張民主政府的重要理由。就邊沁來說，如果要使法律能夠確實保障個人財產的安全，則平等（這也是法律的四大目標之一）是可以被犧牲的❹。

　　儘管邊沁和詹姆士・彌爾可謂是自由主義民主思潮的開路先鋒，並且也意識到選舉權的進一步擴展的必要性，但他們的選舉權主張則反映了他們的內在侷限。不管他們多麼寄望最大多數人的最大幸福的原則能夠成爲社會運轉的基本法則，他們仍然擺脫不了對於市場人和市場社會的根深蒂固的信仰；做爲當時英國現實政治的改革者，他們在理論上及策略上都認爲選舉權的進一步擴展是無可阻擋的進程，但對選舉權做「適當」的限制仍是必要的。對邊沁和詹姆士・彌爾來說，尋求一種最適合功利原則之運作的國家，乃是最重要的政治課題，這樣的國家則需滿足下列的

雙重任務：(1) 政治體系必須能夠產生足以確立並俾益自由市場
社會的政府（因為功利原則只有在自由市場社會裏才能達到最極
致的表現）；(2) 政治體系必須能夠產生足以保障公民使其不受
貪婪政府之侵奪的政府（因為他們認為政府的本質必是試圖侵奪
被統治者之利益的，而唯有由被統治者的利益所構成的政府，才
能壓制政府的貪婪侵奪的本質）。而選舉權的擴展該以何種程度
為限，正是此項雙重任務的重點[47]。

　　事實上，邊沁和詹姆士・彌爾都曾經主張過普遍的選舉權，
但卻又基於社會和諧及現實經驗的考量而對此憂心忡忡，因此，
他們在最終都認為如果對選舉權加上一些限制（主要是財產、年
齡及性別上的限制），而又能實現上述的雙重任務，那麼，這樣的
選舉權即已足夠，「邊沁對於民主的選舉權並不是頂熱中的，他是
被迫走上那條路的」，「他樂於見到有限的選舉權，但也願意對成
年男子選舉權做讓步。」[48]詹姆士・彌爾的情況也是如此，他既體
認到勞動階級的不容忽視，但又不想引起統治階級的強力反彈，
因而在普遍選舉權和有限選舉權之間游移不定。但貫穿他的選舉
權主張的基本原則乃是，「有一件事是十分清楚的，那就是所有那
些其利益已經無可爭議地被他人所涵蓋的個人，（其選舉權）可
以被刪除而不會造成不便」[49]，在此原則下，兒女的利益及妻子
的利益可由其父親和丈夫來代表，而窮人的利益亦可由較不貧窮
者來代表，其最終結果是六分之五的成年人將無法擁有選舉權。

　　要言之，保障式民主做為自由主義民主的第一個模式，仍帶
著強烈的自由主義國家的烙印，這也表徵了從自由主義國家朝民
主之路開放的心理掙扎。但更根本的是，邊沁和詹姆士・彌爾的
市場人與市場社會的預設限制了他們的政治想像。詹姆士・彌爾

雖曾強調，「如果政府的權力被那些其利益與社羣的利益不相符
的人所掌握，則社羣的利益將完全被統治者的利益所犧牲」❺⓪，
不過，他和邊沁的選舉權主張卻未能體現這樣的認識。自由主義
民主思潮的開場固然是建築在既有的自由主義代議體制的格局之
上，但它最初的樣貌卻是在其市場人與市場社會的認識下所形塑
的，如馬克弗森所評論的，保障式民主「並無營求民主的熱忱，
亦無它自身或可成爲一種道德的轉化力量的理念；它只是爲了治
理本質上是自利的同時也是相互衝突的個人 —— 個人又被假定爲
其自身的私人利得的無止盡的慾求者 —— 的一個邏輯的必要的結
果。」❺① 邊沁和詹姆士‧彌爾之做出民主的結論主要是爲了使政
治地位日益突出的勞動階級，能在有智慧、有德性的中產階級引
領下，被有效地收編到「正常的」政治秩序之中。

再者，儘管羅森 (Frederick Rosen) 曾指責馬克弗森過度
化約了邊沁和詹姆士‧彌爾之間關於平等及選舉權主張的差異，
同時也未能注意到邊沁的晚期思想已更加強調平等做爲一種社會
價值及立法目標的重要性，而非僅僅以確保財產的安全爲首要的
目標，因此，他認爲「保障式民主」模式乃是一個有著嚴重缺陷
的類型區分❺②。但我們以爲，除了他們相互之間的差異外，邊沁
和詹姆士‧彌爾並未賦予民主深刻的道德內涵（這與約翰‧彌爾
恰成明顯之對比），而只特別著重民主對於保障個人利益的政治
功能，則是他們之間的不可分別的共同性。準此以論，馬克弗森
以「保障式民主」來總結邊沁和詹姆士‧彌爾的民主思想，在方
法上並無不當之處。

3.2 發展式民主 (Developmental Democracy)

在約翰‧彌爾身上，自由主義民主思潮則表現出與「保障式

民主」截然不同的面貌。一方面來說，約翰・彌爾的時代所呈現的實況是勞動階級愈來愈是既有的財產關係的一個明白威脅，而在另一方面像約翰・彌爾這樣有著深刻的人道主義情懷的自由主義者，對於勞動階級的不人道處境已不再能不做出更爲直接的反應，不再能不懷疑當時的經濟體制的道德正當性。「卽使是對時事最不注意的人都知道，」約翰・彌爾指出：「勞動階級具有或者可能具有將他們自己視爲是勞動階級的政治目標，在這些目標底下他們相信 —— 不管是對是錯 —— 其他的有力階級的利益和見解是與他們相反對的」❸，而如果不對這些社會形勢的新變化做出思考及反應，「則人類的前途將陷入嚴重的危夷之境。」❹在馬克弗森看來，正因爲約翰・彌爾對於新的社會形勢有著敏銳的自覺，同時也有著有別於邊沁和他父親的整體政治觀，使他對民主抱持著截然不同的信念，馬克弗森稱之爲「發展式民主」。「邊沁和詹姆士・彌爾並沒有一種新社會類型或一種新人類的視野，他們不需要這樣一種視野，因爲他們並不質疑他們的社會模式 —— 爲冷酷無情所驅策的競爭式市場社會及其中的所有的階級分野 —— 乃是透過其高水平的物質生產力來合理化的，同時也不質疑不平等是不可避免的」❺，但約翰・彌爾的民主思想則是建築在對這兩者的（適度的）質疑之上。

　　如湯普森 (Dennis F. Thompson) 所指出的，約翰・彌爾構想中的民主代議政府是要調和兩個相互依存的原則：參與原則和能力原則。前者主張政治參與是公民之所以爲公民的前件，同時政治參與也具有改善人的質地的教育功能；後者則認爲更夠格的公民應發揮更大的影響力，俾促成代議政府之實現保障公民及教育公民的目標❻。但做爲這兩項原則之底層基礎者，則是不

同於邊沁式的社會觀及人性觀。約翰・彌爾並不像邊沁和他父親那樣認爲人乃是一個消費者及佔有者，相反地，他是從人做爲其自身能力之實踐者、發展者及享有者的立場出發，去考量民主政體的價值。他完全贊同洪保德（Wilhelm von Humboldt）在《政府的領域與職責》一書對人的見解，「人的目的 —— 或者是由持恒不變之理性的訓令所規約，而不是由曖昧且短暫的欲望所提示者 —— 乃是其權力的最極致的及最和諧的發展，終而成爲一完整而一致的整體」❺❼，在這種道德的人性觀的促動下，他認爲民主政府不僅旨在保障政治社會之成員，更在保障人類之改良的機會。因此，他所強調的並不僅僅只是民主的運作程序，「更在於民主如何能促進人類的發展，（約翰）彌爾的民主模式是一種道德的模式，它與第一種模式（卽保障式民主）的最大不同在於，它具有一種人類之改良的可能性、以及尚未被實現的自由而平等的社會的道德視野。一個民主政體之所以可貴，正因爲它乃是達成這種改良的手段，雖然不是充分的但卻是必要的手段。」❺❽

約翰・彌爾所期盼的理想社會，並不是效益的消費者在功利原則引領下進行不歇止的市場競爭的社會，而是一個自身能力的發展者、實踐者所共組的社羣。但他也清楚地意識到，他所身處的社會並不是他理想中的社羣，因此，他的理論任務卽是去探索一種得以實現發展者的社羣的政治體制。對他來說，「關於任何的政治制度的第一個問題乃是，它們能夠怎樣去使社羣的成員培育出多樣的、可貴的道德和智慧的特質」❺❾，而民主代議政體卽是最能夠使公民「在智慧上、在道德上、以及在實踐活動和效率上」都有長足之進步的政治體制❻⓪。在民主代議政體裏，「只要他們願意」，公民「都必然是政府之所有運作的主人」❻①，公民的

政治參與權也得到充分的確認,「重要的是,每一個被統治者都應該對政府有發言權, 否則頂可能的是那些沒有發言權的人(的權益)將會被那些有發言權的人予以不公道地擱置。……一個被排除於政治事務的所有參與之外的人並不是一個公民,他未能擁有做為一個公民的感受。在現代,對政治有著積極的興趣乃是將其心智提昇到更廣泛的興趣和思索的開端, 也是走出個人及家庭的自私性的狹隘限囿的起步, 亦是開啓日常事務的偏狹場景的第一步。」❷質言之, 約翰·彌爾不僅認爲民主代議政體是公民權益的更穩當的保障,更強調其有助於使公民更爲積極、更顯得活力充沛的教育功能。

此外,馬克弗森也指出, 約翰·彌爾的民主主張之與「保障式民主」有著根本的不同, 除了源自於他特別強調快樂有著質的不同(這使他不致陷入將最大的快樂的總量等同於最大的經濟生產力的化約論的困境),也源自於他對當時的財富分配狀態並不像邊沁那樣是抱持著童騃而不加質疑的態度。在他看來,既有的財富及經濟權力的分配嚴重剝奪了勞動階級發展其自身能力的機會,但這並不表示他不贊同資本主義生產關係。相反地, 他認爲勞動階級之處於不人道的生存條件, 主要係歷史(特別是封建制度)所遺留下來的問題 ,「現代歐洲的社會安排…乃是肇始於由征服和暴力所造成的財產分配」❸ , 因此 , 資本主義的生產關係仍然符合公正的財產原則(亦卽依個人的努力而給予報償),「財產權包含了…透過契約來獲取的自由, 每一個人對於他所生產之物的權利, 隱含了一種對於他人所生產之物的權利, 如果是經由他人的自由同意而去取得的。」❹對約翰·彌爾來說, 資本可謂是先前的勞動及對欲望的克制的產物, 故而擁有資本者之透過「自

由契約」而取得他人的勞動成果，並不違背他所認定的公正的財產原則，但他也認識到財產的繼承確實是擴大財富分配差距的主因。「每一個人都應擁有依其意志去處置他或她的全部財產的權力」❻，不過，爲了防止更大的弊害，財產的繼承應受到限制；然而，他所給予的限制卻是十分寬鬆的，那就是該限制必須「足以提供舒適的獨立性之所需。」❻❻

而在馬克弗森看來，約翰‧彌爾之未能看出資本主義市場關係並不符合他的公正的財產原則，以及他之深信資本主義體制依舊能夠實現他的人類發展的理想，正是他的致命傷（至於馬克弗森所持的理由，詳見第四及第五章）。不僅如此，約翰‧彌爾的複票制的主張亦充分反映了他的上述理念。他一方面認爲唯有施行普遍選舉權，才能使每一個公民都得以透過政治參與來進行質的改善；但另一方面爲了防備階級政府或階級立法的危險（無論如何，在市場社會裏勞動階級必定是人數最多的一羣人，如果採行等值的一人一票，則政治事務恐爲勞動階級的利益所操控），同時也爲了使智慧和道德的能力更能成爲促進社羣之進步的力量（約翰‧彌爾強調每一個人對政治事務都應享有發言權，但這並不等於每一個人都必須擁有平等的發言權，「具有較卓越之道德或智慧者之 意見及判斷， 其價值乃是高於較低劣 者之意見及判斷」）❻❼，因此，他雖然極力主張在生理上處於弱勢地位的女性更需要選舉權的保障，以及道德及智慧較卓越者得享有複票之資格（最多可擁有六票）❻❽，但卻不惜排除未繳納直接稅者及接受教區救濟者的選舉權❻❾。馬克弗森指出，這所反映的乃是約翰‧彌爾接受了市場社會的漂準，因爲未能繳納直接稅者及接受救濟者，都是市場競爭的失敗者❼⓪。

　　無疑地，對約翰‧彌爾來說複票制有其正面的功能，但相較於基本上主張一人一票的「保障式民主」而言，複票制是更爲倒退的（雖然約翰‧彌爾民主思想的道德內涵要比「保障式民主」來得更民主）❼，這也是他爲了要在普遍選舉權的基礎上落實「能力原則」所無法避免的必然結果。但如馬克弗森所批評的，複票制「給予那些原本就已經處於較爲發展的狀態的人一種否決權」❼，同時降低了那些只擁有一票者的參與誘因，無論如何，這對於透過參與來達成自我發展的目標，只會增加阻礙的力量。然而，馬克弗森指出約翰‧彌爾最大的問題，仍在於他錯誤地以爲資本主義市場關係依舊足以做爲強調自我發展的理想社會的基礎。也就是說，約翰‧彌爾雖然看到了資主主義的不人道的面貌，並試圖以生產者合作社（producers' cooperatives）來進行一場「道德革命」，但他在期望每一個生產者都成爲資本家的過程中，則又陷入將人當做是消費者、佔有者的窠臼裏。歸結地說，約翰‧彌爾之捍衛及要求發展個體性並以之做爲形塑政治生活的基本架構❼，是無庸置疑的，但馬克弗森認爲他一方面錯估了資本主義生產關係在落實平等的自我發展的可能性，另一方面則未能認清資本主義生產關係只能鞏固人做爲佔有者、消費者的社會結合形式，這使得他的「發展式民主」的理想在最終仍將歸於失敗。要言之，約翰‧彌爾雖然拒絕由市場來決定人的價值，但他的政治經濟學卻限制了他的民主哲學的有效展開❼。

　　約翰‧彌爾被馬克弗森認爲是「發展式民主」的奠基者，而巴克（Ernest Barker）、林賽（A. D. Lindsay）、馬基弗（R. M. MacIver）、霍布豪斯（L. T. Hobhouse）、杜威（John Dewey）等人，則被他稱爲是「發展式民主」的二十世紀的繼承

者，因爲巴克等人關於民主的基調、理想以及合理化的主張，與約翰・彌爾並無二致。但値得注意的是，巴克等人對於資本主義之本質的理解更不及約翰・彌爾,至少在約翰・彌爾來說,民主的政治過程本身並不足以克服或解決階級分野及剝削的問題，然而巴克等人「對於階級和剝削卻愈來愈視而不見，他們泰半以爲民主本身 —— 至少一種擁抱規制性國家及福利國家的民主政體 —— 就能夠完成絕大部分的可能被完成的事，就能夠完成絕大部分的必須被完成的事，同時創造出一個好的社會。」❼❺ 換句話說,巴克等人對於資本主義生產關係的寫實的理解的程度，還不及約翰・彌爾，再者，由於約翰・彌爾所擔心的階級政府或階級立法的危險已不復存在（馬克弗森認爲這乃是西方政黨制度的作用 —— 西方政黨制度乃是使普遍的平等的選舉權不致翻動不平等社會的重要憑藉，不過，巴克等人只認識到階級立法的危險已然消失的事實，而不明白其消失的原因）❼❻，他們更可在繼承約翰・彌爾的自我發展的民主理想的同時，丟棄其過時的、不討好的複票制的包袱。

　　而在二十世紀「發展式民主」的代表人之中，杜威可謂是最重視經濟結構對民主之影響者，對杜威來說，民主乃是一種生活方式，「在當今，民主不能僅僅只仰賴政治制度，也不能僅僅只透過政治制度來表現， …民主是透過人類的態度來表現的， 同時也是由人類生活所產生的結果來被評價的」❼❼，「相較於其他的生活方式，民主是唯一一種衷心信仰經驗過程做爲一種目的及做爲一種手段的生活方式。」❼❽ 強調人的品質可謂是杜威的人本主義的要旨，「 最終極的生產問題乃是人類的生產（the production of human beings), 相對於這個目標來說,財貨的生

產只是中介性的和輔助性的」❼，不過，爲了使民主做爲一種自由的生活方式能夠在更良善的社會經濟條件下獲得落實，晚年的杜威認爲以實驗法、合作的智慧及科學的態度來進行不抹殺個人自由的計劃經濟是有其必要的。因此，如果自由主義要想走出它當前的困境，並蛻變成一種更有生命力的「再生的自由主義」(renascent liberalism)，它就必須「將目前能掌握的生產力予以社會化，俾使個人自由能夠被這樣的經濟組織的結構所支撐。」❽但如馬克弗森所質疑的，杜威所擬予以社會化的生產力僅止於科學和技術❽，這能否足以使經濟結構徹底起變化，而不再成爲多數人追求民主生活的阻礙，實不無疑問。

　　總括地說，馬克弗森認爲二十世紀「發展式民主」的代言人對資本主義的理解仍不及約翰・彌爾；而做爲多元主義的信仰者，巴克等人都不自覺地將民主的政治過程視爲一種市場的過程（亦卽認爲民主的政治過程乃是一個能使每一個人都獲得最大的好處的自由市場），但他們如同約翰・彌爾一樣，都不願意放棄其自我發展的人類理想，都不願意接受市場人的假設。然而，問題在於巴克等人一方面仍認爲在西方社會旣有的格局底下，讓每一個人有效地實現其自我發展的民主政治仍是可能的，但在另一方面他們對西方民主政治的實質運作的認知卻與事實有著極大的出入。這種對民主的倫理理想的堅持以及對民主之實質運作過程的不恰當的理解之間的落差，充分暴露了二十世紀「發展式民主」模式的內在矛盾，因爲此一民主模式乃是將其理想建築在一個不可能實現其理想的社會基礎之上。而自一九四〇年代以降，在熊彼得、道爾（Robert A. Dahl）等人的持續努力下，政治理論對民主的理解又發生了另一次的重大變革，「發展式民主」的不

夠眞實受到嚴厲的批評，同時其倫理理想也被徹底揚棄，取而代
之的則是強調事實描述與市場類比的新的民主觀（馬克弗森稱之
爲「均衡式民主」）。要言之，「發展式民主」的理論家們錯估
了資本主義體制的實質以及此一體制底下的公民的政治理性，而
「均衡式民主」的理論家們則試圖從一般公民所呈現的實質的政
治理性，去發展出一個至少在他們看來既有描述功能又有合理化
功能的新的民主模式。

3.3 均衡式民主 (Equilibrium Democracy)

做爲一個專業的經濟理論家和經濟史家，熊彼得對政治理論
（特別是民主理論）的影響並不下於他對經濟理論的影響。熊彼得
不僅爲爾後的經驗民主理論奠下最主要的理論架構，同時也是第
一個徹底將民主的政治過程類比爲一種政治市場的論者。一九五
〇、六〇年代的道爾以及後續的行爲主義者，都是在熊彼得所鋪
陳的新的民主理解底下，去展開進一步的典範的精緻化的工作，
時至今日，熊彼得對民主的界定已成爲最具影響力的一種界定。
但在馬克弗森看來，以熊彼得及早期的道爾爲首的「均衡式民主」
模式一方面剝除了民主的倫理理想，另一方面則在理論的合理化
上也存在著嚴重的問題。在「均衡式民主」的理論家手中，「民
主從一種人本主義的志業而被化約成一種市場均衡的體制，雖然
此一新的正統理論宣稱其科學的中立性，但其價值判斷卻是十分
明顯的：能夠運作的就是對的 —— 也就是說，能夠使既存的階級
分層化的社會持續運作而不致產生不可容忍之摩擦者，卽是最好
的。」❽

更精確地說，「均衡式民主」模式應該被稱爲「多元主義
—— 精英主義 —— 均衡式民主」模式。其之爲多元主義乃是因爲

此一民主模式認為適合現代民主政體的社會必須是多元的社會，亦即社會乃是由有著不同利益的個人所構成，而因著利益的多樣性，同一個個人可能分屬不同的次級團體。其之為精英主義則由於此一民主模式賦予少數的精英極大的政治影響力，少數精英才是政治過程的主要推動力量，民主主要地乃是由一般公民選擇出政治領導人的過程。最後，其之為一種均衡模式乃是由於此一民主模式主張民主的政治過程即在政治財貨的供給及需求之間維持一種均衡的體制❸。讓我們從熊彼得開始討論，熊彼得首先認為所謂的十八世紀的民主哲學可歸結如下，「民主的方法是達成一種能夠實現公益（common good）的政治決策的制度安排，而其途徑是使人民透過他們所選舉出來的代表的集會來體現人民的意志，俾使人民本身得以逕行決策。」❹ 但熊彼得緊接著指出，此一古典的民主學說包含了太多的問題，例如一種人人都能接受的公益事實上並不存在，即使有這樣的一種公益存在，並不表示人民對於個別的案例都會採取同樣明確的解決方法（如健康是人人都渴望的，但對於預防接種或男性結紮等等，則每一個人可能都會有不同的意見）；更常見的情況是，所謂公益的實現很可能是經由非民主的方法來達成的（如拿破崙即以不民主的軍事獨裁方法，解決了法國在十九世紀初期的激烈的宗教衝突，並確保了法國當時的宗教自由）；再者，所謂人民的意志(will of the people）這樣的概念根本就缺乏實質的意義❺。

在熊彼得看來，古典民主學說之能夠存在主要是因為它內含了濃烈的宗教性，因此是不能被理性地討論、也不能被質疑的；同時在某些國家裏，古典民主的形式及用語被用來和該國的多數人民所稱許的歷史發展和事件(如美國獨立革命)相掛勾；此外，

也有不少政客利用人民之名來規避自身之責任，並攻擊其政治對手；或者，古典民主學說在某些小型的國家（如瑞士），確實有著一定程度的表徵性或寫實性。因此，古典民主學說才會一直延續至今[86]。儘管熊彼得本身並不是一個從事政治行為之經驗調查的研究者，但他卻以其觀察寫下了在爾後被經驗政治學所驗證的關於一般公民之政治理性的評斷。要言之，熊彼得認為一般公民多半是盲目的而且容易陷入狂熱的狀態，若要在此種狀態中進行理性的辯論，只會激起羣眾的不可取的動物性精神（animal spirits）。公民在計算、衡量自己的利益時可謂十分在行，但一旦進入政治領域，他的整個心智水平就降低了，就如同一個原始人。此外，一般公民缺乏一種現實感，也缺乏與此相關的責任感和有效的決斷力，因此並不能有效地判斷公共事務，而是只計較政客的短程允諾，卻無法評量自身的長程利益。由於一般公民太容易受到政客和利益團體的操縱，故而所謂人民的意志泰半是被刻意製造出來的，人民的意志並不是政治過程的原動力，而是政治過程的產物[87]。

在這種認識底下，熊彼得認為古典民主學說是與事實不符的，同時也是必須被徹底修正的[88]。因此，他遂進一步提出一個被爾後的行為主義者普遍接受的新的民主界說：

> 「民主的方法乃是達成政治決策的制度安排，其途徑是使特定的個人透過爭取人民選票的競爭，來取得決策的權力。」[89]

無疑地，熊彼得對民主的新界說象徵了一個民主理論的新時代的

開端，其追隨者對其清晰而又符合實情的民主觀大加讚揚，如當斯（Anthony Downs）卽曾表示熊彼得對民主的分析「總結了我們整個的對於政府運轉的研究途徑。」❾ 但對馬克弗森來說，「均衡式民主」做爲一種合理化理論的有效性，則是頗值得商榷的。馬克弗森指出，「均衡式民主」的兩個主要論題乃是：(1) 民主僅僅只是一種選擇政府及賦予政府權威的機制，而不是指涉著一種社會類型或一組道德目的；(2) 此一機制則是由兩組或兩組以上的從政人物或精英，透過政黨來爭取足以使其取得統治地位的選票的競爭所構成。在「均衡式民主」模式裏，「絲毫沒有視民主爲一種達成人類之改善媒介的這一類的說辭，參與本身並不是一種價值，也不是一種實現更高等的、更具有社會知覺的人類的工具性價值；民主的目的只在於就人的本來的面目去登錄其欲望，而非試圖去促使人們成爲他們可能成爲的人或他們可能希望成爲的人；民主僅僅只是一種市場機制：選民乃是消費者，而從政人物則是企業家。」❾

　　儘管「均衡式民主」的理論家們對於民主做爲一種市場機制在滿足消費者之偏好的能力上有著不同的評價，如熊彼得就不是頂樂觀，道爾則較具信心❾，而伯列爾森(Bernard Berelson)、列澤斯菲爾德(Paul Lazarsfeld)、麥克費(William MePhee)等人則對其信心十足。不過，「均衡式民主」的理論家們都一致認爲公民們乃是有著不同的、多樣的需求的政治消費者，從政人物之間的爭取公民選票的競爭乃是政治體系的原動力，而民主做爲一種市場機制，確實能有效地維持政治供給與需求之間的穩定的平衡❾。馬克弗森承認，只要市場人和市場社會仍然是主導的存在樣式，則「均衡式民主」模式的描述的有效性確實是很高的；然

而，做爲一種合理化的理論，「均衡式民主」模式的有效性則是極有問題的，這可分成幾方面來說。首先，雖然「均衡式民主」模式一再強調它本身只是一種描述的或解釋的理論，而不是一種合理化的理論，但事實上它毫不遲疑地認定了民主做爲一種市場機制可謂是唯一能夠或最能夠實現現代式政治功能的體制（現代式政治功能指的是由公民定期地選出政治領導人，並藉著其定期的否決權來「控制」政治領導人）。此外，「均衡式民主」模式也預設了最大的均衡（optimum equilibrium）和公民的消費者主權乃是不證自明的好的價值，而其模式亦是最能夠落實最大均衡及消費者主權的模式。準此以論，「均衡式民主」模式不能說不是一種合理化理論❹。

第二，「均衡式民主」模式並未如其所宣稱的提供了最大的均衡，而只是促成了一種不平等的均衡（equilibrium in inequality）❺。嚴格地說，「均衡式民主」所能滿足的乃是經濟學所謂的有效的需求，亦卽那些由實質購買力來支撐的需求，「但在政治市場裏，購買力雖然不完全是但在很大的程度上則是指金錢，亦卽在選戰中支持某個政黨或某個候選人所需要的金錢，或是組織某個壓力團體所需要的金錢，或是購買大衆媒體的版面或時段（或者去擁有某些大衆媒體）所需要的金錢。」❻而在資本主義市場社會裏，實質政治購買力的分布是極不均衡的，其結果便是許多人的政治需求並無法得到滿足。此外，如果一個人的政治購買力是由其對政治事務所投注的精力來衡量的話，情況仍未能獲得改善，因爲一個人的職業等級和教育程度仍大大決定了他的精力投注的可能回報。就此而言，政治冷漠乃是社會及經濟不平等的結果，許許多多公民之不參與投票，乃是因爲他們認爲其

投票與否並不能提高其政治需求之被滿足的可能性，馬克弗森因而指出，「均衡式民主」所宣稱的，其民主模式得以達成最大的均衡的說法並不是實情，「較高的『社會——經濟階級』的需求才是最有效的，…下層階級則是冷漠的」❸，最大的均衡實際上只是一種不平等的均衡。

　　第三，「均衡式民主」模式雖然宣稱它提供了一種民主的政治消費者的主權，但事實上這只是一種幻象，在「均衡式民主」模式所設想的體制裏，政治市場並不是一個完全競爭的市場，而是一個寡佔的市場，極少數的政黨（亦即精英的組合）做為政治財貨的賣方及供給者，聯合壟斷了整個市場。他們所供給的政治財貨不一定是政治消費者所需要的，而政治消費者所迫切需要的政治財貨又不一定為這些寡佔的供給者所提供。尤有甚者，這些處於寡佔狀態的政治財貨的供給者，在很大的程度上又往往是政治需求的創造者（亦即供給創造了需求，而非需求創造了供給），「在一個寡佔的市場裏，需求並不是自主的、並不是一個獨立變項。」❹ 而此一寡佔情勢之所以被「均衡式民主」的理論家們忽略的原因，則是因為他們預設了選民（政治消費者）的選票並不是、也不能夠是政治體系的終極的獨立變項，而此一預設又源自於另一個更根本的預設，那就是民主的政黨制度在本質上就是精英之間的競爭，選民只是消極地賦予其中一組精英之統治的正當性的法源。至此我們可以看出，「均衡式民主」模式所給予的政治消費者的主權是十分間接而又十分有限的，更進一步說，這種主（政治消費者）客（政治財貨的供給者）易位的「消費者主權」，也很難被認為是民主的消費者主權。

　　從以上的分析可知，馬克弗森雖然認為「均衡式民主」模式

在描述當前西方民主政體的運作實況時,有著相當程度的準確性,但他也指出「均衡式民主」模式做為一種合理化理論則是問題重重的, 換句話說, 「均衡式民主」的理論家們並沒有去證成該民主模式是極權政治之外的唯一的選擇。做為當前西方世界主導的自由主義民主模式, 「均衡式民主」模式從來不去探索或思考人做為一個政治行為者的新的可能性, 而如杭廷頓(Samuel Huntington)、貝爾 (Daniel Bell) 等「均衡式民主」的保守的修正主義者, 雖曾對多元需求對民主體制所形成的過度政治負荷有所警覺, 但他們對人的新的可能性之缺乏想像則並無不同。整體地說, 馬克弗森認為「均衡式民主」模式無法擺脫將人視為是「無止盡的物質欲求者」的先入之見, 這也是其無法激發出更人道的民主想像的主要原因❾。馬克弗森所無法接受的是, 公民僅僅被當做是政治市場裏的缺乏實質主權的消費者, 以及民主僅僅只是精英之間的寡佔競爭, 而這正是「均衡式民主」模式所呈現的圖像。

第四節　民主想像的再展開

政治可能只是一種權力和妥協的藝術, 但政治也可能是一種追求更人道的生活方式的不斷想像。民主思潮的展開和民主政治的實驗, 或許算得上是這種想像的最晚近版本之一。十七世紀的普芬朵夫 (Samuel Pufendorf) 曾謂, 「一個公民的一般的責任包括了對於國家的統治者, 或國家做為一個整體, 或他的同胞的責任」, 而在對同胞的責任的層次上, 公民被要求「和他的同胞生活在和平與友誼之中, 懇切而知道感恩。」❿當然, 普芬朵夫

並不能算是一個民主主義者，但他關於公民對其同胞之責任的規約，則貼切地表徵了前自由主義民主（盧梭、摩爾）及約翰・彌爾的民主理論的基本精神。但在邊沁、詹姆士・彌爾、熊彼得及其他的「均衡式民主」理論家身上，公民的責任則是以截然不同的形式來表現的。誠如哥倫比亞大學的文學理論家及東方主義（orientalism）的研究者薩伊德（Edward Said）所說的，「如同人和批評的學派一般，理念和理論也會旅行 —— 從人到人，從情境到情境，從一個時期到另一個時期，而文化生活及知識生活往往是由這種理念的流通所滋養和維持」⑩，民主理論的歷史發展也脫離不了這種不斷旅行及流動轉化的性格。馬克弗森對自由主義民主思潮的研究，就上述的意義來說，即在於解析其旅行的路徑，以及不同旅程裏的公民的存在意義和可能性。

　　馬克弗森指出，自由主義民主思潮乃是在承認階級分立社會的不可變性的前提下，而試圖在此種社會裏構築民主體制的努力。自由主義民主體制的出現並非出自於統治階級的主動的善意，而是由資本主義市場社會的生產關係所產生的下層階級的不斷抗爭才成為事實的。為了收編及吸納對其處境的自覺日益清楚的勞動階級，原先就已穩固確立的自由主義國家遂透過選舉權的普遍開放來達成其目標。但與前自由主義民主思潮不同的是，自由主義民主思潮（「發展式民主」的理論家除外）逐漸揚棄了前者的追求更好的社會的人本主義立場，並轉而以在問題重重的資本主義市場社會裏建構起能夠維持穩定運作的民主政府為其目標。對馬克弗森來說，這種從民主社會到民主政府的退縮，代表了人本主義的衰微以及民主理想的隕落，也表徵了公民做為一種政治身分的貧弱化。從另外一個角度來看，自由主義民主思潮（約翰・彌爾

等「發展式民主」的理論家除外）的歷史發展所顯示的是，政治理論愈來愈缺乏其所欲合理化的價值，並逐漸以做為一種描述的或詮釋的理論為其新面貌（當然，在經驗政治學來說，這意味著更為「科學」的進步）。而馬克弗森為自己所設定的任務之一，就是透過對政治思潮的歷史嬗變（或者說旅行路徑）的分析，來重新確立價值問題在政治理論裏的重要性。

我們可以說，馬克弗森並不以做為政治理論的旅行路徑的觀察者及分析者為滿足，他更期望介入此一旅行路徑的未來轉折，而他藉以介入的裝備則是人本主義的信念及政治經濟學的素養。對他來說，前自由主義民主思潮及約翰・彌爾等人所堅持的人本主義，是政治理論應該走的方向，但由於他們對其社會裏的經濟因素的政治作用缺乏深刻的了解，使他們的政治理論及民主理想顯現出內在的困難。因此，「我們需要一種新的政治經濟學，同時我們也必須在不忘記早期的民主理論的人本主義目標的認識下，去發展這樣的政治經濟學；使早期的民主理論顯得烏托邦傾向的，並不是其人本主義，而是其錯誤的政治經濟學。」**⑫**而在進一步討論馬克弗森的政治經濟學之前，我們或許應該先就馬克弗森關於自由主義民主思潮的研究，做一些反省和總結。

(一)馬克弗森研究十七世紀英國政治思想所得到的結論——亦即，佔有式個人主義乃是當時（同時也是爾後的主流的）政治理論的基本預設——，再度在他對自由主義民主思潮的研究裏得到進一步的延續和印證。如果說他的前一項工作確立了佔有式個人主義乃是政治現代性的主要軸線，那麼，他的後一項工作則更加突顯了這樣的政治現代性如何影響十九世紀以來的民主思潮的發展。邊沁及詹姆士・彌爾可謂完全繼承了佔有式個人主義對人

及社會的理解，而約翰・彌爾則試圖對這樣的理解做反動，但自熊彼得以降佔有式個人主義又佔了上風。馬克弗森的企圖就是要以更精確的政治經濟學，來繼承約翰・彌爾的人本主義的民主理想。其背後的思維乃是，除非對社會、經濟結構有著深入的理解，否則人本主義的政治理論就難以找到準確的焦距，就難以在理論與實踐之間建立起連繫的渡橋。準此以論，成熟時期的馬克弗森的理論事業，確實是以他的歸結出政治現代性的主要徵候為起點，建立了一個檢測他人的理論的標尺，同時也以之做為推展他自己的理論的立足點。

（二）從無階級社會或單一階級社會的民主理論到階級分立社會的民主的演化，並不意味著民主理想的直線式進步，而只是反映了民主理論如何因應著社會、經濟結構的變化所呈現的旅行路徑的轉折。馬克弗森認為，除了「發展式民主」模式外，自由主義民主理論的基調是在鞏固資本主義生產關係的前提下，去設想民主政府的可能性的保守式政治理論。但對馬克弗森來說，民主理論不應該僅僅只以建構一個可行的民主政府為目標，而是應該以形塑一個民主的社會為最終鵠的；就此而言，馬克弗森的政治理論仍包含了濃厚的希臘式性格，他期望在新的社會、經濟基礎上，去探索道德人與道德的公民相合為一的可能性。如緬度絲（Susan Mendus）所分析的，『『自由主義人』（liberal man）是私己的及孤獨的（他是一個自由而獨立的個我），然而希臘人在本質上則是社羣的一個成員（他是由其在社會中的角色所界定的）；『自由主義人』是自主的及自我主宰的（他選擇構成個我的承諾 —— 對其妻子、朋友及子女的承諾），然而希臘人則是依賴的及被決定的（他接受他在世界中的角色，承認那些大部分是無法自行選擇

的義務——對手足、父母及城邦的義務)。」⑩但問題在於，這種自由主義的個人主義嚴重地缺乏保留給悲劇性的及傷感的人和情境的空間，並剝奪了了解他人（同時也是了解自己）的更大的可能性⑩。必須指出的是，馬克弗森政治理論的希臘性格並不是全盤繼承的，他並不希望承接希臘人的依賴性與被決定性，而是冀望建構一種將社羣精神（這無疑地乃是希臘性的最根本的特徵）具體地落實到經濟結構及制度設計之中的新的政治秩序。在這樣一種新的政治秩序裏，每一個人仍將可在嶄新的格局裏維持他的自主性和自我主宰權。

(三)馬克弗森否定「均衡式民主」模式做爲一種合理化理論之正當性的理由已如上述（請見3.3），但在此必須補充的是，馬克弗森固然是從「均衡式民主」模式本身的內在理路去否定其宣稱的正當性，然而在意識型態的層次上，這也充分反映了馬克弗森在關於公民的可能性及參與的積極性等問題上，乃是採取了與「均衡式民主」模式相對峙的立場。在當前居於支配地位的「均衡式民主」模式認爲，民主就是政治財貨的消費者與供給者之間的市場式互動，而供給者又必然是此種交易過程的發動機，再者，那些對自身的政治功效感抱持著低度評價的公民之不積極參與政治，反而是有利於政治體系之穩定的——亦卽，多數公民的政治冷漠有其正面功能，而參與爆炸則會破壞政治體系之穩定。但我們必須追問的是，究竟民主的原始目的是維持政治體系的穩定，抑或是使公民能夠更有效地成爲政治體系的主人？顯而易見地，前者很難被證成是民主的核心目標（許多的非民主政體也能夠維持高度的政治穩定），但「均衡式民主」模式則正是以此爲滿足的。對於這種「膽怯的保守主義」 (timid conservatism)

⑩，馬克弗森是絕不苟同的。他無法接受民主的公民只可能是一個被動的、被操控的政治消費者的意識型態，如同約翰‧彌爾一般，他深信參與有其正面功能，而如果參與的格局以及每一個人的參與的條件都獲得結構性的改良，則公民做為一個整體將有更大的可能去開創一種更積極的、更平等的、更符合民主精神的政治結合關係。

總結地說，馬克弗森研究自由主義民主思潮的歷史轉折所得到的結論是： 民主不應被窄化成一種政府的形式， 民主應該廣義地指涉著一種社會類型； 任何限制或壓抑公民之參與的民主理論，都扭曲了民主理想的激進本質及批判意涵； 民主理論與實踐的革新必須從對人及社會的基本假設出發，這種立足點的轉換也是政治理論在尋求新出路時的憑藉； 在結構的面向上，民主的進一步發展必須配合著對資本主義之經濟基礎的再反省和再評估，唯有同時注重到人做為一個行為主體的可能性以及他所依存的客觀結構之間的相互關係，才能更具體地梳理出改革的想像。對馬克弗森來說，當前的民主理論及實踐面臨著嚴重缺乏民主想像的困境，他的企圖則在於再度展開新的民主的想像，他稱其民主理想為「參與式民主」（participatory democracy），我們將在第六章再詳述其要旨。

熊彼得曾謂：「一個政治學家就是一個既不懂得法律學、也不懂得經濟學及社會學的人。」⑩就某個意義來說，這大抵上是十分正確的，但熊彼得忘了進一步指出，好的政治學家則擅長思考法律、經濟及社會問題的政治意義。歐威爾（George Orwell）在談到他為何要寫作時，曾指出四項理由，其中之一就是政治目的：「讓世界往某個特定的方向推進的欲望，以及改變他人對於

什麼樣的社會才值得追求的想法的欲望。」❿ 我們似乎可以說，宏觀取向的政治學家之從事著述，主要地卽是由歐威爾式的政治目的所推動的。在下面兩章裏，我們就要檢討做爲一個政治學家的馬克弗森，如何帶著特定的政治目的去探究當前人類經濟結構的政治意義，亦卽，分析馬克弗森的政治經濟學。

註　釋

❶ Jonathan Swift, *Gulliver's Travels*, ed. by Paul Turner, Oxford: Oxford University Press, 1986, part two, ch. 7, pp.129–130.

❷ Norberto Bobbio, *Liberalism and Democracy*, London: Verso, 1990, p.37.

❸ Jack Lively, *Democracy*, Oxford: Blackwell, 1975, p.3.

❹ David Held, *Models of Democracy*, Cambridge: Polity, 1987.

❺ Macpherson, *The Real World of Democracy*, pp.1, 12 and 33.

❻ *Ibid.*, p.6.

❼ *Ibid.*, p.9.

❽ *Ibid.*, p.10.

❾ *Ibid.*, p.11.

❿ Barry Holden, *Understanding Liberal Democracy*, Oxford: Philip Allan, 1988, p.11.

⓫ Macpherson, *The Real World of Democracy*, p.19.

⓬ *Ibid.*, p.18.

⓭ *Ibid.*, p.21.

⓮ *Ibid.*, p.22.

⑮ *Ibid.*, p.31.

⑯ *Ibid.*, p.32-33.

⑰ *Ibid.*, p.36.

⑱ *Ibid.*, p.37.

⑲ John H. Hallowell, *The Moral Foundation of Democracy*, Chicago: University of Chicago Press, 1954, pp.76-79.

⑳ Macpherson, *The Life and Times of Liberal Democracy*, p.1.

㉑ Hallowell, *op. cit.*, p.80.

㉒ Macpherson, *The Life and Times of Liberal Democracy*, p.3.

㉓ *Ibid.*, pp.3-5.

㉔ *Ibid.*, p.6.

㉕ *Ibid.*, p.7.

㉖ *Ibid.*, p.8.

㉗ Held, *Models of Democracy*, p.7.

㉘ Macpherson, *The Life and Times of Liberal Democracy*, p.9.

㉙ *Ibid.*, p.12.

㉚ Thomas More, *Utopia*, ed. by G. M. Logan & R. M. Adams, Cambridge: Cambridge University Press, 1989, book II.

㉛ 引自 Christopher Hampton ed., *A Radical Reader: The Struggle for Change in England, 1381-1914*, Harmondsworth: Penguin, 1984, p.200.

㉜ *Ibid.*, p.230.

㉝ *Ibid.*, pp.235-236.

㉞ Jean-Jacques Rousseau, *Discourse on Political Economy* in *On the Social Contract and Discourses*, trans. and ed. by Donald Cress, Indianapolis: Hackett, 1983, p.179.

㉟ 雖然馬克弗森在《佔有式個人主義的政治理論》一書裏曾指出，平等派只能算是激進的自由主義者，而非激進的民主主義者（詳見本書第二章第四節）。但姑且不論其對工資賺取者與收受救濟金者的歧視，平等派的終極理想可謂是一種人人皆有自足之資產的單一階級的民主社會。如果人人皆有自足之資產，皆不再仰賴他人，而能昂然自立，則其原先的歧視標準卽不能成立。準此，馬克弗森關於平等派的論點並無矛盾之處。

㊱ Macpherson, *The Life and Times of Liberal Democracy*, p. 21.

㊲ Joseph A. Schumpeter, *Capitalism, Socialism and Democracy*, New York: Harper & Row, 1976, chs. XXI and XXII.

㊳ Terence Ball, *Transforming Political Discourse: Political Theory and Critical Conceptual History*, Oxford: Blackwell, 1988, p.16.

㊴ Macpherson, *The Life and Times of Liberal Democracy*, p.23.

㊵ *Ibid.*, p.43.

㊶ Jeremy Bentham, *An Introduction to the Principles of Morals and Legislation*, ed. by J. H. Burns and H. L. A. Hart, London: Methuen, 1982. ch. I.

㊷ *Ibid.*, p.12.

㊸ Jeremy Bentham, *Constitutional Code;* 引自 Macpherson, *The Life and Times of Liberal Democracy*, p.36.

㊹ James Mill, "Essay on Government" in Jack Lively and

John Rees eds., *Utilitarian Logic and Politics,* Oxford: Clarendon Press, 1978, p.63.

㊺ Macpherson, *The Life and Times of Liberal Democracy,* p. 24.

㊻ *Ibid.,* p.30.

㊼ *Ibid.,* p.34.

㊽ *Ibid.,* pp. 35,37.

㊾ James Mill, *op. cit.,* p.79.

㊿ *Ibid.,* p.89.

(51) Macpherson, *The Life and Times of Liberal Democracy,* p. 43.

(52) Frederick Rosen, *Jeremy Bentham and Representative Democracy,* Oxford: Clarendon Press, 1983, pp.222-228.

(53) J. S. Mill, *Chapters on Socialism* in *On Liberty and Other Writings,* ed. by Stefan Collini, Cambridge: Cambridge University Press, 1989, p.223.

(54) *Ibid.,* p.224.

(55) Macpherson, *The Life and Times of Liberal Democracy,* p. 44.

(56) Dennis F. Thompson, *John Stuart Mill and Representative Government,* Princeton: Princeton University Press, 1976, pp.9ff.

(57) J. S. Mill, *On Liberty* in *On Liberty and Other Writings,* p.58.

(58) Macpherson, *The Life and Times of Liberal Democracy,* p.47.

(59) J. S. Mill, *Considerations on Representative Government* in

124　馬克弗森

Three Essays, ed. by Richard Wollheim, Oxford: Oxford University Press, 1975, p.167.

⑥⓪ *Ibid.*, p.170.

⑥① *Ibid.*, pp.211-212.

⑥② J. S. Mill, "Thoughts on Parliamentary Reform" in *Dissertations and Discussions*, Vol. 3, London: Savill and Edwards, n. d., p.17.

⑥③ J. S. Mill, *Principles of Political Economy*, Harmondsworth: Penguin, 1970, pp.358-359.

⑥④ *Ibid.*, p369.

⑥⑤ *Ibid.*, p.378.

⑥⑥ *Ibid.*

⑥⑦ Mill, *Considerations on Representative Government* in *Three Essays*, p.282.

⑥⑧ *Ibid.*, pp.290f, 282f; Mill, "Thoughts on Parliamentary Reform" in *Dissertations and Discussions*, Vol.3, pp.21f.

⑥⑨ *Ibid.*, pp.279-281.

⑦⓪ Macpherson, *The Life and Times of Liberal Democracy*, pp.57-58.

⑦① *Ibid.*, p.60.

⑦② *Ibid.*

⑦③ C. L. Ten, *Mill on Liberty*, Oxford: Clarendon Press, 1980, ch. 5.

⑦④ Macpherson, *Democratic Theory*, pp.174-175.

⑦⑤ Macpherson, *The Life and Times of Liberal Democracy*, p. 70.

⑦⑥ 馬克弗森以很長的篇幅來說明西方政黨制度的政治作用，詳見 *Ibid.*,

pp.64-69; 另參考 Macpherson, *Democracy in Alberta,* pp. 243f.

⑰ John Dewey, *Freedom and Culture* in *John Dewey: The Latter Works, 1925-1953,* Vol.13, ed. by J. A. Boydston, Carbondale and Edwardsville: Southern Illinois University Press, 1988, p.151.

⑱ John Dewey, "Creative Democracy——The Task before Us" in *John Dewey: The Latter Works, 1925-1953*, Vol.14, ed. by J. A. Boydston, Carbondale and Edwardsville: Southern Illinois University Press, 1988, p.229.

⑲ John Dewey, "The Economic Basis of the New Society" in *John Dewey: The Latter Works, 1925-1953,* Vol.13, p. 320.

⑳ John Dewey, *Liberalism and Social Action* in *John Dewey: The Latter Works, 1925-1953,* Vol.11, ed. by J. A. Boydston, Carbondale and Edwardsville: Southern Illinois University Press, 1987, pp.61-62.

㉑ Macpherson, *The Life and Times of Liberal Democracy,* p.74.

㉒ Macpherson, *Democratic Theory,* pp.78-79.

㉓ Macpherson, *The Life and Times of Liberal Democracy,* p.77.

㉔ Schumpeter, *op. cit.,* p.250.

㉕ *Ibid.,* pp.251-256.

㉖ *Ibid.,* pp.264-268.

㉗ *Ibid.,* pp.257ff.

㉘ 不少當代論者曾明確地指出，熊彼得將十九世紀之前的民主理論籠統

地歸結爲單一的「古典民主學說」的舉措，是極不恰當的。因爲事實上
並不存在著一種唯一的「古典民主學說」，將盧梭、邊沁、約翰‧彌爾
等人的內在差異性極大的民主理論簡化成單一的學說，只是一種攻擊
稻草人的作爲。詳見 Carole Pateman, *Participation and De-
mocratic Theory,* Cambridge: Cambridge University Press,
1970, pp.17f; Steven Lukes (with Graeme Duncan), "The
New Democracy" in his *Essays in Social Theory,* New
York: Columbia University Press, 1977, pp.30-51. esp.
pp.32f; Held, *op. cit.,* pp.170f.

⑧ Schumpeter, *op. cit.,* p.269.

⑨ Anthony Downs, *An Economic Theory of Democracy,* New
York: Harper and Row, 1957, p.29.

⑨ Macpherson, *The Life and Times of Liberal Democracy,*
pp.78-79.

⑨ 參見 Robert A. Dahl, *A Preface to Democratic Theory,*
Chicago: University of Chicago Press, 1956, pp.150-151.
道爾在這裏主要是以美國的政治體系爲評估的對象。

⑨ Macpherson, *The Life and Times of Liberal Democracy,*
pp.81-82.

⑨ *Ibid.,* pp.84-85.

⑨ *Ibid.,* p.86.

⑨ *Ibid.,* p.87.

⑨ *Ibid.,* p.89.

⑨ *Ibid.*

⑨ Macpherson, *The Rise and Fall of Economic Justice,* pp.
128-129.

⑩ Samuel Pufendorf, *On the Duty of Man and Citizen*

According to Natural Law, trans. by M. Silverthorne and ed. by J. Tully, Cambridge: Cambridge University Press, 1991, p.175.

⑩ Edward Said, "Travelling Theory" in his *The World, the Text and the Critic,* Cambridge, Mass.: Harvard University Press, 1983, p.226.

⑩ Macpherson, *The Rise and Fall of Economic Justice,* pp. 131-132.

⑩ Susan Mendus, "Liberal Man" in G. M. K. Hunt ed., *Philosophy and Politics,* Cambridge: Cambridge University Press, 1990, p.47;「自由主義人」的引號爲筆者所加。

⑩ *Ibid.,* pp.56-57.

⑩ Lukes (with G. Duncan), *op. cit.,* p.48.

⑩ 熊彼得的日記裡包含了許多簡潔的「智慧語錄」，這是其中的一則，引自 Richard Swedberg, *Joseph A. Schumpeter: His Life and Work,* Cambridge: Polity, 1991, p.200.

⑩ George Orwell, "Why I Write" in his *The Decline of the British Murder and Other Essays,* Harmondsworth: Penguin, 1953, p.184.

第四章　經濟的政治㈠：財產

　　劍橋大學的但恩在他晚近的一篇文章裏曾指出，任何條理連貫、內容適切的現代政治理論，至少必須包含下列三項要素：（1）一個清楚的關於個人的善（individual good）的觀念；（2）關於權力該如何被制度化的憲政理論；（3）一個能被證明爲有效的經濟政策的觀念❶。是不是具備上述三個要素的政治理論就是一個符合我們當前需要的政治理論，當然仍有商榷的餘地。不過，不容否認的是，任何在理論上及實踐上要能有深刻啓發性的現代政治理論，不能也不可能不注重到當前人類經濟生活對政治的重大影響。但恩所謂的有效的「經濟政策」的觀念，涵蓋面似乎太過狹窄，不過，他之強調經濟面向的重要性，則是十分正確的。

　　如前文所分析的，馬克弗森是對人類政治與經濟之間的互動關聯，給予高度的實質關注的少數當代政治理論家之一。他對十七世紀佔有式個人主義之興起所做的詮釋，正是帶著這樣的問題意識去展開的。就某個角度來說，他對十七世紀以降英語世界政治理論的研究所得到的結論，就是要用來說明，重視經濟與政治互動關係的論述途徑，是一個可以被合理化、同時也是扣緊了近代以降人類政治生活的實質內容的論述途徑。此外，他對當前的經濟活動與結構的政治作用的細部分析，則是用來說明揚棄或跨越佔有式個人主義的必要性。

　　早在十九世紀初期，貢斯坦（Benjamin　Constant）在他

著名的〈古代人的自由與現代人的自由之比較〉（一八一九）一文裏就提醒過：

> 「古代的自由的危險乃是，由於人們太過於關注確保他們對社會權力的分享，而可能對個人權利及享受太過忽視。現代的自由的危險則是，因為太過沉溺於我們的私己獨立性的享受，以及我們的個別利益的追求，我們會輕易地放棄享有政治權力的權利。」❷

貢斯坦的主題當然是自由，但是他也清楚地指出了經濟利益已然成為當時人們的主要關注，而對於二十世紀末葉的人類來說，這種關注只是愈來愈強烈。在人類生活愈來愈「經濟化」的景況下，非經濟面向的人類活動就更加受到經濟活動的組織方式及運轉律則的左右，政治當然也不能倖免。

對馬克弗森而言，如果人類政治要能有更人道的出路，如果人類實現要能有更豐碩多采的內容，那麼，我們就必須試圖去深刻地思考那些被多數人（包括政治理論家在內）毫不質疑地接受的經濟單元或制度，並嘗試找出可能的改善之道。再者，馬克弗森也強調，設若我們對政治與經濟之間的交互關係有更深入的認識，「就能有更好的機會去了解當今的不同政治哲學的限制及可能性。」❸本章及下一章將分別就財產、經濟民主、經濟正義及市場等問題，探討馬克弗森在這些方面所做的努力。

第一節　財產與政治理論

在人類的社會關係當中，財產關係是有其獨特重要性的。財

產關係的形式一方面決定了經濟活動的範圍與結構，另一方面也
影響了特定的政治價值如自由、平等和正義在特定社會裏的存在
面貌。也就是說，不同的財產關係或財產制度就會形成不同的經
濟構造，並會使自由、平等和正義的實質內容發生轉化。此外，
財產關係也是探討民主時所不容忽視的課題，馬克弗森曾指出：

> 「不僅是民主的發生過程，即使是民主的當前處境與未
> 來，都和財產關係的問題有著緊密的關聯。因此，從財產
> 的角度來檢視民主理論的基本假設，乃是十分重要的。」❹

質言之，具有大構圖的政治理論在描繪其理想社會時，都需對其
中的財產關係表達一個明確的立場。柏拉圖《理想國》之要求統
治階層應受共產制之節制，而強調中庸之道和順應人性的亞里斯
多德之要求保留私有財產俾使人表現慷慨的美德，自由主義之堅
持私有財產乃是個人自主性之基礎，都是顯例。做為一個大構圖
政治理論的現代鋪陳者，馬克弗森自不例外。在關於財產的討論
裏，馬克弗森的主要任務有三：（一）分析財產觀念的歷史發展及
轉折，並指出其所傳達的不同政治意涵；（二）探討當前財產觀念
的本質，以及與自由主義民主的關係；（三）提出一個在他看來更
符合人類的自我實踐和民主社會之需要的新的財產觀。

財產雖然是關於物質所有權之歸屬的一種關係，但在馬克弗
森看來，財產仍隱含著濃厚的政治性，「財產是人與人之間的政
治關係。」❺財產制度是人所創造出來的，同時也是由社會或國
家所擔保及賦予強制力的，而同別的人為制度一樣，其之被創造
是為了滿足特定的目的，而在滿足特定目的的同時，它也在人與

人之間建立一種特定的關係。再者，「財產既是一種制度，也是一種概念，而隨著時間的推移，此一制度和概念就交互影響。」❻而不同的政治理論基於其對何謂理想的政治社會的不同判斷，即會有不同的財產概念，並要求落實不同的財產制度。不過，值得注意的是，不同的財產制度並非完全出於政治理論的創造，更常見的情況是，不同的政治理論是在爲不同的財產制度做辯護或合理化。此外，馬克弗森也指出，特定的政治理論所抱持的財產觀與其所假設的人性觀也有著緊密的關係，因此，「關於人的概念是與財產概念明顯地相互糾結的。」❼而某些政治理論家如約翰·彌爾和格林（T. H. Green）之無法解開其理論的糾結，就是因爲他們所抱持的人性觀與財產觀相互矛盾，或者說其財產觀阻礙了其人性觀的落實❽。

財產這個概念的複雜性就如密諾格（Kenneth Minogue）所形容的像是一座冰山，表面單純，實則繁複無比❾。而要標示出財產對於人類政治生活和政治理論的重要性，馬克弗森首先必須釐清財產做爲一種制度及概念的歷史發展，同時也必須指出當前所流行的狹義的財產觀，乃是一種歷史的產物，一種可能同時也應該被重新改造的歷史產物。

馬克弗森認爲，人們對於財產的理解以及財產本身的意義，隨著時代的不同而有所改變，再者，其改變的方向則是順應著一個社會的支配階級對於財產制度所應達成的目的，而抱持的期待或想法去趨近的。在今天，人們往往習以爲常地認爲財產就是一項人們所擁有的東西或事物（thing），但事實上這並不是財產的原始意義。財產是一種權利（right），「一種可以使用某種事物或從某種事物取得利益的強制性宣稱的權利」❿，而不是一項事

物；財產之被窄化成一種事物乃是十七世紀市場社會逐漸成形之
後的現象。當資本主義市場經濟逐漸成爲一種主導的經濟型態之
後，原先不能被私自出售或轉讓的對於特定事物的權利（例如使
用土地的權利、收取租金的權利等等），變成一種可以售賣的商
品（一種對於特定權利的可以出售的絕對權利），因而使權利與
事物之間的分野變得模糊不清❶。此外，今天的人們又很自然地
認爲所謂財產就是私有財產，亦卽，除了私有財產之外，似乎沒
有其他形式的財產存在。馬克弗森指出，這又是源自於十七世紀
的另一種定型觀念，事實上，早在中世紀卽普遍存在著國家財產
（state property）和公有財產（common property）。國家
財產是國家（政府）專有的財產，公有財產則是人民都能享有的
使用公共設施的權利，而公有財產乃是最純粹的一種財產形式，
其起源較諸其他的財產形式都要來得更爲久遠❷。

　　在現今的資本主義國家裏，私有財產被給予一種不容侵犯的
絕對性，保障私有財產也成了政府的主要職責。但在歷史上，
政治理論家們對於私有財產的態度並不是那麼的一致。柏拉圖認
爲統治階層如果擁有私有財產，將會妨礙其對於善的生活的追尋；
亞里斯多德則認爲，私有財產有助於人類能力的發展與資源的有
效利用。早期的基督教對於私有財產並不給予正面的評價，聖奧
古斯丁則認爲私有財產旣是對原罪的懲罰，也是對原罪的局部矯
正（partial remedy），而阿奎納斯則主張私有財產的存在與自
然法相符。再者，近代之前的法律及理論都承認公有財產的存在，
如公園、神殿、市集、街道、公有地等等。布丹（Jean Bodin）
甚至指出，沒有公有財產的存在就無法孕育出社羣感，也無法造
就有生命力的國家，而私有財產的存在價值就是使人民更能領會

公有財產的可貴。一直要到市場社會逐漸成型（大概是十七世紀），財產才被等同爲私有財產，也因此休姆才能將財產界定爲排除任何他人的個人使用權❸。基於上述，馬克弗森指出：

> 「只有當我們進入了完全的資本主義市場社會，亦即十七世紀，公有財產的理念才全然消失；此後，『公有財產』似乎成了一個術語上的矛盾。」❹

質言之，財產之被窄化成私有財產，以及一種排除他人的絕對權利，乃是社會變遷之下的產物，或者說，乃是與新浮現的社會經濟體制呈共生關係的必要的調適。新的體制需要新的財產觀，新的財產觀做爲一個足以瓦解舊秩序的新的經濟單元，則促成新體制的蓬勃發展。但既然這樣窄化的財產觀是爲了適應特定時代（市場社會）之需要的產物，當我們看到了它不能再被忽視的負面作用，當我們試圖去思索更能滿足普遍的人類需要的新社會體制時，我們就有充分的理由對這樣的窄化的財產觀，提出質疑和再思考的要求，這也是財產所顯現的政治性當中的一個重要面向。

　　由上述可知，馬克弗森對財產歸結出三大特性：(1) 財產是一種個人權利。私有財產自不待言，公有財產和國家財產雖然在權利歸屬的範圍有所不同（前者爲全體人民，後者在實際上乃是屬於政府最高統治階層的少數人），但它們仍然是在做爲一種個人權利的情況下方才存在，如果不是以特定個人所得以享有的權利之方式而存在，公有財產和國家財產的概念是無法落實的。也就是說，國家創造權利，而個人享有權利。(2)財產是一種權利，而不是一種東西或事物。這樣的理解使財產能夠超出偏狹的物質

佔有物的層次，並且表現出人與人以及人與物之間互動關係的特質。(3)財產是由國家或社會（或者如邊沁所說的是由法律）所創造的一種強制性宣稱。如果不是由國家來監督及保障，則財產做爲一種權利將如同在自然狀態一般，根本缺乏強制的確定性⑮。

更進一步說，馬克弗森認爲財產的概念和政治研究的其他概念一樣，都是出自理論家的創造；並且，不同的財產觀又是在爲不同的體制做辯護（當然，馬克弗森所要倡導的新財產觀亦復如此，詳見下文）⑯。而既然馬克弗森是以修補 (to retrieve) 自由主義民主的理論與實踐爲職志，因此，解剖自由主義民主所依附的財產觀，就成了他的重要任務。這樣的解剖作業也是馬克弗森用來指陳特定理論家之理論體系的內在矛盾的重要論據。

第二節　自由主義民主與財產

「財產一直是政治理論的主要關懷，尤其對自由主義理論更是如此。」⑰ 自由主義理論是緊密固守著個己所有權（self-ownership）的理論⑱，自由主義的長處因此而生，其弱點亦由此而來。自由主義理論認爲私有財產權乃是個己所有權的必然延伸，自洛克以來，人擁有其自身，因此由其自身之勞動所獲得的成果亦歸其所有的論證，已成了自由主義的核心論題。對個己所有權的堅持有效地促進了人類自由的保障，同時也是使人類從封建社會的枷鎖步向獨立的個人自主性的重要步伐，可謂是不假多疑的歷史事實。不過，在這些成就底下，仍存著令人憂慮的副作用，當代的自由主義者貝奇勒（Jean Baechler）對於此一憂慮

即有著貼切的表達：「政治自由顯然地依賴著私有財產，但財產造成了不平等，而不平等又危害到自由。」[19] 但即使當代自由主義者已然意識到這樣的矛盾，他們最終依舊認爲現有的、被狹義理解的私有財產，仍然是維護個人自由所不可替代的保證，因爲私有財產乃是「個人人格屬性的延伸」[20]，剝奪了私有財產即形同取消了個人的存在價值。

面對這樣的處境，自由主義的批評者或企圖超越自由主義之困局的論者多半採取的道路是，廢除私有財產（像馬克思在《一八四四經濟與哲學手稿》和《共產黨宣言》所建議者）俾使不平等與剝削的問題得到「一勞永逸」的解決。必須指出的是，儘管馬克思對資本主義做爲一種社會體制有著最爲深刻透徹的分析，同時他所標示的理想社會的構成原則（「各盡所能，各取所需」）亦極具啓發性，然而，我們卻不得不對其廢除私有財產的主張抱持高度的懷疑，一種類似亞里斯多德對柏拉圖在相同問題上的懷疑。我們的問題在於，廢除了私有財產之後，個人與個人之間的互動關係是不是就能表現出有著利他主義色彩的社羣精神？個人的自主性該如何被確保？公共事務的主管機構該如何被節制？以及，生產活動應該以哪一種經濟單元來展開而仍能使產出符合社會之所需？這些質疑並不意味著社會主義已喪失其可欲性，而是說當我們在思考改善社會的可能時，絕不能忽視對個人價值所可能受到的侵害的考量，也不能無視於人類世界的變動（東歐自一九八○年代末期一直延續至今的巨大變動，是不應該被視若無睹的）。如果說馬克思對私有財產採取一種消極揚棄的態度，那麼，馬克弗森所採取的可謂是一種積極擴展的立場。也就是說，馬克弗森做爲一個激進的改革派理論家，總是希望從既存的現實

去尋找可能落實的改革路向，而不是要透過革命的翻動之後再去重建「美麗新世界」。在財產問題上，他的立場是一方面維持私有財產的格局，另一方面則要有效地擴充私有財產的內容，亦即，要有效地轉化私有財產既有的狹隘性，以期使私有財產不再僵滯於自由與平等的矛盾之中。更具體地說，自由主義是以私有財產來保障自由，但馬克弗森則企圖使私有財產既能保障自由，亦能兼顧有效的而非形式的平等。

　　然而，爲什麼自由主義民主底下的財產觀和財產制度無法達成這樣的目的呢？自由主義民主的財產觀的形成是隨著十七、十八世紀以來市場社會的漸趨定型而凝固確立的，此一財產觀的主要內容爲：(1)將財產等同爲私有財產，亦即，一種排除他人的使用特定事物或從特定事物獲得利益的個人權利。(2)認爲財產是一種對於物質事物 (material things) 的權利，而不是一種關於收入 (revenue) 的權利（事實上，後者乃是歷史更爲久遠的觀念，但自資本主義市場經濟興起之後，早先的不可轉讓或售賣的從土地、專賣權、特許權及特定職務取得收入的權利，逐漸變成關於自由保有的土地 (freehold land)、租約、機器廠房、貨幣等的可以轉讓或售賣的權利）。(3)認爲財產的主要功能在於提供一種勞動的誘因 (incentive to labour)。在市場社會興起之前，（私有）財產之所以被合理化主要是因爲它有助於實現其他的更高的價值，例如亞里斯多德認爲私有財產使人得以展現其人類本質，並是使公民獲致善的生活的手段，聖奧古斯丁認爲私有財產使人能夠節制及調和其原罪的本性，阿奎納斯則相信私有財產有助於維持人與人間的和平的、有秩序的關係。但自市場社會確立之後，加諸勞力之物即屬個人所有（勞動財產說）的觀念成

爲主流，這種新的財產觀一方面促成了生產活動的發展，另一方面則是維繫及開展新的市場關係所不可或缺者。凡此皆與中世紀的財產觀截然不同❹。而上述的自由主義民主的財產觀的三項特質，也間接說明了爲什麼資本主義與自由主義民主之間有著如此密切契合的血緣關係：那是因爲資本主義與自由主義民主分別是同樣的財產觀在經濟面向和政治面向的反映。這樣的財產觀乃是「資本主義市場社會的產物」❷，同時，它所提供的經濟基礎在最後也促成了自由主義民主在十九世紀的興起。

馬克弗森接著指出，自由主義民主的財產觀是一種過於狹窄的財產觀，其狹隘性一方面造成了當前自由主義民主所呈現的弊病，另一方面則阻礙了自由主義民主的改良。首先，自由主義民主的基本問題在於，它既要盡力去保障其財產觀所形塑的財產權及財產制度，並視之爲不容絲毫鬆懈的政治任務，又要努力去維護每一個人都能享有使用及發展其各自的人類能力的平等的有效權利 (equal effective right)。但是，自由主義民主的這兩項目標卻因爲其狹窄的財產概念而陷於相互矛盾的處境。因爲自由主義民主的財產觀透過市場的運作之後，形成了所有權日益集中於少數人手中的現象，使得極少數的人剝奪了其他的絕大多數人的實現其人類能力的機會，亦即，極少數人從絕大多數人那裏獲得了權力的淨轉移❷。其結果是每一個人發展其人類能力的平等的有效權利落了空，平等的有效權利只淪爲一種形式的平等，其眞正的情況則是嚴重的實質不平等，所以，「財產做爲一種人人都需要的、體現其人類本質的權利，卻未能給予大多數人」❷，對大多數人來說，「財產做爲一種成爲一個人所需要的權利乃是被否定掉了。」❷再者，這兩項目標的矛盾，從另外一個角度來看，

也是自由主義民主所同時包含的兩種難以調和的對於人的概念的
矛盾。自由主義民主一方面認爲人是效益(utilities)的消費者、慾
求者及極大化者(這與其狹窄的財産觀相合)，另一方面則又認爲
人是其自身人類能力的履行者、運用者和發展者(這與其平等的有
效權利的主張相合)❷。但如前文所述，馬克弗森認爲這兩種對於
人的概念是無法相互調和的，是故，自由主義民主對於人的概念
的矛盾也反映在其財産觀的困境之上。由此我們可以看出，人性
假設如何影響實質的政治與經濟運作，而此一相關性的闡明正是
馬克弗森在《佔有式個人主義的政治理論》之後的論述重點。

　　再者，馬克弗森又指出，在考察歷來西方政治理論對財産的
見解時，我們似乎可以概略地區分出兩種不同的態度，那就是不
同的理論體系是將財産視爲是一種手段或是一種目的。在馬克弗
森看來，從古希臘到中世紀，「私有財産制度都是做爲實現某種
倫理的或本體論的目的之一種手段而被合理化的」❷，不論特定
的理論家認爲私有財産的起源爲何，例如亞里斯多德認爲源自於
自然，聖奧古斯丁認爲源自於上帝之賜予，阿奎納斯則主張既是
源自於自然同時也是由於上帝之賜予，他們都視私有財産爲實現
某種倫理目的的一種手段。而霍布斯可謂是將財産本身視爲是一
種目的的開路先鋒，這種視財産爲目的的見解更在邊沁身上達到
最高潮❷，要言之，「在自由主義 —— 功利主義的傳統裏，從洛
克到邊沁，私有財産的累積被當做是一種目的。」❷由於此一傳
統以效益的極大化爲目的，而邊沁又以物質財富來測量效益(洛
克則隱含著財産的無限累積是一種自然權利)，因此其之以財産
的極大化或累積爲目的乃是必然的結局。從手段到目的的變遷，
不僅反映了政治理論家價值立場與其所構想的理想社會的轉化，

更傳達了其所身處的社會已發生鉅變的訊息，更明白地說，「從認為財產制度只是一種手段到認為財產的累積是一種目的的轉移，是與資本主義生產關係的興起齊頭並進的……，也是使資本主義生產關係得以被合理化所必須的。」❸ 準此，馬克弗森認為，從亞里斯多德到邊沁的長遠歷史裏，在不同時代佔有優勢地位的理論，可以說都是在支持並鞏固當時的生產模式所需要的財產結構，這些相繼出現的生產模式包括奴隸的、封建的、初期資本主義的以及擴張期資本主義的生產模式❸。這說明了經濟構造、財產制度與主流政治理論三者之間的緊密連繫。

馬克弗森也進一步補充，自十九世紀中葉勞動階級的生活處境逐漸受到重視並引發有識者的反省，同時勞動階級要求改善其處境的呼聲也日益高漲之際，像約翰・彌爾這樣的理論家也意識到不能再將財產視為是一種目的，而應該視之為一種手段，並思所補救❸。不過，問題在於，彌爾的這種自覺並無法扭轉自由主義民主和資本主義生產關係的內在慣性。也就是說，只要自由主義民主繼續倚賴著資本主義式的誘因，並以之做為生產的動力，那麼，自由主義民主就無可避免地要將資本（財產）的累積當做是一種目的，而不論其財產理論如何傾力去隱蔽此一事實，它都無法改變其表面宣稱（財產做為一種手段）與實質結果（財產做為一種目的）相互矛盾的本質❸。歸結地說，自由主義民主所倚賴的狹隘財產觀一方面使其所標榜的平等的有效權利無以落實，另一方面則使改良自由主義民主的努力無法有效地展開❸。再者，「認為財產乃是排除他人的對於特定事物之使用或從特定事物獲取利益的個人權利的狹隘財產觀，其之成為財產的典範乃是基於歷史的而非邏輯的原因：在前自由主義時代是因為人類天生不平

等的預設，因此需要排他性 (exclusiveness)；在自由主義時代
則是因爲個人的勞動歸其所有的預設，而需要排他性。」❸ 因此，
馬克弗森認爲，採取一種更爲寬廣的以及基於不同的人性假設的
新財產觀，乃是突破此一僵滯局面的關鍵。

第三節 新財產觀與人類實現

對於財產，如同在其他關鍵問題上，馬克弗森也抱持著與當
前主流政治理論不同的見解。在他看來，既存的狹隘財產觀在扮
演了它的具有解放作用的歷史角色之後，已無法再做爲進一步改
善人類處境的依據，「現在已經是需要一種新典範的時候了，在新
的典範裏，我們能夠期望去解決舊的典範所未能解決的難題」❸，
此外，「一種眞正的民主理論的修補，一種適切的自由理論的獲
致，以及這兩者在實踐的落實，都需要對財產的理論與實踐做全
新的檢視。」❸ 而此一財產的新典範的重點在於，擴大而不是更
加窄化財產的內容。

瑞弗 (Andrew Reeve) 曾指出，一個具有說服力的財產
的政治理論，必須滿足兩個條件。第一，它必須對任何的價值承
諾與它所期望的可欲的財產結構之間的關係，做清晰及有條理的
解釋；第二，它必須對現今的情境做出解釋，亦卽，如果合法的
財產不容於現有的制度安排，它就必須對何者應該被改變做出說
明並提出建議❸。我們以爲，馬克弗森所倡議的新財產觀的確滿
足了瑞弗所陳述的兩項要求。對馬克弗森來說，財產如果要從一
個妨礙自由主義民主之改良的經濟單元，轉化成一個得以有效改
良自由主義民主的嶄新的經濟單元，那麼，除了做爲一種排除他

人的個人權利外，還必須將不被他人排除的個人權利(the indi-
vidual right not to be excluded by others) 納入財產的內
容裏，俾使某些個人權利是排除他人的（這是維護個人自由所需
要者），而另一些個人權利則是不容被他人所排除的（這是保障
平等及人道的生活條件所需要者）。後一種個人權利乃是改造自
由主義民主之體質的希望所寄。

在排除他人的個人權利的範疇裏，主要包括了對於收入及
消費財（consumables）的權利（例如一個人有權排除他人
使用他的牙刷、襯衫、床舖，或食用他的晚餐）❸。而在不被
他人排除的個人權利的範疇裏，在改革的初期階段，人人都得
享有對於勞動手段（means of labour）的平等取得機會的個
人權利，乃是十分重要的。此外，馬克弗森又充滿想像地指出，
當人類生產科技及自動化水平提高到相當程度，使得生產勞動
的必要性日益減低後，對於勞動手段的不被他人排除的個人權
利，就不再那麼重要了❹。因此，更重要的是，財產做為一種
不被他人排除的權利應該是一種要求充分的合乎人道生活的個人
權利❹，而這種權利的落實無疑地必須在個人都能擁有政治權力
的前提下方才可能，職是之故，財產也應該包括政治權力的享
有❹。再者，財產做為一種不被他人排除的個人權利也應該是
一種「要求一組社會關係，要求一種社會類型的權利。」❹在
馬克弗森看來，隨著科技的進展，人類克服物質稀罕的潛力
是愈來愈大了，當這種嶄新的情境漸次獲得實現之際，財產就
應該逐漸從原先的對於物質收入的權利提昇到對於非物質收入
(immaterial revenue) 的權利，亦卽提昇到「對於生活品質
之享有的收入的權利」❹。要求這種提昇的基本信念是,「人不僅僅

在物質的生活手段上擁有財產，更是在他的生活本身，在他所有的積極的潛能的實現上擁有財產」❹，以及，「生命貴在履行（doing）而不在獲取（getting）。」❹更進一步說，多數論者往往將人權與財產權做嚴格的區別，但馬克弗森認為，在一個財產權受到高度重視並獲得優先保障的時代，如果將人權也視為財產權，將能使人權得到更確切的尊重及保障。因此，要求生活品質的權利不宜僅停留在人權的層次，而應該被涵蓋到財產權的範圍之內；如果人權也被視為財產權，將會使人類更蒙其利❹。

　　至於他的新財產觀能否獲得落實，馬克弗森則是帶著幾分的樂觀，因為自二十世紀中葉以來，人們對於財產的認知已發生了若干有利於其新財產概念之落實的變貌。首先，當前西方社會已有一些跡象顯示財產不再單純地被認為必然是一種排除他人的權利，在這方面實務乃是走在理論的前頭，亦即，企業家和從政人物對此要比財產理論家有更明白的認知❹。此外，由於現代國家介入經濟事務的範圍愈來愈廣，其介入程度也愈來愈深，許多的資源分配是透過國家而非市場來完成，因此，被狹隘地理解的私有財產的絕對性也日益受到質疑❹。在馬克弗森看來，福利國家的普遍化減弱了市場的分配功能，並提高了國家介入的必要性，這意味著當前的西方世界已逐漸由市場社會過渡到準市場社會（quasi-market society）❺，在這種新形勢底下，狹隘的財產觀自然面臨了被改變的壓力。再者，來自民間的對政府的民主壓力日益增強，勞工對於工作權的要求表徵了重新省察關於勞動手段和生活手段的平等的有效權利的迫切性，而環保自覺的升高則使空氣和水被認為是全民的公有財產，這種種都對狹隘的財產概念構成強力的挑戰❺。當然，馬克弗森也意識到他的新財產觀的

落實，不可能仰賴統治精英的善意或突然皈依一種新的道德，也不適合以革命的手段來達成，而是要透過政治秩序的局部解組與公共意識的局部穿透的輻合作用來達成。前者來自於社會體系不再能滿足與日俱增的取得勞動手段的要求，以及有效節制排除他人的財產權的要求，後者則來自於我們在目前已有足夠的社會條件去要求包括生活品質與自由的新財產的覺醒❸。雖然馬克弗森不無過份樂觀之嫌，但重要的是，他企圖以改革主義的方法來實現其激進主張的一貫信念（當然，他並不是與卡爾・巴柏同屬一類型的理論家，他也不致認為所謂的烏托邦社會工程必然是悲劇的化身），在人類政治的質的改造上，有其不容輕忽的意義。

綜上所論，馬克弗森之倡議新的財產觀有幾個值得注意的要點。

(一)馬克弗森企圖打破人類現有的財產觀及財產制度已足以規範合理的所有權關係的謎思，在他看來，現有的財產觀及財產制度乃是市場社會的產物，多數人自我實現的機會之被剝奪或被嚴重減損以及平等的有效權利之落空，皆與其有著不可分離的關係。因此，如果人類繼續臣服在這樣的財產觀及財產制度之下，則資本的累積仍將是經濟活動的主導力量，而在一切均服從排除他人的個人權利的原則下，社會資源的分配日益不均，自由、平等和人類實現的價值亦將一直處於扭曲的狀態。

(二)馬克弗森始終都是一個改革主義者（雖然是屬於最激進的一種），他試圖以自由主義民主的老虎鉗來矯正及改良自由主義民主的組件。在他看來，廢除做為自由主義民主之核心要素的私有財產並不是一個可行的辦法。他所採取的是辯證地轉化及擴大私有財產的內容，使其一方面回復到類似十七世紀所具有的生

命、自由及財產的多重意義，另一方面則要求不被他人排除的原則在實質作用上應優先於排除他人的原則，俾使個人的佔有性能受到羣體分享性和互賴性的節制（不過，這並不否認個人自主性的價值），並使質的考量在現代科技的挾助下逐漸超越量的考量。

（三）財產關係無疑地也是一種政治關係，但在自由主義民主的財產觀裏，財產的政治性乃是一種程序的（ procedual）的政治性而不是一種實質的政治性，亦即其政治性是透過排除他人的享有特定權利這個程序層次來表現的，而其所介入的客體仍是屬於經濟面向的收入或物質事物。馬克弗森的新財產觀則主張政治權力也應該被納入財產權的範圍之內，因而賦予財產一種實質的政治性。這個調整步驟所表徵的意義可分成兩方面來說，首先，既然馬克弗森認為他的新財產觀有助於促成新的社會形式，一種具有實質政治性的財產權的獲得落實，其本身就成為邁向新社會形式的一股原生的政治動力（因為政治權力將成為不被他人排除的個人權利）。其次，政治權力之落實為不被他人排除的個人權利後，人民做為政治結合之主體的歷史圖騰才可能展現實質的效果，更理想的民主形式（不管民主是不是如某些論者所擔心的就是意味著愚昧）才可能獲得體現。準此，馬克弗森之試圖賦予財產實質的政治性，是與其參與式民主的主張相互呼應的。

（四）在試圖重新整編財產的內容的過程中，馬克弗森同時也將他冀望實現的人的本質（人做為自身人類能力的發展者、履行者及享有者）納入考量。換言之，他的人性假設與他對財產的改造要求，有著明確的內在一致性，而他對自由主義民主狹隘的財產觀的批評，也正是從他的人性假設出發的。唐納休（ Charles Donahue, Jr.）曾指出，我們對財產的理解一直糾結在兩種對立

的信念上，那就是個人主義和社羣主義，在他看來，我們不宜再執著在這兩個對立端點中的任何一端，而應試圖做出有效的調和❸。事實上，馬克弗森已經跨出了這樣的步伐，從他的人性假設所演繹出來的新財產概念，即是一種試圖在強化個體性的過程裏同時也突出羣體性的努力。如同當代的一些不滿於或有心改善自由主義之處境的理論家（如麥金泰爾、羅爾斯）一般，馬克弗森也將個體性與羣體性的調和視爲是他理論事業的重要工作，而馬克弗森的特出之處在於，他除了對此一問題做哲學分析外，更將其落實在對於具體的人類現象的考察上，這無疑地符合了他向來所自許的政治理論家的身分。

第四節　檢討與評估

人類對財產的理解隨著歷史的演化而迭有變化，人類財產制度的主要形式雖然朝著著重私有財產的路向發展，但其細部內容則非一成不變。馬克弗森對財產的研究即十分重視財產概念及財產制度的歷史性格，對他來說，唯有明白了當前主流財產觀的形成背景，才能進一步探索如何使財產成爲人類發展的助力而非阻力。不過，馬克弗森對財產的歷史分析也受到部分論者的質疑，瑞弗即認爲馬克弗森假定了一種「當代的財產概念」，但這樣的概念就如同「當代的自由概念」一樣，其是否存在實不無問題❹。除此之外，瑞弗也批評馬克弗森將「當代的財產概念」視爲是先前的較爲寬廣的財產觀的一種「不正當的窄化」（illegitimate narrowing）❺，也就是說，馬克弗森以早先曾經存在的較爲寬廣的財產觀做爲判準，並以其來批駁當前的狹隘的財產觀的正當

性。事實上，當我們試圖去歸結出「當代的財產概念」、「當代的
自由概念」或「當代的平等概念」時，確實會面臨過份簡化的難
題，熊彼得之試圖歸結出一種「古典民主理論」所招致的批評卽
是顯例。然而，必須釐清的是，馬克弗森在討論當前西方自由主
義民主裏的財產問題時，並未認為只存在著一種特定的財產的概
念；相反地，他的工作在於辨明當前「主流的」財產概念所涵蓋
的主要內容究竟為何。再者，馬克弗森在批評當前的狹隘的財產
概念的不當時，他並不是以先前的較為寬廣的財產概念做為評價
的源本，而是從其人性假設及其所試圖實踐的人類價值出發所做
的評價，他對歷史上關於公有財產的理解所做的分析，是用來說
明當前人類對於財產太缺乏政治的想像，以及這種想像的匱乏所
造成的自我設限的後果。準此以論，瑞弗的批評並不公允。

此外，薩托里（Giovanni Sartori）則認為馬克弗森對於
財產的歷史演化有著嚴重的誤解，在薩托里看來，自羅馬時代以
迄十八世紀末，財產一直指涉著「生命、自由、財產」，財產主
要是安全(safety)的保障，因此，人們並不僅僅是為了佔有或累
積資本才去追求財產。像馬克弗森那樣認為法律制度主要是用來
保障所有權及其佔有的和侵犯的（invasive）市場意涵的見解，
則完全曲解了憲政主義的問題以及自由與法律的關連性[36]。但是，
薩托里所忽略的是，認為（自由主義的）法律僅僅是用來保障所
有權及佔有式行動與認為（自由主義的）法律「有助於」鞏固資
本主義式的所有權關係與佔有式行動之間，存在著極大的差異，
馬克弗森所強調的是後者而不是前者。從薩托里的批評裏我們可
以看出，自由主義者與馬克弗森的不同在於，自由主義者（例如
薩托里）一直細心地謹守著個人自由（安全）的底線，一踰越了

這個範圍，自由主義者就顯得十分審慎。同時，自由主義者又傾向於淡化政治與經濟間的關連（或者說淡化經濟安排的政治後果），如薩托里就認為政治的自由主義（他稱為 liberalism）不同於經濟的自由主義（他稱為 liberism），在歷史時序上，政治自由主義先於經濟自由主義❺。然而，馬克弗森則十分強調政治與經濟間的交互關係，並且在審慎之外仍不懼於表達其政治想像，馬克弗森對財產的態度卽是一個具體的表徵。

財產為什麼在當今的人類生活裏仍有其重要性呢？或許不同立場的人都可以接受的說法是：財產的存在是為了使人能夠以更合乎人所需要的方式去生活。在這個前提底下，究竟是「財產權」本身就有其重要性，還是財產只有做為一種權利（亦卽做為眾多權利中的一種）才顯得重要，則並無一致的見解。萊恩就認為：「財產權在今天之所以重要是因為它們是『權利』，而不是因為它們是『財產』權。」❺對萊恩來說，當前資本主義的核心問題乃是生產組織的管理者的權力（the power of managers）而不是所有權（ownership）的問題，在這種新的生產關係底下，財產權之所以重要是因為它是一種能夠被用來抗衡權力之濫用的權利❺。但萊恩的這種見解卻有兩個令人擔憂之處。第一，隨著人類社會關係的日形複雜，權利的地位也愈來愈重要，可謂是一個無庸置疑的事實，但問題在於如果僅僅只是權利意識的不斷高漲，而缺乏一種相應稱的義務意識，則固然明確的權利區劃足以規範複雜的社會關係，但卻無法保證社會關係必然能超越你爭我奪的佔有性質。在這種情形下，馬克弗森所建議的新財產觀當然也十分強調財產做為一種權利的面向，但他的不被他人排除的權利實質上也隱含著相互性（reciprocity）的原則，亦卽，也隱

含著每一個人都必須確實尊重他人之基本生活需要（不管是勞動
手段或生活手段）的義務要求。更明白地說，他的新財產觀雖以
擴大財產權的範圍爲形式，但實質上也是在將一個人的義務納入
權利的範圍裏，因此，他所要求落實的權利可謂是一種義務性的
權利 (obligatory right)，而不再僅僅只是一種將個人人格外
在化 (externalized) 的傳統權利。第二，管理權與所有權的分
離被許多論者用來做爲資本主義生產關係已產生質變的論據，但
這種分離現象的另一個面貌是生產組織的管理者只是在分享所有
權的擁有者所授予及分派的權力，因此，其權力的來源仍是所有
權。換句話說，萊恩所謂的所有權問題已不再重要的見解是十分
冒險的，它的危險之處在於簡化了管理權與所有權的共生關係，
以及簡化了所有權的一直持續著的實質作用。而如果我們承認所
有權的問題仍有其重要性，那等於就是說財產權本身仍然是一個
不容忽視的課題。如果我們不能像多爾金 (Ronald Dworkin)
那麼完全仰賴權利做爲政治王牌 (political trumps)，來解
決個人權益與公益（或多數人的權益與少數人的權益）之間的
難題❻，那麼，有效地轉化財產權的內容，以提高每一個人的基
本生活條件的保障，仍將是有助於改善人類政治生活的一個起
步。

　　再者，馬克弗森之企圖透過他的新財產觀來落實義務性的權
利，仍必須面對一個倫理的課題，那就是人類的自私天性能否容
許人在享有權利時，仍會著實地尊重他人的同等的權利，並視之
爲自身的一種義務，或者說，人類的自私天性能否使人去考量或
關切「陌生人的需要」，以期實現一種融合自由與團結的社會形
式❻？陸卡斯 (J. R. Lucas) 對此即極爲審愼，他認爲：

> 「我們必須謹記在心的是，財產如同自由一樣乃是局部地
> 對於人的自私的一種讓步，那些加諸太多無私 (unself-
> ishness)的規則最後終將歸於失敗。……總之，財產的要點
> 是做為一種安全辦，並使人得以正當地表現自私。」⑫

　　無疑地，除非是一個完全由利他主義者所組成的社會，否則，不
將自私列入考量的政治和社會制度的設計，都將是不切實際的。
不過，像陸卡斯這種立場的人（我們必須承認是，絕大多數的理
論家正是抱持著這樣的立場）似乎過於拘囿於自私的考量，以致
不肯對無私及其可能帶來的社會效果做絲毫的讓步，因此，我們
所看到的是，政治及社會制度的設計可謂完全籠罩在「自私的語
言」的格局裏。回顧近代以來的人類歷史，極其明白的事實是，
我們確實從「自私的語言」以及它所形塑的社會思維，獲得了
不少好處（這主要是個體性的確立及旨在保障個體性的各種制
度）。但同樣清楚可見的是，「自私的語言」也演進到應該被細加
思索和詳加反省的時刻，「自私的語言」已不能再被當做是不證自
明的、不容懷疑的絕對論述！借用威爾克斯 (John R. Wilkse)
的用語來說，「自私的語言」所反映的乃是一種個己拜物主義的
政治知識論 (political epistemology of self-fetishism)，
在這種帶著濃烈政治性的認知方法底下，個己成了一種不可化約
的拜物主義的標的、一種物自身 (thing-in-itself)，而對於人
類現象的系絡性的認知 (contextual knowing) 則受到排斥，
社會性的重要性也被貶低⑬。威爾克斯的推論可能略嫌誇大，但
他所指陳的方向或多或少反映了以自私為論述之核心所引發的問
題。質言之，如果從陸卡斯那種對無私不抱持期望的立場出發，

則任何對當前財產制度的突破性的改革，都是不可欲的。但如果我們一方面承認人的自私的天性，另一方面又對無私的可能帶著些微的信心 —— 事實上，在家庭這個組織單元裏，特別是核心家庭，無私做為一種德性一直活絡地展現著 —— 那麼，財產制度的改革不僅是可欲的，同時也是可能的。而必須指出的是，這裏所要求的無私並不是救濟式的慈善行為 (philanthropy)，而是指一個人能夠將追求一種足以保障他人（包括自己在內）的基本生活條件的社會構造，當做是不容推諉的道德義務，並在考量個人利得之前，優先履行此一義務。進一步說，我們已不能像十八世紀曼德維爾 (Bernard Mandeville) 的《蜜蜂寓言》那樣，深信個人的惡必能導致公共的善。對曼德維爾來說，「人對其所有物是如此緊抓著不放，而自私又是如此的固著於我們的天性」⑭，可能不構成問題。但在我們的時代裏，私利與公益必將自然調和的論調，顯然已經不起考驗。而馬克弗森所試圖推展的，正是要使無私成為公共語言的構成部分，使人不必再做為曼德維爾的蜜蜂，使無私在人類生活裏發揮節制和昇華的作用。無論如何，在「自私的語言」蔚為主流的時代，強調無私可能是愚蠢的、不擅算計的，但從另一個角度來看，它卻是使自私能夠得到質的改造（亦即，使自私轉化成自我的創造）的希望所寄。

　　休姆曾謂：「一個人的財產在任何可能的情況都必須防範他人的介入。」⑮馬克弗森所試圖改革的，就是這種排除他人的狹隘的財產觀；或者從策略的角度來看，他乃是試圖借用私有財產的形式來轉造私有財產的內容。截至目前，馬克弗森的呼聲雖未獲得普遍的回響，但亦非踽踽獨行。貝伊卽認為，如果我們要抗拒資本主義體制加諸於多數人身上的強制、剝奪和暴力，要能夠

繼續在重要的道德意義上去尊重財產權，那麼，我們就應該像馬
克弗森所建議的那樣，去有效地改變我們對財產的既有見解❻。
此外，葛倫納邦（James G. Grunebaum）在其《私有所有權》
一書所建議的，在精神上亦與馬克弗森的主張頗為接近。葛倫納
邦主張一種個己所有權、社會所有權和混合所有物（mixed own-
ables）並存的「自主所有權」（autonomous ownership）。
在他看來，每一個人對其自身及勞動應享有個己所有權，而土地
和資源則應適用社會所有權，至於將自己的勞動加諸於土地及資
源之後的產物（卽混合所有物），則應依社會發展之需要而決定
其歸屬原則，因此，其所有權的內容並不是固定不變的❼。雖然
葛倫納邦所關注的主要是物質財貨的所有權，但其要求節制個人
獨占和排除他人的用意，則十分明顯。歸結地說，從排除他人到
不被他人排除的財產權，不僅表徵了對於社會性的要求，也代表了
一種對於個人主體性的嶄新的認識（當然，也可以說是一種復古
的認識）。如果說人類政治史是一部個人主體性不斷在尋求一個
適切的安置座標的發展史，則馬克弗森在財產問題上所反映的，
可謂是一項試圖重新調整個人主體性之安置座標的努力。

註　釋

❶ John Dunn, "Capitalism, Socialism and Democracy:
Compatibilities and Contradictions" in John Dunn ed.,
The Economic Limits to Modern Politics, Cambridge:
Cambridge University Press, 1990, pp.195-219, see p.195.

❷ Benjamin Constant, *Political Writings,* trans. & ed. by B.
Fontana, Cambridge: Cambridge University Press, 1988,

p.326.

❸ Macpherson, "The History of Political Ideas", p.564.

❹ *Ibid.*, pp.576-577.

❺ C. B. Macpherson, "The Meaning of Property" in C. B. Macpherson ed., *Property*, Toronto: University of Toronto Press, 1978, p.4.

❻ *Ibid.*, p.1.

❼ Macpherson, *Democratic Theory*, p.120.

❽ *Ibid.*

❾ Kenneth Minogue, "The Concept of Property and Its Contemporary Significance" in J. R. Pennock & J. W. Chapman eds., *Property* (*NOMOS XXII*), New York: New York University Press, 1980, p.10.

❿ Macpherson, "The Meaning of Property", p.2.

⓫ *Ibid.*, pp.7-8.

⓬ *Ibid.*, p.6.

⓭ *Ibid.*, pp.9-10; see also Macpherson, *Democratic Theory*, pp.125-126.

⓮ *Ibid.*, p.10.

⓯ Macpherson, "Liberal-Democracy and Property" in Macpherson ed., *Property*, pp.201-202; see also Macpherson, "The Meaning of Property", pp.4-5.

⓰ *Ibid.*, p.201.

⓱ *Ibid.*, p.199.

⓲ 關於此一關連性的深入分析，詳參 Andrew Levine, "Capitalist Persons" in Ellen Frankel Paul et. al. eds., *Capitalism*, Oxford: Blackwell, 1989, pp.39-59.

⑲ Jean Baechler, "Liberty, Property and Equality" in Pennock and Chapman, *op. cit.*, p.269.

⑳ *Ibid.*, p.287.

㉑ Macpherson, *Democratic Theory*, pp.123-131; Macpherson, "Capitalism and the Changing Concept of Property" in E. Kamenka and R. S. Neale eds., *Feudalism, Capitalism and Beyond*, London: Edward Arnold, 1975, pp.105-124, see pp.106-114; Macpherson, *The Rise and Fall of Economic Justice*, p.86.

㉒ Macpherson, "Capitalism and the Changing Concept of Property", p.114.

㉓ Macpherson, "Liberal-Democracy and Property", pp.199-200.

㉔ *Ibid.*, p.205.

㉕ *Ibid.*

㉖ *Ibid.*, p.200; see also Macpherson, *Democratic Theory*, pp. 24ff.

㉗ Macpherson, *The Rise and Fall of Economic Justice*, p.88.

㉘ *Ibid.*

㉙ *Ibid.*, p.87.

㉚ *Ibid.*, p.89.

㉛ *Ibid.*, p.91.

㉜ *Ibid.*, p.90.

㉝ *Ibid.*, p.91.

㉞ Macpherson, "Liberal-Democracy and Property", p.205.

㉟ C. B. Macpherson, "Liberalism and the Political Theory of Property" in Alkis Kontos ed., *Domination*, Toronto:

University of Toronto Press, 1975, pp.89-100, see p.97.

㊱ Macpherson, "Liberal-Democracy and Property", p.201.

㊲ Macpherson, *Democratic Theory,* p.121.

㊳ Andrew Reeve, "The Theory of Property: Beyond Private versus Common Property" in David Held ed., *Political Theory Today,* Stanford: Stanford University Press, 1991, pp.91-114, see p.111.

㊴ Macpherson, "Liberalism and the Political Theory of Property", p.99; Macpherson, "Liberal-Democracy and Property", p.206; Macpherson, *The Rise and Fall of Economic Justice,* p.79.

㊵ Macpherson, "Liberalism and the Political Theory of Property", p.99; Macpherson, "Liberal-Democracy and Property", p.207; Macpherson, *Democratic Theory,* p.137.

㊶ Macpherson, *Democratic Theory,* p.137.

㊷ *Ibid.,* pp.137-138.

㊸ *Ibid.,* p.138.

㊹ *Ibid.,* p.139.

㊺ *Ibid.*

㊻ Macpherson, *The Rise and Fall of Economic Justice,* p.83.

㊼ *Ibid.,* p.84.

㊽ Macpherson, "Liberal-Democracy and Property", p.206.

㊾ Macpherson, "The Meaning of Property", p.10.

㊿ Macpherson, *Democratic Theory,* pp.133-134.

(51) *Ibid.,* pp.134-135.

(52) *Ibid.,* p.140.

(53) Charles Donahue, Jr., "The Future of the Concept of

Property Predicted from Its Past" in Pennock and Chapman, *op. cit.*, pp.28-68, see p.58.

(54) Andrew Reeve, *Property*, London: Macmillan, 1986, p.48.

(55) *Ibid.*, p.51.

(56) Giovanni Sartori, *The Theory of Democracy Revisited*, Vol. II, Chatham, New Jersey: Chatham House Publishers, Inc., 1987, p.378.

(57) *Ibid.*, pp.377 and 379.

(58) Alan Ryan, *Property and Political Theory*, Oxford: Blackwell, 1984, p.192.

(59) *Ibid.*, pp.189-191.

(60) 參考 Ronald Dworkin, "Rights as Trumps" in Jeremy Waldron ed., *Theories of Rights*, Oxford: Oxford University Press, 1984, pp.153-167. 以及 Ronald Dworkin, *Taking Rights Seriously*, Cambridge, Mass.: Harvard University Press, 1977, p.xi.

(61) Michael Ignatieff, *The Needs of Strangers*, Harmondsworth: Penguin, 1984, pp.136f. 伊格那提夫的重點在於闡述重建一種跨越民族國家界線的關於人類需要的論述語言的重要性，如果有關人類需要的語言都逐漸消逝或變得不能扣緊人類生活的現代性，則關乎人類需要和善的想法及反省終將趨於淪喪。筆者在此主要是借用伊格那提夫的警句。

(62) J. R. Lucas, *The Principles of Politics*, Oxford: Clarendon Press, 1966, p.186.

(63) John R. Wilkse, *About Possession: The Self as Private Property*, University Park, Penn.: Pennsylvania State University Press, 1977, pp.46f.

㉔ Bernard Mandeville, *The Fable of the Bees*, Harmondsworth: Penguin, 1970, p.269.

㉕ David Hume, *A Treatise of Human Nature*, Harmondsworth: Penguin, 1969, pp.534-535.

㉖ Bay, *op. cit.*, pp.101-102.

㉗ James G. Grunebaum, *Private Ownership*, London: Routledge and Kegan Paul, 1987, ch.7.

第五章　經濟的政治㈡：經濟民主、經濟正義與市場

　　人類的經濟活動固然有其完整的範疇,但從另一個角度來看,我們不難發覺經濟活動也深受別的社會力量的影響及形塑,這其中又以政治的影響最爲明顯。尤其,隨著經濟活動規模的擴大,經濟關係也日形複雜,而繁複的經濟關係則愈來愈倚賴政治的介入和仲裁。因此,牛津大學的經濟史學者希克斯(John Hicks)明白地指出,近現代的經濟「在一個深刻的意義上,乃是一個政治問題。」❶經濟做爲一個政治問題同時包含了兩個意義,首先,經濟事務必須透過政治手段來解決;其次,經濟活動本身必然造成廣泛而深遠的政治影響。這兩個同時並存並且不斷複製的面向,使有關政治和經濟的研究彼此之間都不能漠視另一個範疇的發展及變貌。

　　但誠如克洛波謝(Joseph Cropsey)所指陳的,政治哲學原本就應該涵蓋政治和經濟這兩個緊密相繫的面向,然而由於晚近政治哲學的自我設限和自我棄絕,以致使經濟面向的問題逐漸脫離了政治哲學的關注,在克洛波謝看來,政治哲學的重振或者政治哲學之恢復其「不可讓渡的霸權」(unalienable hegemony),首在重新調整其所關注的內容及對象❷。「不可讓渡的霸權」是一個過份挑激的詞句,不過,克洛波謝要求政治哲學擴大其關注視野的呼籲(或者從政治哲學的長遠發展歷史來說,乃是恢復其舊有的寬闊視野),則是極具針砭作用的。無疑地,馬克弗森在

鋪陳他的政治理論時，可謂抱持著克洛波謝所強調的自覺意識，他清楚地意識到「經濟問題即政治問題，經濟關係已變得和政治體系交織糾結在一起。」❸但馬克弗森也直率地指出，自十九世紀末期以來，經濟學所關注的課題已逐漸脫離傳統政治經濟學所側重的人在生產體系裏的依賴和控制關係，轉而以事物的市場價值做爲探討的主軸，在這種情形下，人與人之間的經濟關係遂被化約成物與物之間的關係，因此，「二十世紀的經濟學已變得使自己無法再照亮政治理論。」❹做爲一個政治理論家，馬克弗森則試圖對當前政治哲學已逐漸遺忘的以及經濟學已不再能顧及的課題，做責無旁貸的探索。

　　本章爲上一章的延續，本章將依序討論經濟民主和經濟正義等重要的經濟關係，然後探討做爲當前經濟關係之運動場域的資本主義市場經濟，最後並討論馬克弗森所設想的理想經濟體制的基本構圖及其特性。

第一節　經濟民主做為民主社會的要素

　　在歷史時序上，經濟民主的要求是比政治民主的要求要來得晚，也就是說，當人類政治生活的解放運動啓動了引擎並取得一定程度的成果之後，人們在其爭取得來的新立足點上，才開始將注意力轉移到經濟生活的既有秩序是否合理的問題上。時至今日，不管是在資本主義國家或逐漸在崩解之中的所謂「社會主義國家」，經濟民主的要求已愈來愈普遍，只是與政治民主相較，經濟民主一直未能得到突破性的落實。之所以會如此的原因固然很多，但一個具有關鍵性影響的原因是：許多贊同政治民主的人並

不認為經濟民主是一個可欲的目標，相反地，他們認為經濟民主的訴求不僅會阻撓市場的正常運作，更威脅到個人的自由，因此，經濟民主的結果乃是以正義或平等的理由來侵犯自由。然而，對馬克弗森來說，經濟民主並非其批評者所形容的洪水猛獸，而是民主解放運動中的一環。

在馬克弗森看來，經濟民主指涉著「使一個國家得以達成關於工作、所得及財富的公道分配的經濟體制的安排」❺，同時，經濟民主也是「一種使政治民主本身不再能夠實現的目的或價值得以能夠被實現的經濟秩序，……一種使民主能夠生效或更趨近民主的經濟秩序。」❻要言之，經濟民主乃是試圖使民主更為真實的關於資本家、勞動者與國家之間的關係的重新安排❼。但是，這樣一種主張改革經濟體制或經濟秩序的要求是否能被稱為是一種民主的要求呢？馬克弗森的答案是肯定的。首先，經濟民主不僅堅持由人民控制並且向人民負責的政府體制，更要求一種人人都能在獲得充分的人道生活的問題上享有平等的有效權利的社會型態，而有關工作、所得及財富的公道分配正是實現這種民主社會的手段，因此，經濟民主的要求乃是一種民主的要求。其次，要實現公道的分配則必須在特定的條件下才可能，那就是對於經濟事務要能夠有實質的、民主的政治控制，要求一種對於經濟財貨的公道分配即是在要求有效的政治民主，缺乏有效的政治民主就不可能落實經濟民主❽。質言之，經濟民主與政治民主是互相成全的，在一方面來說，經濟民主能使政治民主不受到扭曲，在另一面來說，政治民主則是落實經濟民主的前提，同時，這兩個面向的民主又是一個民主社會所必須具備的要素。

對於政治民主與經濟民主之間的關係，薩托里有一種極為奇

特的見解，他認爲政治民主是一種總體的民主（macrodemocracy），而包括經濟民主、社會民主在內的其他的民主形式則是個體的民主（microdemocracies），此外，由於政治民主是其他形式的民主的前提，沒有政治民主則其他形式的民主就不可能有太大的價値，因此，政治民主可謂是一種高級的至上的民主（superordinate sovereign democracy），而其他的民主形式則只是次級的民主（subordinate democracies）❾。値得注意的是，薩托里對於民主的等級偏見乃是反映了多數自由主義者只希望將民主偏限在政治領域內的心態，進一步說，這種等級偏見也反映了多數論者以西方現有體制爲滿足的守成心理，而薩托里只是敢於誠實地將他的守成的價値觀做明白表達的少數人之一。固然如果沒有一定程度的政治民主做基礎則別的民主形式也很難獲得落實，乃是在民主的發展史和實質的可能性上都有所依據的論點，但是問題在於，這並不意味著經濟民主只是一種次級的、重要性不及政治民主的民主形式。在馬克弗森的民主社會的構圖裏，這種不同民主形式間的等級性是不存在的，相反地，它們同樣都是民主社會的構成要素，它們之間並不存在著階層高下的關係，而是處於相互補充的狀態。

經濟民主既然以調整既有的經濟體制和經濟秩序爲要務，它無可避免地就必然隱含著政治對經濟的干預和介入，但對「經濟自由」的擁護者來說，政治干預乃是對經濟自由的嚴重妨礙。因此，當馬克弗森極力陳言經濟民主對建構民主社會的重要性時，經濟自由的擁護者則有截然不同的看法。普勞特(Steven Plaut)即認爲，「經濟自由包含著追求利潤的生產者在爭取那些自由選擇他們所希望的商品和勞務的消費者的金錢競爭」，而經濟民主

乃是對這種競爭和選擇的自由的干擾，是故，經濟民主乃是一個「有害的理念」❿。普勞特又進一步指出，就滿足個人需求的觀點來看，「市場決策」遠優於「政治決策」，經濟民主所代表的乃是政治的越界行為；倘若市場在特定的時刻顯得未能解決供需的難題時，應該仰賴的是尊重市場法則的管制行動，而不是實行經濟民主，「實行『經濟民主』乃是達成管制目標的最缺乏效率的方法。」⓫挑明地說，「如果企業去追求利潤以外的任何目標，它們就不再能以最有效率的方式來實現其基本的社會功能；一旦一個生意人不再追求利潤，他就不能被信任。」⓬對於像普勞特這樣頌揚「資本主義之喜悅」的人來說，任何試圖改革市場體制或秩序的舉措，皆是危險的、反利潤的扭曲動作。不過，必須指出的是，馬克弗森之要求經濟民主乃是出於實質的平等的有效權利以及人類實現的考量，而非利潤和形式的經濟自由的考量。經濟民主所要矯正的就是形式的經濟自由所造成的多數人的經濟不自由和經濟不平等（關於市場在這個過程中的作用，將在第三節再詳細討論），質言之，這種對於經濟民主的對立立場，明白反映了有關經濟活動的目的究竟為何的不同見解。

　　然而，馬克弗森也承認，經濟民主的主張雖然有著清楚的原則，但其具體的指涉則較為模糊。相較之下，做為經濟民主之構成部分的產業民主 (industrial democracy) 就具體多了。在他看來，產業民主指的是「在一個生產單位裏，所有在其中工作的人都能對於影響其工作的決策享有發言權的一種組織」⓭，或者，「產業工人對於其產業的若干面向的管理的參與」⓮，更狹義地說，產業民主則被等同為工人的控制 (workers' control)。產業民主雖是經濟民主的一個側面，但其側重的面向則略有不同，

這可分成兩方面來說。首先，產業民主主要關注的是生產的決策 (decisions about production)，這包括了工作的條件、生產的方法，以及生產的目標和配置，經濟民主的主要考量則是整個社會的社會財貨 (social goods) 的公道分配，這不僅僅只包括國民生產毛額的分配，更強調參與有意義工作的可能性。其次，產業民主對分配的關注只是次要的，有時候特定產業裏的產業民主會造成其盈餘只供該產業的成員分享，而不與其他的社會成員分享的景況，以致與經濟民主所要求的以整個社會為單位的公道分配的目標相牴觸。不過，馬克弗森又認為，在一個有效地實行經濟民主的社會，有關生產與分配的經濟政策一方面會影響各個個別產業，另一方面也會受個別產業內部的產業民主的影響，但基於整個社會的生產和分配的需要，產業民主仍須與經濟民主和政治民主滙合為一股全面的民主潮流❶。尤其，至少在西方資本主義國家來說，產業民主之成為促成經濟民主的主要推動力量的可能性，要遠大於經濟民主之成為促成產業民主的推動力量的可能性❶。也就是說，馬克弗森認為現階段經濟民主的落實，似乎以個別產業或生產單位的實行產業民主為其動力的來源。

就資本主義國家而言，馬克弗森對於其所面臨的產業民主的處境，提出了可供進一步檢證的六個假設。(一)當資本主義經濟——不論它是多麼地被國家所刻意經營——越來越不能提供它所激發的勞動階級所希望的經濟財貨時，產業民主的要求就會日漸升高。當資本主義機能處於巔峯狀態因而能給予勞動階級高度的物質滿足時，一切將是平靜而美好的，但當資本主義的生產能力逐漸衰頹，勞動階級對於勞動條件及工作滿足感的要求，勢將與日俱增。(二)在資本家考量並且深刻了解自身之利益的情形下，

產業民主的要求將受到資本家的抗拒。資本家的主要目標在於累積更多的資本，而要達成此一目標就端賴生產力的提高，但生產力的提高又繫之於對生產方法和生產政策的控制。如果勞動階級所要求的只是工資的提高，資本家是較易於應付的，他一方面可將因爲工資提高所造成的成本的增加轉嫁給消費者，另一方面則可利用工資差別化的方法（這包括了技術勞工／非技術勞工、男性勞工／女性勞工、白人勞工／黑人勞工之間的工資差別化），來分化勞動階級。但如果勞動階級所要求的乃是生產方法與過程的自治權，則資本家就無法逐行分化的策略，也影響到資本家對生產的全盤控制，因此必遭致資本家的抗拒。(三)如果失業率不斷上升，勞動階級的工業行動將與其政治行動相互呼應。失業情況的惡化會阻撓勞動階級工業行動的進行，罷工變得越來越困難，有工作的勞工將保障現有的工作視爲第一要務，失業的勞工則缺乏議價的籌碼，因此，勞動階級可能透過工會的遊說或親勞動階級的政黨進行政治施壓，以要求更多的產業民主。(四)當資本主義經濟無法滿足它所激發的期望時，勞動階級之要求產業民主就需要政治行動的配合。此一假設可謂是一般性法則的假設，而第三項假設則是此一法則的個別特例。(五)除非是國家（卽政府）也去進行推動，否則產業民主將不會有太大的成效。如上所述，勞動階級之要求產業民主會遭到資本集團的反制，而勞動階級單純的工業行動在效果上也有其先天的限制，是故，除非勞動階級的政治行動已成功地使政府採行有利於產業民主的經濟及財政政策，否則產業民主的落實仍將困難重重。(六)只有在國家對於特定的資本集團享有相對的自主性以及國家也受到政治民主之規範的情形下，國家才可能去推動產業民主。除非符合了這兩個前提

要求，否則國家就不可能爲了取得勞動階級的合作（例如工資及罷工的限制），而去推展產業民主的政策❶。

　　綜上所述，在資本主義國家裏，有利於以及不利於產業民主的決定要素，都直接或間接地與資本主義逐漸衰頹的能力有關。此外，可以確定的是，產業民主的前景實仰賴著勞動階級對於資本主義的動性及能耐是否有清楚的認知，以及勞動階級能否將其優先的要求由「消費者的滿足」轉移到「工作的滿足」之上❶。再者，對於社會主義國家來說，他們在經濟活動的組織原則、資本的形成與歸屬、生產力的發展誘因等問題上，都與資本主義國家有著重大的歧異。尤其，勞方與資方的利益對立並不存在於社會主義國家，他們所面臨的乃是要求追趕西方、提高生產力的國家與勞動者的需求之間的對立。但馬克弗森也指出，社會主義國家的產業民主的前途仍然維繫在其勞動階級對於資本主義之動性與能耐的認知之上，因爲在當前的資本主義世界體系的運轉秩序底下，追趕式社會主義（catch-up socialism）的動性仍是由資本主義的動性所限定的。同時，社會主義國家裏的勞動階級所不同的是，他們或許不需要在「消費者的滿足」與「工作的滿足」之間做優先順位的調整，因爲對這兩者的要求都有助於使勞動階級從國家那裏取得相對的自主性。而在當今社會主義國家的生產關係裏，這正是逐行產業民主所迫切需要的❶。

　　當前的西方國家無疑地都擁有許多有助於政治民主之發展的制度條件，諸如法律之前人人平等、普遍的成人選舉權、定期選舉、責任政府、言論出版自由、結社自由等等，都是無可否認的成就。但透過其經濟體制的運作之後，西方國家政治民主的實質就遠不如民主的倡導者原先所想像的那麼有效。馬克弗森指出，

民主意味著一種對於階級特權的抗爭，其抗爭的基點在於某些人因為其優勢的地位而阻撓了其他人取得自我發展之條件的平等機會，「民主運動的目標，或者民主的基本目的，一直都是在這個意義底下要求確保使每一個人皆能獲得平等考量的條件。」[20] 從不同的橫斷面來觀察，人類民主運動的前進軸線可謂以政治民主走在最前頭，然而，政治民主的進一步躍進卻受到經濟不民主的嚴重掣肘。經濟的不民主一方面扭曲了民主的政治過程，以致使民主的政治制度並不能有效地確保每一個人的利益都得到平等的考量，另一方面則又在人與人之間的經濟關係衍生了新的障礙，由於經濟權力的逐漸集中，使得絕大多數人在取得勞動手段與生活手段的過程裏遭到阻隔[21]。從這個角度來看，包含產業民主在內的廣義的經濟民主如能獲得落實，則代表著兩個與上述相對應的意義：(1) 經濟民主能使政治民主更為有效、更為紮實；(2) 經濟民主能使人類的經濟關係更加體現平等考量的原則。此外，經濟民主的另一個重要信念乃是：無限制的排除他人的財產權以及無限制的資本的累積並不能享有不容懷疑的正當性，「如果真實的民主要能夠有落實的機會，那麼對於財產的不受限囿的權利就必須被拋棄。」[22] 準此以論，馬克弗森對於經濟民主的主張乃是與其財產觀緊密相連的，亦即，要落實經濟民主就必須轉化主流的狹隘財產觀。

以上所述是關於經濟民主如何能促進政治民主的落實，並進而促成民主社會的確立。不過，在探討經濟民主的可能性時，我們無可避免地必須面對的課題是：要實現經濟民主或產業民主就會造成政府和工會的權力的擴大與集中，在這種情形下，它所可能產生的官僚體制和寡頭統治的危險，該如何被節制[23]？此一問

題也是自由主義者所最關注的問題。對馬克弗森來說，他所採取
的乃是一種審慎的樂觀態度，他認為節制這類危險的希望在於民
主原則的貫徹，「使新的領導人能對全民的控制負責。」❷或者從
另一個角度來看，馬克弗森所強調的乃是經濟民主與政治民主的
相互補充，經濟民主所造成的政府與工會的權力的集中，要仰賴
更為紮實的政治民主（這包括了政治體系和工會內部的民主）來
防範其走上專斷化的道路。但可以想見的是，這種民主相互支持
論在自由主義者看來可能只是一種缺乏經驗證據的循環論證。關
於此一問題，將在稍後再詳加討論，這裏必須先行探討的是，經
濟民主和產業民主究竟是不是多數勞動者的真正的要求？

　　萊恩就認為社會主義在西方社會逐漸缺乏吸引力的原因乃是
勞動者對於工作條件的品質與能否在工作場合遂行自我管理，已
愈來愈不在意，相反地，他們所在乎的只是收入的物質滿足❷。
因此，「對許多人來說，即使擁有一個十分乏味的工作都要比無
事可做好一些；站在生產線旁至少也要比呆立在牆前獨自在那剔
牙要好一些」❷，換言之，勞動者只要有滿意的收入，對生產流
程的管理都不會有意見，「只要乳牛能擠出大量的牛奶，沒有人
會在乎由誰決定在什麼時候去擠奶。」❷在萊恩看來，「消費者的
滿足」事實上主宰了絕大多數勞動者的思維，所謂經濟民主或產
業民主對勞動者來說，都是太過奢侈的欲求。像萊恩這種以現實
經驗為基礎的懷疑論雖有一定程度的可靠性，但其根本問題在於
過分為當下的現實所圍，以致未能有積極的改善現實的企圖心。
如果我們順著萊恩的懷疑論繼續往下推移，我們也大可質疑多數
人民是否真的嚮往政治民主，還是他們只企求一個得以有效追求
其物質利益的安定環境（這等於是黑格爾的市民社會，至於其是

否為一夠水平的政治民主則並不重要）。或者我們也大可懷疑多數人民是否渴求善的生活，還是只求在純粹的個己的層次自求多福（這等於徹底否定了柏拉圖、亞里斯多德、馬克思等人的政治理論的基設）。我們當然承認政治理論不能脫離現實，但我們同樣也意識到政治理論不能完全僵滯在現實的既有水平之上，更進一步說，政治理論除了是在解釋人類的政治過程，更是在探討現有的政治過程是否真正符合人類的需要。因此，政治以及政治理論除了是在反映人的現實存在，也是在反映對於人的現實存在的反省，這種反省當然也包含了對於人的性格與需要的規範和要求，而即使是強調個人自由的自由主義也不能不包含特定的對於人的性格與需要的規範和要求（洛克的強調寬容、約翰・彌爾的強調不能專斷地排斥異議意見，都是顯例）。做為一個烏托邦主義者，歐文（Robert Owen）對此則有一個不是很烏托邦的見解，他說：「任何社羣的成員所體驗到的悲悽和快樂的類型和程度，都源自於構成社羣的個人所被塑造出來的性格。……任何國家要能夠被良善地治理，就必須將主要關懷投注在性格的形成之上。」㉙政治和政治理論的弔詭在於它們一方面是依著人的性格（和需要）去形成的，但另一方面卻又要求轉化人的性格（和需要）。萊恩的懷疑論明顯地建築在「人的性格形成政治」的面向上，而不願去觸及「政治形成人的性格」的面向，亦即，不願去考量經濟民主或產業民主所可能產生的新的社會關係能否形塑出更成熟的公民。

再者，不同立場的人對於同樣的經驗事實往往有著截然不同的認知。對萊恩來說，經濟民主和產業民主的訴求並不存在於勞動階級的思維裏，但對道爾而言，則恰恰相反。道爾認為，「在

一個先進的民主國家，公民會將治理經濟企業的問題擺在重要事務議程的醒目位置。」❷道爾並指出，經濟民主和產業民主既不會威脅私有所有權（道爾所理解的私有所有權是與馬克弗森十分接近的，它指的是使人得以享有政治自由及有尊嚴的生活的一種道德權利），也不會導致生產力的降低，而是會使自由與平等在更民主的架構裏相互強化❸。更進一步說，托克維爾（Alexis de Tocqueville）所憂慮的平等對於自由的威脅，其實並非意味著平等與自由之間的衝突，而是特定的基本自由與其他的自由之間的衝突，例如，人透過民主過程進行自治所享有的自由與所謂經濟自由之間的衝突❸。這種不同的自由之間的衝突可謂具體地反映在經濟民主與產業民主的問題上，而對馬克弗森和道爾來說，他們所選擇的是足以使政治自由更為有效的基本自由，同時，他們也是藉此來防範經濟自由對基本自由的侵犯。馬克弗森明白地指出，「民主如同其他的政府形式一般，都涉及了放棄某些個人自由以確保其他的我們認為更重要的個人自由；至於哪些自由該被放棄，則視不同的社會與經濟條件而定。」❷在當前西方的自由主義民主裏，馬克弗森顯然認為以資本的累積為目的的經濟自由是應該被重新思考的自由，而經濟民主和產業民主的要求正是促使我們重新思考經濟自由的立足點。

第二節　經濟正義

　　經濟正義（economic justice）所考量的問題乃是有價財貨或可欲物之交易與分配是否符合「給予每個人其所應得」（rendering to everyone his/her due）的原則❸。經濟正義既涉

及經濟事務，亦涉及倫理問題，而且在最終也是一個政治問題。經濟正義的經濟屬性從其字面即可得知，其之涉及倫理問題則是因爲正義本身就是一個負載著價值意含的概念❸，經濟正義可謂是對於他人利益的不牽涉特定個人的考量(impersonal concern)。有論者以爲，重視經濟正義的人在從事經濟活動時的倫理心態，乃是介於單純的誠實的人與利他主義者之間❸。此外，在任何的政治社會裏，有關可欲物之交易與分配的正義原則，在很大的程度上乃是受到統治階層或支配階級的左右，甚至此種原則的改變也必須透過政治抗爭方得以達成，換言之，經濟事務必須透過政治手段來解決，因此，經濟正義也含攝著複雜的政治面向。

　　經濟正義如同一般性的正義一樣，並非在其初出現時就得到普遍的認可，即使在晚近，不管是一般性的正義或經濟正義，仍受到所謂激進自由主義者的強烈反對。例如海耶克就認爲，在一個由得以運用其知識以追求個人目標的自由人所組成的社會裏，「『社會正義』這個詞是全然缺乏意義或內涵的。」❸再如諾吉克也強調，分配正義的要求只會使逐漸坐大的官僚化國家進一步威脅到個人的自由，而唯有干預最少的「最小限度的國家」（minimal state）才是唯一可以被合理化的國家形態❸。海耶克的社會正義實質上包含了經濟正義，而諾吉克的分配正義則是經濟正義的一個次範疇。質言之，在篤信自由市場的激進自由主義者看來，經濟正義的訴求只會強化國家的干預及官僚化的傾向，並使自由市場的機能受到威脅，而自由市場的受到限制即必然導致個人自由的受到侵害❸。

　　因爲要求經濟正義而使自由市場受到限制，是否就會絕對地窄化個人的自由，乃是一個值得商榷的判斷。不過，經濟正義的

興起確實是與市場經濟的浮現有著密切的關係。當人類尚處於自給式生產的階段時，經濟正義這個概念是不可能出現的，唯有當市場成爲人類進行生產、交易與分配的主要形式，並逐漸穿透原先由政治所決定的範圍時，經濟正義的要求才可能浮現。再者，經濟正義概念的出現也是政治範圍爲了防範市場的進一步侵襲而產生的防衛機制❸。因此，對馬克弗森來說，經濟正義可謂是對市場的反動，「經濟正義概念的標記乃是對於社會規範和倫理價值應該優於不具人格的市場價值，或不應該被市場價值所腐蝕的假定。」❹

　　經濟正義直接涉及的乃是人類社會關係裏的經濟面向，它雖然是起自於物質之交易與分配所產生的問題，但在最終經濟正義是以人與人之間的社會關係來表現的。換言之，物質要素雖然是經濟正義要仲裁或介入的標的物，但經濟正義仍然是以解決人與人之間的社會關係爲其主要軸線。因此，經濟正義的訴求乃是涉及到人做爲有價財貨的生產者、所有者或交換者的身分所產生的關係❹。

　　再者，從另一個角度來看，經濟正義也是試圖以道德或倫理的原則來規範經濟關係的一種要求❹。這種道德或倫理原則可能導源於自然法，也可能導源於特定的人性假設，而不同的人性假設以及由此所推衍而得的可欲社會的判準，就會產生不同的對於經濟正義的認知。前述的海耶克和諾吉克，或者更早的霍布斯，都深信人的不可泯除的對於物質的佔有慾，都深信市場經濟的必然性和正當性，因此，他們勉強可以接受的「經濟正義」至多只是對於既有權利、契約和法律的尊重❹。是故，如果說他們仍然強調社會結合的倫理的話，那就是市場的倫理。再如認爲人天生

是政治動物的亞里斯多德，由於他理想的政治社會是一種政治與道德合一的社羣，所以他對於在他的社會裏逐漸茁壯的市場經濟卻抱持著敵視的態度，甚至認爲市場經濟的擴展乃是良善社羣的威脅。這使得他堅持以倫理的標準來介入經濟關係，而這一個標準就是平等（或者更具體地說，比例的平等）❹。質言之，經濟正義的要求是市場經濟興起後的產物，它試圖以特定的倫理或道德的標準來介入經濟關係。從政治與經濟的互動關係來看，經濟正義的訴求代表著政治範圍對於日漸擴張的經濟範圍的反撲。此外，從其運作狀態來看，經濟正義所試圖改變的不僅是物質要素的歸屬，更是人與人之間的社會關係。

在馬克弗森看來，經濟正義這個概念之取得存在的立足點，大概是在亞里斯多德的時代（公元前四世紀）。在此之前，經濟領域並未從政治領域那裏取得足夠的自主性，也就是說，生產、交易與分配仍然受制於政治領域的規範。在此之後，人類的經濟交換行爲除了舊有的爲了使用而交換之外，另一種新的交換形式逐漸成爲主流，那就是爲了交換而交換，亦即爲了財富的累積而交換。這種新的交換形式的茁壯，使得經濟領域取得了獨立於政治領域之外的相對自主性。在這種市場原則逐漸取代傳統的社會規範成爲新的價格判準的背景底下，經濟正義的問題於是受到亞里斯多德的關注。而亞里斯多德也爲爾後經濟正義概念的發展奠下了兩個主要的範疇: 分配的正義（distributive justice）和交易的正義（commutative justice），前者關注的是社會總體生產在公民之間的分配是否合乎正義，後者側重的是交易行爲裏的正義問題❺。

到了中世紀，「由供給與需求的力量來決定價格的市場原則」

❹，更加展現它對於政治和宗教規範的挑戰，因此，經濟正義的呼聲也日益高漲。在這個階段，若干強調分配正義和交易正義的措施乃是「用來對抗市場的完全接收的防衛機制。」❹但到了中世紀末葉，主要仰仗著教會支撐的經濟正義原則，終究敵不過市場原則的進一步擴散。自十五、十六世紀以降，歐洲的重商主義漸趨擡頭，市場經濟的效用與國家利益漸呈一致，在歐洲各國競相透過發達民間資本來壯大國力的要求下，經濟正義並未成爲政策問題的主要考量❹。

在某個程度上反映了十七世紀的近代性格的霍布斯的《巨靈篇》，則更進一步打擊了經濟正義的正當性。對於直截了當地承認勞動的商品性格的霍布斯來說，唯有市場標準才是衡量交易正義與分配正義的唯一準繩，任何非市場的或倫理的標準都是不符合新環境之需要的上一個時代的精神殘餘❹。此外，在馬克弗森看來，比霍布斯稍晚的洛克也同樣肯定了市場關係與工資關係的正當性，同時更將市場關係與工資關係導入他所假設的自然狀態❺。因此，在霍布斯和洛克的時代，「經濟正義已不再是政治和經濟理論裏的一個範疇。」❺而經濟正義概念的衰頹尚且延續到十九世紀，在主流的自由主義政治理論裏，經濟正義則全然喪失了吸引力。這主要是由於市場經濟步入更成熟的資本主義階段，而資本主義市場經濟則與自由主義取得了緊密的共生關係。自由主義的政治格局提供了資本主義市場經濟一個穩固的發展空間，資本主義市場經濟則給予這一階段自由主義的貴族性格一個必要的經濟基礎（無論如何，十九世紀的自由主義在政治上主要是在保障新興工商貴族與舊式血統貴族的權利）。其結果是，「市場關係凌駕了其他的各種關係」❺，而分配正義和交易正義的舊

觀念除了在歐陸工人運動裏仍有其傳承外，在主流的理論與經濟實踐裏，幾乎已成了絕響。

經歷了上述的漫長歷史波動之後，馬克弗森認為，經濟正義才在本世紀再度獲得重視。歸結地說，造成這種轉變的主要原因有三：(1) 由於工會、工人政黨與社會民主政黨的成長，使得以經濟正義（特別是分配的正義）為主要訴求的福利國家政策，漸次在先進資本主義國家裏獲得普遍的落實。(2) 馬克思所預測的資本集中的趨勢，在後期資本主義社會可謂益形真確。愈來愈多的經濟部門出現寡佔的現象，以致少數大企業成為市場裏的壟斷力量，大企業不再受制於市場，而是市場受制於大企業。面對這種市場競爭的扭曲與衰微，交易正義的要求遂表現在陸續出現的公平交易立法之上。此外，在消費者與生產者的互動關係上，由於消費者意識的擡頭，使得強調交易正義的消費者保護立法亦蔚為新的趨勢。(3)市場的不容置疑的效用和威信面臨著事實的挑戰，市場不再被認為能夠承擔、也不再被允許去擔負所有的報酬分派的任務。新的情況是，國家對市場的介入與干預日漸普遍，雖然報酬的分派依舊透過市場來完成，但這中間則由國家與大企業集團來決定分派的原則及方向，而支持國家介入市場的最重要理由則是經濟正義❸。

由上述可知，經濟正義的歷史運動與市場經濟的發展有著十分緊密的關聯。在市場經濟尚未成形的時代，經濟正義的概念無由萌生；俟市場經濟初奠根基，分配正義與交易正義的要求遂隨著時代的需要而出現。從亞里斯多德到中世紀高峰期，經濟正義一方面是要維持日漸成熟的市場經濟活動的合理規則（聖托瑪斯‧阿奎納斯的反對高利貸即是要求交易正義的顯例），而另一

方面的更爲重要的任務則是以倫理的標準來限制及壓抑市場原則的坐大，以期使傳統的政治、社會和宗教秩序不致因爲市場的衝擊而決堤。但自十七世紀以降，市場經濟不僅已成爲實質經濟活動的主流，在理論面向上亦得到主流思想家的全力擁護，經濟正義的呼聲因而遭到重創，甚且還被認爲是阻撓歷史動性的反動思維。時序進入二十世紀之後，資本主義市場經濟固然以前所未有的方式大幅發達了人類的生產力，但也日益暴露出市場的可怖面（值得注意的是，對於依舊偏好市場經濟和主張社會主義協合生產的人來說，這種「可怖面」具有截然不同的意義，而他們所要求的改良也大相逕庭），因此，經濟正義的要求在經歷了長期的蟄伏之後，終因環境的改變而再度取得存在的立足點。不過，在當前西方自由主義民主與資本主義市場經濟緊密互賴的結構裏，經濟正義的復興能否享有長久的壽命，則是一個值得深究的問題。

　　從以上的論述我們可以看出，市場可謂是經濟正義與自由主義民主的交合點。經濟正義的要求源於市場經濟的勃興，而市場經濟的進一步堅實化則壓制了經濟正義的訴求，但當市場經濟的弊端逐漸浮現之後，經濟正義的呼聲終於再度響起。自由主義民主則是蘊育自成熟的市場經濟，再者，自由主義民主也隱含著市場人的人性觀和市場的社會觀，對馬克弗森來說，這種人性假設和社會觀一方面是當前西方自由主義民主國家無法改善其政治、經濟體質的主要障礙，另一方面則會使這些國家在全球的民主競賽中處於愈來愈不利的地位❺❹。因此，從市場與自由主義民主的緊密關係可知，市場所暴露的弊病也就是自由主義民主的弊病。

　　我們在前面說過，二十世紀是經濟正義的呼聲再度擡頭的世紀，不過，在西方自由主義民主國家裏經濟正義的前景究竟如何？

馬克弗森的答案是否定的。首先，從分配正義的角度來看，如果對市場干預日深的規制性國家 (regulatory state) 和大資本集團聯手結盟，則除了經濟面向的民主程序會遭到破壞外，當面臨經濟困境時，此一結盟在最終仍會爲了經濟效率和穩定而犧牲分配正義。而如果民主的力量在與既得利益的競逐中獲得勝利，進而徹底改造了規制性國家和資本主義市場經濟的體質，那麼，分配正義的前景仍將是晦暗的。這乃是因爲這種改造是不可能仰賴分配正義來完成的，而是需要一種更宏大的目標，例如生活品質的改善（這既包括生態環境品質的改善，也包括社會及經濟制度的品質的改善）、人類異化情境的解消以及人類能力的充分運用和發展。準此以論，「分配正義的概念將不會被撲滅，而是會自行萎謝。」㊺

其次，從交易正義的角度來看，晚近的自由主義民主國家陸續制定限制不公平契約的立法固然是交易正義的表現，但其實質意義乃是弱勢成員對於寡佔市場的抗拒同反動。這種交易正義的訴求所依循的標準只是一種「自由競爭」的標準，亦即，「正常的」（normal）的市場價格被視爲是公道的價格，弱勢成員所要求的乃是以「正常的」自由競爭所假定的價格來矯正寡佔之下的不自由競爭的結果㊻。這與過去的交易正義所包含的倫理判準可謂相去甚遠，因爲它只是要求以一種市場價格（合理的市場價格）去取代另一種市場價格（不合理的市場價格），它仍然未能脫離市場標準的宰制。因此，交易正義所面臨的處境仍和分配正義一樣，不是繼續被扭曲就是必須被超越。要言之，在馬克弗森看來，經濟正義雖然在本世紀的自由主義民主國家裏再度受到重視（其內在原因已如上述，其外在原因則是由於第三世界國家對

當前世界經濟的分工狀態所產生的不公道分配有著高度的不滿，因此極力要求國際間的經濟正義），不過，由於自由主義民主本身的偏限，使得經濟正義的未來命運不是被大資本集團與規制性國家聯手壓制，就是「在一個新的社會裏被人類實現的概念所超越。」 ⑰前一種情況是自由主義民主的市場本質所使然，後一種情況對馬克弗森而言，則是在試圖改造自由主義民主的努力中無可替代的選擇。

理論立場與馬克弗森頗爲接近的葛兒德曾主張以平等的積極自由的原則（這自然包括了經濟決策的平等參與權）和尊重他人平等的主體權利的相互性原則，來界定經濟正義，並藉此來擴展經濟民主⑱。從表面上來看，似乎馬克弗森的宣告經濟正義缺乏遠景與葛兒德的主張包含新的倫理內容的經濟正義是相矛盾的。不過，深入一層看，這種矛盾只是表象的。因爲葛兒德所要求的新形式的經濟正義是不可能在自由主義民主的格局裏獲得實現的，而馬克弗森用來取代市場道德的自我發展道德所指涉的理想社會，無疑地也必須包含對於每個人的積極自由的平等對待，以及對於個人主體權利的人道尊重。當市場道德不再是不受懷疑的社會判準時，人類經濟活動的規範自會受到更人道的倫理原則的導引。換句話說，他們同樣都認爲現有的經濟關係必須被有效地改造，他們的不同之處在於，葛兒德仍期望一種更重視積極自由與相互性的經濟正義，而馬克弗森則認爲這種理想，並不需要透過經濟正義這樣的概念來表達。

再者，馬克弗森和黑勒一樣，都確信社會 —— 政治 (socio-political) 面向的改革固然十分重要，但仍然不夠完整，必須到達倫理 —— 政治（ethico-political）面向的改造，才能有效改

善人類政治的體質。黑勒主張善的生活（good life）才是人類政治活動的目的性目標，而正義的要求只是一種工具性的目標（亦即只是善的生活的前提），其運作範圍依舊屬於社會——政治的面向，因此，善的生活是超越（這指的是高於而不只是不同於）正義的❺。馬克弗森認爲在市場道德被徹底改造之後的新社會裏，經濟正義必須被超越的見解，實與黑勒有著近似的思維路徑。他們都認爲經濟正義的訴求雖然是挽救自由主義民主之弊病的方法之一，但終究只是治標而不是治本的方法。如果人類政治要能夠邁向更高的、更人道的水平，那麼，經濟正義（甚至一般性的正義）將無法做爲這種改善運動的核心標的。

歸結地說，馬克弗森之對經濟正義抱持著如此悲觀的態度，實與他對市場的嚴厲反動有著密切的關係。在他看來，如果市場繼續存在，則經濟正義將繼續遭到扭曲；而如果我們可以建構一個不需要市場的社會，則經濟正義的原則將顯得陳義太低。因此，在「給予每個人其所應得」的形式範式中，馬克弗森似乎認爲不論是以哪一種判準來決定每個人的「應得」（due），都無法提高經濟正義做爲一種要求的可欲性，因爲在他的理想社會裏，「給予每個人其所應得」的整個範式根本就不應該被列爲首要的社會準則。相反地，馬克思和葛兒德則仍希望保住特定的經濟正義的範式（卽「各盡所能，各取所需」，而其決定「應得」的判準則是每個人的需要）❻。要言之，馬克弗森對於經濟正義的評價涉及了幾個問題。第一，他太早否定了經濟正義在他的理想社會裏的可能作用，尤其當馬克弗森事實上也同意「各盡所能，各取所需」的可欲性時，這種過早的否定更顯得不必要。第二，一種合乎其平等的有效權利原則的經濟正義（這當然不同於市場體

制下所可能實現的經濟正義）是否必然無法與人類實現的理想相容，是馬克弗森在否定經濟正義的可欲性時應該澄清的，可惜的是他並未做出必要的說明。第三，他對於經濟正義的悲觀態度會影響他陳述經濟民主之必要性的說服力，而使他的整體論述呈現出內在的緊張性。無論如何，即使馬克弗森認定人類實現是一個更高階的標的，他也不需要太早否定新形式的經濟正義的可能作用。

第三節　資本主義市場經濟

資本主義市場經濟在人類經濟形式的演化歷史裏，有著極為突出的地位。在曾經存在過的人類經濟形式中，沒有任何一種在生產力的顯現上比得過資本主義市場經濟，也沒有任何一種經濟形式能像資本主義市場經濟那樣誘發難以數計的科技突破與生產方法的變革。就其內在本質來看，資本主義市場經濟是最顧及個己所有權與人的自私天性的生產體制，在這樣的體制裏人對外在事物的佔有基本上得到法律的充分保障，而人的營求物質佔有的能力也受到結構性的鼓舞（不管這種鼓舞是否如韋伯所分析的間接來自履行上帝之召喚的義務）。尤其，資本主義市場經濟的漸趨成熟，恰與自由主義民主的興起在歷史的時間與空間等兩個因素上完全偶合，因此，不少在近現代才逐漸為人類所珍視的政治價值，遂被許多論者認為唯有在資本主義市場經濟的體制裏才可能被有效地落實。

在資本主義市場經濟的擁護者看來，市場競爭是個人表達其偏好（亦即表達其選擇的自由）的最好的也是最自然的方式，同

時，市場競爭也是達成供需均衡的最佳途徑。市場競爭是在平等
的基礎上給予個人自由最大的存在空間，此外，它所表徵的道德
水平也高於其他的經濟形式，弗利德曼 (Milton Friedman)
就信心十足地指出「資本主義社會的物慾傾向是不及集體主義社
會的。」❻ 資本主義市場經濟的擁護者認爲，只有每一個人自己
才最了解自身利益之所在（當然，這是自亞當‧斯密以來即已確
立的信念），任何他人都不能代替「我」決定我的利益，這種嚴
格的方法論的個體主義也使他們對任何的中央計劃或中央控制抱
持著強烈反對的態度。海耶克就認爲「中央控制的整個理念根本
就是錯亂的」❻ ，因爲在施行中央計劃時所能掌握的各種類型的
資源的總量根本是不可知的，而不可知者即不可被計劃（what
cannot be known cannot be planned)，因此，中央計劃或
中央控制在最終只是海市蜃樓❻ 。在海耶克看來，以市場競爭爲
基礎的資本主義乃是一種「人類合作的延展秩序」（the ex-
tended order of human cooperation)，它並不是被刻意設計
出來的，而是歷史發展所自發形成的❻ ，相反地，「社會主義則是
建築在可被證成爲錯誤的基設之上，儘管社會主義是被好的意圖
所激發並由我們時代的最具智慧的代表人中的一部分人所領導，
但社會主義卻危及了我們現有人口中很大一部分人的生活水準及
生命本身。」❻

　　要言之，對支持資本主義市場經濟的人而言，社會主義式的
計劃經濟乃是一種錯誤思維底下的悲劇產物，而市場經濟則是確
保人類價值的保證，就如弗利德曼所宣稱的：

　　　「市場的重要優點在於…它允許廣泛的歧異性。用政治術

語來説，市場乃是一種比例代表的體例。每個人都能——
事實上即是如此——把票投給他所需要的領帶的顏色，同
時得到他所要的；如果他是處於少數的地位，他也不需要
看多數人要的是哪一種顏色，然後再跟著附和。當我們
説市場能夠提供經濟自由時，我們指的就是市場的這個面
向，但這個特性還具有遠遠超出狹窄的經濟領域的意含。
……藉著使經濟活動的組織不受政治權威的控制,市場得以
去除這種强制權力的來源（筆者按：弗利德曼認為强制的
權力乃是自由的基本威脅）。市場使經濟力量能夠節制政
治權力，而不是去增强政治權力。」⑯

因此，弗利德曼遂堅決地認定市場競爭乃是最能維護政治自由及
經濟自由的一種制度設計。此外，達倫道夫（Ralf Dahrendorf）
則從兩種不同的理性類型所帶來的社會後果的角度，來闡揚市場
的優越性。在他看來，「市場乃是一個交換與競爭的場所,在市場
裡所有的參與者都盡其所能地改善其自身的命運；任何市場理性
的態度的出發點即是基於一個順暢運轉的市場事實上乃是達成最
大多數人的最大利益的假設」⑰，市場理性乃是建築在不確定性
（uncertainty）的假定之上，其重點在於建立特定體制的競賽
規則；相反地，計劃理性則奠基於確定性（certainty）的預設
之上，並要求確立實質的社會規範⑱。儘管達倫道夫也承認市場
理性和計劃理性往往都是以不同的形式同時並存，但他仍不忘强
調唯有以市場理性為主導的社會才能開展人類的前景，「唯有一
件事是確定的，那就是如果新的理性要能夠和人類自由相輔相
成,那必然就是市場理性。」⑲對資本主義市場經濟的支持者而言,

市場競爭與計劃之間的高下優劣是十分明顯的，海耶克就明白表示唯一可以被接受的計劃行為就是為競爭所做的計畫，「只有在為競爭而計劃 (planning for competiton) 而不是為阻撓競爭而計劃 (planning against competition) 的情況下，計劃和競爭才可以被結合。」⑩也就是說，市場經濟的擁護者的世界是休姆的世界，而不是黑格爾的世界。

　　不過，包括馬克思主義在內的整個左派知識界，對於資本主義市場經濟的評價卻不是這麼的樂觀，馬克弗森亦復如此。卡利尼可斯 (Alex Callinicos) 曾精要地總結了馬克思主義對資本主義市場經濟的批判，並將之歸結為下列三項：⑴它產生了人剝削人的現象；⑵它基本上是一種生產的無政府狀態；⑶它使人類不自由⑪。基本上，這樣的總結也可以涵蓋整個左派知識界（當然也包括馬克弗森在內）對於資本主義市場經濟的質疑。值得一提的是，有些論者（如達倫道夫）卻認為所謂的資本主義社會嚴格地說是不存在，並以此來反駁左派對當前西方社會的批評。達倫道夫認為資本主義指的是「『私人行動者』透過『市場』來協調其經濟活動，以達成累積及『成長』」⑫，他指出歷史上從來沒有一個經濟體制是完完全全透過『私人行動者』、『市場』和『成長』來運作的，而是許多種不同力量的混合，因此，「並沒有資本主義社會存在。」⑬然而，必須指出的是，達倫道夫的這種說法乃是犯了過分區隔本質與現象的錯誤，所謂後工業社會 (post-industrial society) 已經和資本主義社會截然不同的說法，正是這種思維的產物。自福利國家的理念擡頭並逐漸被落實到制度層面，以及「公共行動者」的權力的日益擴大（最明顯的是當今美國聯邦政府的權力已遠非制憲諸賢所能想像），西方社會裡的「私

人行動者」和「市場」已不再是經濟過程裡僅有的元素。但必須辨別的是，這些表象的變化並未改變「私人行動者」透過市場來追求「成長」的本質（其實，達倫道夫應該加引號的是「累積」而不是「成長」）。也就是說，「公共行動者」的介入與福利措施的制度化，在本質上乃是爲了維護及改善「私人行動者」從事「市場」競爭的條件，透過「市場」來進行「累積」依然是當前西方社會的主導動力。準此以論，並不是沒有資本主義社會存在，當前的西方社會就是資本主義市場社會。

對馬克弗森來說，資本主義市場經濟並非如海耶克所形容的是一種「不可取代的經濟秩序」❼，相反地，「雖然我們的社會實質上是一個市場社會，但它已不再能自動地被其基本假設所合理化。」❼這種歧異的判斷可謂充分反映了理論家的不同的價值立場，「不管理論家自己是否清楚，一個政治或經濟理論必然包含著道德判斷。」❼在對於資本主義市場經濟的價值評斷上，有論者以爲弗利德曼的理論主要是基於效率的考量，而馬克弗森則主要是以公平爲考量的基點❼。我們以爲這樣的說法不管是對弗利德曼或馬克弗森來說，都是不太允當的。事實上，除了效率之外，弗利德曼也十分重視市場經濟在維護自由(特別是經濟自由)上的作用；此外，從馬克弗森的整體立場來看，他之抨擊市場經濟乃是因爲它構成了人類追求普遍的自我實現與民主社會的障礙。現詳述如下：

（一）市場的極大化或效率的宣稱並不能做爲其合理化的論據。市場的辯護者認爲，市場乃是促成效益的極大化的最有效的運作機制，除非是透過強調自由交換的市場，否則人力與資源的投入就無法得到最有效率的結果。但馬克弗森指出，這種爲市場

做合理化的論證存在著嚴重的問題，因為在既定的資源及所得分配的條件下，自由市場的運作確實可能是一種最有效的機制，但問題在於在這之前必須先去證成既定的資源及所得的分配是公正的，「否則你並不能對該體制做合理化。」❷換句話說，市場經濟是在一個接收歷史所累積的不公正分配的基礎上，去進行所謂「自由」的競爭，但由於其操作的基點已然包含了不平等的分配結構，因此其運作的結果並不是對每個人來說都能獲致極大化的結果。再者，市場經濟也強調每個人的生產投入都能大致上獲得相同比例的（亦即與其投入相應稱的）報償，但市場經濟並無法完全只依照每個人的人力投入及技術去做相同比例的回饋，它還必須將其他的生產要素如累積的資本及自然資源列入做為分派報償時的考量（這通常也是最具決定性的考量），但問題就在於資本及資源的所有人正是藉著其所有權，而大幅扭曲了等比例回報的原則❷。因此，「市場所能夠極大化的只是人們有能力去購買的滿足」，「市場無法依照人們所投入的精力和技術給予等比例的報償，因為它同時也必須對所有權做報償。」❸要言之，即使是完全競爭的市場經濟也無法以極大化來為其自身做合理化，更遑論當前的大資本集團掌握了價值及產出的操控權的不完全競爭的市場經濟了❸，「當資本主義已經從純粹競爭走向寡佔和獨佔時，資本的專注於利潤已不再必然地使生產或公眾的利益得到極大化乃是極其明顯的事實，在這種新的情境裡，最大的利潤並未與最大的生產力相結合。」❸

　　（二）資本主義市場經濟隱含了權力的淨轉移，這使其一方面無法給與平等有效的考量，另一方面則使其所強調的（經濟）自由淪為形式的自由。對市場經濟的擁護者而言，市場經濟是能有

效防範強制（coercion）之成為一種結構要素，進而得以穩定地屏障自由的一種機制。海耶克曾謂：

> 「強制之為惡正是因為它忽略了一個人乃是一個能思考及做評價的人，並使他淪為他人達成其目的的一種赤裸裸的工具。自由的行動 —— 在其中一個人可以透過他自己的知識所陳示的手段去追求他自己的目標 —— 必須建築在不能被他人所任意決定的資訊之上。自由的行動預設了一種已知的界域存在，其中的情境不能是因為在他人的限定之下使一個人僅僅只剩下別人所規定的選擇。」[83]

事實上，反對市場經濟的人多半也會同意海耶克的上述見解，尤有甚者，反對市場經濟的人更可以指出，**市場經濟恰恰正是將強制內化於其結構之中，並使人只能在強制所規約的範圍裡遂行自由的行動的一種體制**。蓋市場經濟在邏輯上必以（實質的或默認的）交換契約為其起點，交換契約在形式上是參與交換的雙方透過其自由意志所締結的一種平等的同時也是雙方都能同意的契約。但值得注意的是，在實質上那些最具關鍵性的交換契約（亦即多數人藉以取得勞動機會、藉以謀得生計的交換契約）都是「在他人的限定之下使一個人僅僅只剩下別人所規定的選擇」的情境下所締結的契約，擁有生產工具的那些「別人」雖然不一定有強制他人的意圖，但由於市場經濟本身的結構性強制，使多數的未擁有生產工具的人只能在被強制的情境下締結交換契約，因此，其「自由的行動」可謂只是在不平等的條件底下的非自由的行動。

　　對馬克弗森來說，資本主義市場經濟本身的結構使未擁有生產工具者的勞動力（labour-power）被轉移給生產工具的擁有者，這樣的轉移也使得前者的可以用來實現自我的權力受到嚴重的減損[84]，「自由主義民主社會乃是一個資本主義市場社會，後者的這種本質迫使某些人的權力的一部分不斷地淨轉移給別人，因而減損了而不是極大化了被宣稱的使用及發展一個人的自然能力的平等的個人自由。」[85]當資本主義處於繁榮階段時，這樣的權力的淨轉移是較不為人所察覺的，但當資本主義陷入困境、生產景況蕭條不振時，權力的淨轉移的現象就會引起人們的注目[86]。但無論如何，即使是福利國家政策已被廣泛引入當前的資本主義市場經濟體制，其所產生的局部的反轉移作用仍不足以改變結構化的權力淨轉移的本質[87]。因此，在市場經濟的體制之下，機會平等只是意味著「一種得以參加為自己掙得更多的競賽的平等的法律權利」，「每一個人都可以參加比賽，實際上是每一個人都得參加比賽，但是，…每一個人都不能以平等的條件參加比賽。」[88]在這種情形下，市場所提供的究竟是不是不受強制的自由的行動，就大有疑問了。早在本世紀初，宋巴特（Werner Sombart）對於資本主義市場經濟體制下的勞動者（他特別指的是美國的勞動者）是否會滿足於形式的平等並安逸地「逃入自由」（escape into freedom），即抱持著高度的懷疑[89]。馬克弗森也有著相同的懷疑，尤其，他的懷疑更是一種從其對於人之所以為人的價值立場出發的懷疑。

　　(三)資本主義市場經濟乃是達成人類實現與民主社會的障礙。資本主義市場經濟的支持者與反對者之所以會對資本主義市場經濟在達成人類實現的作用上有著兩極化的評斷，很大的程度

乃是源自於他們對於人的不同的理解。弗利德曼認為「人是不完美的存在」，因此，社會組織的主要目的既在於防止「壞人」造成傷害，也在於使「好人」能依善而為⑩，而市場競爭和交換就是在這種人性認知下的一種不必透過強制而能達成合作，並使每個人都能自由地追求其利益的最佳方法⑪。但對馬克弗森來說，即使人如同弗利德曼所認定的乃是一種不完美的存在，市場經濟如上所述仍然是一種忽視平等並扭曲自由的體制。進一步說，馬克弗森更認為將人預設為一種無止盡的佔有者及消費者，並以此來從事社會組織的規劃，乃是使人類社會無法獲得質的轉化的主因。資本主義市場經濟即是這種人性觀的最具體產物，同時它也藉著對於這種價值的不斷地再生產來延續其體制的存在，「資本主義複製了不平等和消費者意識，它必須如此才能持續運作。」⑫就個別的案例來說，馬克弗森認為加拿大亞爾貝塔省社會信用運動的喪失其理想並趨於衰微，就是由於他們錯誤地認為市場關係足以提供最終極的個人自由和確保人民主權⑬。而就更深入的政治義務的問題來說，市場社會的本質與假設已不再能導引出合理的政治義務，亦即不再能合理地要求人民去服從這樣一種阻礙普遍的人類實現的體制⑭。

在馬克弗森看來，人類當前的生產及科技水平已經使我們能夠放棄市場的人性觀，「並以一種在道德上更可欲的概念來取代。」⑮如果我們將人視為自身能力的發展者、運用者及享有者，並據此以來籌劃與改善人類的政經制度和社會生活，則將遠比市場的道德和競爭的倫理有著更好的機會來為人類開展出更有希望的遠景，他說：

「我做了一個樂觀的假定，那就是一個存在著零抽取權力（zero extractive power）的後物質稀罕（post-scarcity）的社會是可能的。在這樣的社會裡，人們將做為社會存在（social beings）而生活，並在與他人共同生活與交往的過程中得到他們最大的滿足。正是由於物質稀罕和抽取的市場情境，才使人們表現出原子式的行為方式。而當物質稀罕和抽取的關係被排除之後，人們將不再表現出原子式的行徑。」[96]

從馬克弗森對人類經濟生活的主張以及對參與式民主的強調可以看出，儘管他極力指陳佔有式個人主義的不當，並一再強調社羣性的重要性(「個人只有做為社羣的成員，才可能成為完整的人」)[97]，但是他並未因而貶抑了個體性的價值，相反地，如同柏拉圖和馬克思一般，他深信唯有透過個體性與羣體性的相互成全與映照，並在具體的制度結構的層次加以落實，才能彰顯人的存在的價值，才能使人類的社會關係真正表現出人本主義的、以及不被扭曲的平等主義的色調。麥金泰爾曾形容馬克弗森的理論為一種合作的和創造的個人主義（cooperative and creative individualism）[98]，這樣的形容可謂在一定的程度上反映了馬克弗森在面對個人與社會的連繫性時所採取的態度。值得注意的是，從本章以及上一章的討論可以看出，馬克弗森是試圖從個體性的確立去逐漸趨近羣體性的建立，而不是採行與此相反的路徑。正因為如此，社羣主義者如麥金泰爾要指責馬克弗森對佔有式個人主義做了太多的讓步[99]。不過，從追求穩健與避免太唐突的冒險的角度來看,在先有效地掌握住人本主義的個體性的前提下,再進

一步去尋索發展社羣性的可能，或許是避免悲劇的較爲穩妥可行的方法。在這種思維底下，當每個人的生活手段和勞動手段都能得到制度化的確保時，一個人之對待陌生的他人可能仍只是在對待一個匿名的別人，但由於社會意識已透過制度化的溝通而獲得強化，同時人的佔有性也受到新社會結構的節制，因此，陌生人的匿名性（anonymousness）將不再純粹只是不被關注的匿名性，而可能被轉化成一種基於相同的社會歸屬所產生的被關注的匿名性（concerned anonymousness）。我們以爲，這樣一種被關注的匿名性應該是有助於社羣性之展開的媒介，而這種媒介卻是資本主義市場經濟所無法提供的。

第四節 民主社會的經濟基礎

在對馬克弗森反對市場經濟的論點做了若干推論之後，我們還需進一步說明他用以取代市場的關於人類經濟活動的主張。十分明顯地，馬克弗森對於資本主義的理解是與馬克思主義有著緊密的親和性的。在他看來，資本主義市場經濟不斷複製著對立的階級關係，而不論福利國家的思維和政策多麼地普遍化，都無法改變其透過權力的淨轉移來複製對立的階級關係的本質。再者，儘管工人控制（產業民主）是一個極具先導性及突破性的起點，但僅僅只透過工人控制是不足以奠立民主社會所需的經濟基礎的。馬克弗森雖以政治經濟學家自許，但他並不是一個以經濟學爲專業的理論家，更貼切地說，他是從其價值立場出發來對人類的經濟體制做政治的反思，亦卽，他的工作在於探索特定的經濟體制所產生的政治後果，以及什麼樣的經濟體制才可能體現人類實現

的目標。因此，馬克弗森並未對其理想的經濟組織做細部的說明，而是對其基本原則做一般性的提示：

> 「一個充分的民主社會必須對於聚積的資本以及社會的其
> 他的自然資源的使用方式，能夠有民主的政治控制。至於
> 這是對所有的資本採取社會所有權的形式，或是一種幾乎
> 與所有權一樣的徹底的社會控制，或許是不太重要的。但
> 只靠對國民所得做更多的福利國家式的再分配是不夠的，
> 不論它多麼能減少階級的所得不平等，它都無法觸及階級
> 的權力不平等。」⑩

從上述的基本原則來看，馬克弗森理想的經濟秩序可謂包含了幾個要點：(一)分配的問題並不是最重要的關懷，生產模式與背景條件的改善才是最迫切的問題，唯有人人都能共同參與生產的總體決策(就某個程度來說，生產決定了分配)，人類的經濟活動才不會成為製造階級對立的根源。(二)民主的原則必須應用到經濟的領域，使每個人都能取得經濟上的自主的地位，如此才能避免多數人因為缺乏經濟資源而反為經濟資源所困的窘境，換言之，民主共享應成為經濟生活的主導原則，而個別偏好的差異也應在此一原則下獲得確保。(三)一個真正的民主社會必須以有效的社會及經濟平等為其前提，否則政治平等只是有名無實，有效的社會及經濟平等才能開展出更豐富的自由，才能使自由真正成為屬於每一個人的自由。(四)生產資本的社會化是達成經濟平等的重要方法，但被社會化的資本的使用則必須受到人民的徹底民主的政治監督，而不是被國家或少數統治階層所操控，亦即，徹底的政治民主是

馬克弗森

使資本的社會化不致走上東歐官僚社會主義的不可或缺的前件。

自由主義者面對馬克弗森的上述主張就顯得忐忑不安，恰普曼 (John W. Chapman) 卽認爲馬克弗森所設想的乃是一種「全然地計劃的和政治化的經濟」[101]，一種危及自由的「統制經濟」(command economy)[102]。從自由主義的立場來看，自由與平等是存在著無可避免的衝突的，過度的平等必然威脅到自由，因此恰普曼強調，「人性是會改變的同時也已經改變了，但並不是朝平等主義的邏輯所陳示的方向去改變。」[103]不過，必須指出的是，馬克弗森所設想的經濟體制當然不會允許藉著資本的無限制累積來表達個人自由，其所容許的經濟自由當然與市場體制大異其趣，但它也絕不是一種「統制經濟」，因爲它並未主張由一羣不受政治民主節制的中央統治階層來下達一切的經濟指令，它也絲毫不主張壓制由下而上的經濟要求。恰恰相反的是，卽使它可能含有計劃經濟的成分，其計劃也是透過每一個自主的個人的同意而議定的，它所遵循的正是由下而上的原則 。再者，恰普曼之指出馬克弗森所設想的乃是一種政治化的經濟，則是十分正確的。不過，馬克弗森的「政治化的經濟」並不僅僅只意味著（如恰普曼所認爲的）以政治來導引經濟，它更強調的乃是一種由政治民主來導引的經濟範式，這其中的差別在於後者是一種人民共同參與和共同經營的經濟體制。因此我們以爲，「民主政治化的經濟」（democratically politicized economy）或許才是對於馬克弗森的理想經濟範式的更爲貼切的形容，而這種經濟範式所追求的，則是使自由與平等得以在人類實現的目標底下幅合相映，並使經濟籌碼的政治轉換不再成爲人類實現的絆腳石。

歸結地說，人類的生產能力能夠發展到今天的水平及規模，

最主要地可謂是拜市場經濟之賜。從近三百年來的經濟發展史觀之，這樣的說法應該不會招致太大的反對。不過，我們當前所面臨的問題是：市場經濟做爲一種經濟活動的範式，在本質上究竟是以物量的擴增爲主要目標，還是以人的存在條件的普遍改善爲鵠的？究竟是人在駕馭市場經濟，還是市場經濟（做爲一種結構）在操控人的行爲？這樣的問題所反映的乃是，人類是否應該嚴肅地思考他之所以從事經濟活動的目的究竟爲何。對市場經濟的辯護者來說，競爭式市場不僅是對個人傷害最小及強制最少的體制，同時也是提供最大的空間俾讓個人的道德及知識能力能得到充分實現的體制⑩。但市場經濟的辯護者所忽略的是（姑且不論他們對市場經濟的評價是否正確），他們所指陳的競爭式市場的優點及優越性，究竟能不能普遍地適用在每一個社會成員身上？如果只有極少數的幸運者才能在競爭式市場裡享有發展其能力的充分空間，而絕大多數的人卻要受制於競爭式市場所加諸的限制，那麼，市場經濟的正當性就不能不被質疑了。馬克弗森對市場經濟及其相關經濟範疇的分析，卽是圍繞著上述問題而展開的。一言以蔽之，他考察經濟事務的基本出發點是人的普遍的經濟存在，而不是物質產能的擴增和累積，這同時也是他的政治經濟學的根本立場。

註　釋

❶ John Hicks, *A Theory of Economic History*, Oxford: Oxford University Press, 1969, p.160.

❷ Joseph Cropsey, "On the Relation of Political Science and Economics" in his *Political Philosophy and the Issues of*

Politics, Chicago: University of Chicago Press, 1977, pp. 32-43.

❸ Macpherson, *The Rise and Fall of Economic Justice,* p.38.

❹ *Ibid.,* p.102.

❺ *Ibid.,* p.35.

❻ C. B. Macpherson, "The Meaning of Economic Democracy", *University of Toronto Quarterly,* Vol.11, No.4, 1942, pp. 403-420, see p.403.

❼ *Ibid.,* p.404.

❽ Macpherson, *The Rise and Fall of Economic Justice,* pp. 35-36.

❾ Sartori, *op. cit.* (Vol.I), p.11.

❿ Steven Plaut, *The Joy of Capitalism,* London: Longman, 1985, p.43.

⑪ *Ibid.,* pp.44-45.

⑫ *Ibid.,* p.45.

⑬ Macpherson, *The Rise and Fall of Economic Justice,* p.36.

⑭ Macpherson, "The Meaning of Economic Democracy", pp.414-415.

⑮ Macpherson, *The Rise and Fall of Economic Justice,* p.36.

⑯ *Ibid.,* p.37.

⑰ *Ibid.,* pp.38-41.

⑱ *Ibid.,* p.41.

⑲ *Ibid.,* pp.42-43.

⑳ Macpherson, "The Meaning of Economic Democracy", pp.404-405.

㉑ *Ibid.,* p.406.

㉒ *Ibid.*, p.409.

㉓ *Ibid.*, pp.411–412 and 420.

㉔ *Ibid.*, p.420.

㉕ Ryan, *Property and Political Theory*, p.182.

㉖ *Ibid.*, p.183.

㉗ *Ibid.*, p.185.

㉘ Robert Owen, *A New View of Society and Other Writings*, ed. by Gregory Claeys, Harmondsworth: Penguin, 1991, p.73.

㉙ Robert A. Dahl, *Democracy and Its Critics*, New Haven: Yale University Press, 1989, p.331.

㉚ Robert A. Dahl, *A Preface to Economic Democracy*, Berkeley: University of California Press, 1985, ch. 4; see also Robert A. Dahl, *Democracy, Liberty and Equality*, Oslo: Norwegian University Press, 1986, pp.101–113.

㉛ Dahl, *A Preface to Economic Democracy*, pp.161f.

㉜ Macpherson, "The Meaning of Economic Democracy", p.417.

㉝ 至於決定每個人的應得(due)的判別標準，大概有六種不同的主張：(1) 依據其德性(virtue)；(2)依據其努力 (effort)；(3)依據其實質貢獻 (contribution)；(4)依據其與他人之間的協議(agreements)；(5)依據其需要(needs)；(6)依據特定社會的規則(society's rules)。詳參 Alan Gewirth, "Economic Justice:Concepts and Criteria" in Kenneth Kipnis and Diana Meyers eds., *Economic Justice: Private Rights and Public Responsibities*, Totowa, New Jersey: Rowman & Allanheld, 1985, pp.7–32, see pp.12f.

㉞ Macpherson, *The Rise and Fall of Economic Justice*, p.2.

㉟ J. R. Lucas, *On Justice*, Oxford: Clarendon Press, 1980, p. 230.

㊱ Friedrich A. Hayek, *Law, Legislation and Liberty, Vol.2: The Mirage of Social Justice*, Chicago: University of Chicago Press, 1976, p.96.

㊲ Robert Nozick, *Anarchy, State and Utopia*, New York: Basic Books, 1974, p.274.

㊳ David Miller, "Justice" in David Miller et. al. eds., *The Blackwell Encyclopaedia of Political Thought*, Oxford: Blackwell, 1987, pp.260–263, see p.262.

㊴ Macpherson, *The Rise and Fall of Economic Justice*, p.1.

㊵ *Ibid.*, p.12.

㊶ *Ibid.*, p.2.

㊷ *Ibid.*, pp.2–3; see also Macpherson, *Democratic Theory*, p. 29.

㊸ *Ibid.*, p.3; see also Miller, *op. cit.*, p.262.

㊹ Aristotle, *Nicomachean Ethics* (Loeb Classical Library No. 73), Cambridge, Mass.: Harvard University Press, 1934, pp.277f: see also Wolfgang von Leyden, *Aristotle on Equality and Justice: His Political Argument*, New York: St. Martin's Press, 1985, pp.3f.

㊺ Macpherson, *The Rise and Fall of Economic Justice*, pp. 5–6.

㊻ Richard Hodges, *Primitive and Peasant Market*, Oxford: Blackwell, 1988, p.5.

㊼ Macpherson, *The Rise and Fall of Economic Justice*, p.7.

㊽ *Ibid.*, p.8.

㊾ Macpherson, *The Political Theory of Possessive Individualism*, pp.63f.

㊿ *Ibid.*, pp.217f.

(51) Macpherson, *The Rise and Fall of Economic Justice*, p.9.

(52) *Ibid.*, p.13.

(53) *Ibid.*, pp.14-15.

(54) Macpherson, *The Real World of Democracy*, p.66.

(55) Macpherson, *The Rise and Fall of Economic Justice*, p.17.

(56) *Ibid.*, p.19.

(57) *Ibid.*, p.20.

(58) Carol C., Gould, *Rethinking Democracy: Freedom and Social Cooperation in Politics, Economy and Society*, Cambridge: Cambridge University Press, 1988, pp.156-159.

(59) 黑勒認爲善的生活應包括: (1)誠實; (2)將個人最好的稟賦(endowments) 發展成才具 (talents); (3) 型塑出濃烈的個人喜好。而這三者都必須以人與人之間的齊聚性 (togetherness) 爲基礎，詳見 Agnes Heller, *Beyond Justice*, Oxford: Blackwell, 1987, pp.320f.

(60) Gould, *op. cit.;* Karl Marx, *Critique of the Gotha Programme*, New York: International Publishers, 1966, p.10.

(61) Milton Friedman, *Capitalism and Freedom*, Chicago: University of Chicago Press, 1962, p.201.

(62) Friedrich A. Hayek, *The Fatal Conceit: The Errors of Socialism*, London: Routledge, 1988, p.87.

(63) *Ibid.*, pp.85f.

(64) *Ibid.*, p.2.

(65) *Ibid.,* p.9.

(66) Friedman, *op. cit.,* p.15.

(67) Ralf Dahrendorf, *Essays in the Theory of Society,* Stanford: Stanford University Press, 1968, p.219.

(68) *Ibid.,* pp.219-220.

(69) *Ibid.,* p.231.

(70) Friedrich A. Hayek, *The Road to Serfdom,* Chicago: University of Chicago Press, 1944, p.42.

(71) Alex Callinicos, *The Revenge of History,* Cambridge: Polity, 1991, pp.100-106.

(72) Ralf Dahrendorf, *The Modern Social Conflict: An Essay on the Politics of Liberty,* Berkeley: University of California Press, 1988, p.23.

(73) *Ibid.*

(74) Hayek, *The Fatal Conceit,* p.9.

(75) Macpherson, *Democratic Theory,* p.193.

(76) C. B. Macpherson, "Bow and Arrow Power", *The Nation,* Jan. 19, 1970 p.54.

(77) Ronald W. Growley, "A Comment on Professor Macpherson's Interpretation of Friedman's *Capitalism and Freedom*", *Canadian Journal of Political Science,* Vol.2, No.2, 1969, pp.256-261, see p.261.

(78) Macpherson, *The Real World of Democracy,* p.51.

(79) *Ibid.*

(80) *Ibid.,* p.53.

(81) *Ibid.,* pp.51-52.

(82) Macpherson, *Burke,* pp.73-74.

(83) Friedrich A. Hayek, *The Constitution of Liberty,* Chicago: University of Chicago Press, 1960, p.21.

(84) Macpherson, *Democratic Theory,* pp.40-41 and 64-65.

(85) *Ibid.,* pp.10-11.

(86) Macpherson, *The Real World of Democracy,* p.48.

(87) *Ibid.*

(88) *Ibid.,* p.47.

(89) Werner Sombart, *Why Is There No Socialism in the United States?* New York: M. E. Sharpe, Inc., 1976 (1906), pp.115-119.

(90) Friedman, *op. cit.,* p.12.

(91) *Ibid.,* pp.13-14.

(92) Macpherson, *The Life and Times of Liberal Democracy,* p.105.

(93) Macpherson, *Democracy in Alberta,* pp.233-234.

(94) Macpherson, *The Political Theory of Possessive Individualism,* p.275.

(95) Macpherson, *Democratic Theory,* p.37.

(96) C. B. Macpherson, "Individualist Socialism? A Reply to Levine and MacIntyre", *Canadian Journal of Philosophy,* Vol.6, No.2, 1976, pp.195-200, see p.199.

(97) Macpherson, *The Rise and Fall of Economic Justice,* p. 33.

(98) Alasdair MacIntyre, "On *Democratic Theory: Essays in Retrieval* by C. B. Macpherson", *Canadian Journal of Philosophy,* Vol.6, No.2, 1976, pp.177-181, see p.178.

(99) *Ibid.,* p.181.

(100) Macpherson, *The Life and Times of Liberal Democracy,*

p.111.

⑩ John W. Chapman, "Justice, Freedom and Property" in Pennock and Chapman, *op. cit.*, p.312.

⑩ *Ibid.*, pp.291 and 306f.

⑩ *Ibid.*, p.312.

⑩ 參考 H. B. Acton, *The Morals of Markets: An Ethical Exploration,* London: Longman, 1971, pp.97–101.

第六章　民主社會的格局

　　每一種從古典中尋求靈感的現代理論，或多或少都有著由現實所觸發的原因。如羅爾斯試圖透過新契約論來達成一般正義的努力，在某個程度上可謂是有感於現實社會構造的侷限性及不完美性，而契約論的吸引人之處則在於它提供了一種一切都重新開始（從自然狀態或原初情境的假設重新開始）的滿足感❶。對於馬克弗森等嚴格民主派來說，自由主義民主的理論及實踐現況都存在著無法令人滿意之處，因此，儘管他們彼此之間民主主張的側重面向並不盡相同，然而他們同樣都期盼在現代的格局裏，鑲入古典民主（不管那是古希臘的、摩爾的或盧梭的民主）的原始理想——那就是平等和人民主權，而最能確保人民主權的方式則是公民的參與❷。就此而言，馬克弗森等嚴格民主派所追求的乃是一種不妥協的人本主義的滿足感。

　　但當前居於主流地位的均衡式民主理論和經驗政治學，卻十分忌諱更好的社會、更好的公民等人本主義的理念。如果說阿爾圖傑赫(Louis Althusser)是馬克思主義裏的「理論的反人本主義」(theoretical anti-humanism) 的代表，那麼，均衡式民主理論與經驗政治學更是有著明顯的「理論的反人本主義」的傾向。馬克弗森曾指出，「二十世紀的正統的政治學雖仍試圖維護民主的價值，但實質上卻已經使民主理論中立化了」❸，當政治被化約成一種維持政治供需之平衡的市場時，政治需求的倫理判

準就被摧毀了（因爲既然政治只是維持供需之均衡的市場，則能行得通的就是可接受的，故而不能也不必以倫理的判準來衡量不同的政治需求的價值及優先順序）。因此，當前的主流政治學爲了追求更精確的科學性的代價是，「人本主義內涵的被剝除。」❹

我們可以說，馬克弗森所企盼的人本主義的復興包括了兩個相互關連的層次，其一爲政治理論裏的人本主義的復興，另一則爲政治實踐裏的人本主義的復興。無疑地，基於勞動分工的緣故，馬克弗森所能用力者主要是政治理論的層次，但不應被忘記的是，他在理論層次裏的改革運動是要爲實踐層次的更新做鋪路的工作。與其他的論述活動相較，政治理論裏的政治意圖是最清楚明白的，而馬克弗森所致力者正是進行一場政治理論裏的政治運動，其目的在於重新調整政治理論的政治性，尤其是人與人之間以及人與社會之間的政治關係，其方向則是企圖從「經濟人的政治」邁向「參與人 (homo participans) 的政治」，從「被他人控制的人 (homo alieni juris) 的政治」邁向「自我控制的人 (homo sui juris) 的政治」，從「鞏固現狀的政治」邁向「改革現狀的政治」。本章將從政治理論裏的政治運動的角度，來討論馬克弗森的參與式民主的理想，以及其中所蘊含的自由和平等的理念。

第一節　參與式民主

在第三章裏，我們討論了自由主義民主思潮的歷史發展，以及馬克弗森對當前主流的民主理論（「均衡式民主」）的批評。而在說明了馬克弗森的政治經濟學之後，我們可以進一步歸結出

他之要求再展開民主想像的理由。

（一）政治體制的形式及可能性是與該社會的經濟體質息息相關的，民主政體也不例外。借用柯罕（G. A. Cohen）的功能解釋來說❺，經濟結構雖然不能說徹底決定了政治體制的形式及可能性，但從逆反的方向來看，政治體制的形式及可能性乃是對應著（correspond to）經濟結構本身所提供的可能性。也就是說，特定政治體制之存在乃是因爲它在功能上滿足了特定經濟結構的需要。

（二）自由主義雖然要求每一個人都能在平等的基礎上享有各自的自由，但當資本主義成爲自由主義民主所對應的經濟樣式之後，自由主義所要求的平等在理論的假定與實踐之間，即產生了重大的落差。資本主義在本質上只能保障每一個人得以進入市場參與競爭的權利，但如第四及第五章所分析的，資本主義本身即是一個不斷進行權力的淨轉移機制，因此，人人都得以參與競爭的結果是，愈來愈多的人將處於不利的競爭條件的限制之下。在這樣的情境裏，自由主義民主做爲一種民主政體，充其量只給予其公民一種形式的平等（亦即每一個人都得以進場比賽的平等），以及這種形式的平等所容許的被不均衡地轉移了的個人自由。

（三）自由主義民主之做爲當前信用最好的民主政體，實有其長遠的歷史原因——最主要的乃是自十七世紀以來逐漸在西方世界成型的自由主義國家，即已確立了保障及尊重基本人權的傳統。不過，非西方世界的民主水平之不如自由主義民主國家，並不能被用來做爲西方的自由主義民主已臻於至善的論據。自由主義民主的相對民主優勢，無論如何仍然只是一種由比較所產生的優勢，這並未證成其本身的民主水平即是人類追求民主的上限。

　　(四)然而，「均衡式民主」模式一方面既不質疑資本主義生產關係的正當性，另一方面則保守地以政治市場的均衡和形式的消費者主權爲滿足。對馬克弗森來說，這種鞏固現狀的政治觀可謂棄絕了繼續向民主挺步邁進的激進理想，尤其，民主的最根本鵠的——平等和人民主權——更被不當地扭曲。

　　(五)如果民主的想像不能獲得進一步的展開，則平等和人民主權將只能繼續停滯在目前的不切實的水平，而民主想像的再起步應該是以自由主義民主所寄生的資本主義體制爲思索對象〔理由爲（一）及（二）〕。資本主義限定了民主的可能性，不拆解資本主義的奧祕，就難以明瞭自由主義民主之侷限的癥結所在。而用來評判資本主義的並不是效率或生產力等標準（這正是資本主義應該被保留的優點），而是人做爲人（man qua man）的普遍的自我實現的可能性。

　　由上可知，馬克弗森的民主要求在很大的程度上乃是仰賴著他對於資本主義的評判。如果資本主義是一個很人道的、很公平的體制，則他就沒有進一步展開民主想像的必要，因爲在資本主義的格局底下，政治的運動主軸勢必是要臣服於市場交換的律則之下，政治人也只能以計算自身之利害得失的經濟人的形式來呈現自己。但如果資本主義並不是一個很人道的及很公平的體制，則情況就完全不同了。雖然有不少自由主義者認爲當前西方的福利國家已不再是一種純粹的資本主義，不過，馬克弗森並不同意這樣的見解。「我們現在是不是已處於後資本主義的時代？我並不認爲如此。」❻馬克弗森指出，如果將資本主義界定爲沒有政府干預的自由企業經濟體制，那麼，現有的福利國家已不太像是資本主義。然而，資本主義並不能被狹義地等同於自由放任的體

制，資本主義的主要指涉乃是「生產並不是透過對於工作和報償的權威式配置來進行，而是透過自由的個人（每一個人都擁有某些資源，縱使有的人甚至只擁有他自己的勞動力）的契約關係來進行的體制，這些自由的個人都在計算最有利的行動方案，並依其計算的結果來投入其資源。」❼這種生產方式如果不被改變，則即使有著大量的國家干預行為也不會撼動其本質。

的確，與先前存在過的生產方式相較，資本主義是一個生產力最大以及效率最高的經濟體制。但同樣明顯的是，資本主義世界經濟體系所追求的物質之極大化的目標，也日益顯露了力不從心的困境。它目前所能採行的不外乎是透過華勒斯坦（Immauel Wallerstein）所謂的「核心國家」、「準邊陲國家」及「邊陲國家」的層級分工體系，來擺脫停滯膨脹的陰影（「日本 —— 臺灣、南韓 —— 東南亞國家」的層級剝削，即是資本主義世界經濟體系裏的標準分工樣式）。姑且不論此一世界體系所暴露的國際正義的難題，即使是在同一個社會裏，為了達成極大化的目標，也會使社會裏的成員被結構地分化成不同的剝削等級。固然經濟先進國家對經濟落後國家的剝削，可以延緩其國內的剝削現象（或者用馬克弗森的術語來說，權力淨轉移的現象）的表面化，但無論如何為了極大化而生產的體制，終究很難擺脫它的內在困難。在這種情形下，愈來愈依賴效益的極大化來做為其合理化之論據的當代自由主義民主理論，就愈來愈陷入危機狀態了❽。

如第四及第五章所分析的，馬克弗森已為替代資本主義的經濟體制勾勒出基本的改良原則 —— 我們稱之為民主政治化的經濟，以區別其與政治化的經濟之不同 —— 而他的「參與式民主」的構想，即是建築在其新的經濟理想之上。對「均衡式民主」的理

論家來說,西方現有的政治市場所提供的參與,卽足以確保公民做
爲政治消費者的消費者主權,但馬克弗森對於這種論點的市場假
設及關於公民的可能性的預存立場,都抱持著嚴屬批判的態度。
在馬克弗森看來, 唯有在一種更人道的經濟基礎上, 去進一步擴
大參與的管道並改善參與的作用, 才能實現更民主的、更公平的
以及更人道的社會, 「這並不是說一個更強調參與的體制本身就
能夠去除我們社會裏的所有的不公平,而是說低度參與和社會的
不公平是如此的相互蘊涵, 因此, 一個更公平的、更人道的社會
需要一種更強調參與的政治體制。」❾ 對於熊彼得以降的經驗民
主理論來說, 他們的不太強調參與乃是由於其理論所包含的民主
圖像, 並不需要他們去鼓吹參與; 同樣地, 馬克弗森之強調參與
的擴大及改良, 也是由於他所設想的民主圖像要求他做出這樣的
結論。除此之外, 這也反映了他們彼此之間對於資本主義的對立
評價, 經驗民主理論家們從不質疑資本主義的正當性, 他們所關
注的乃是如何在資本主義所容許的範圍裏去建構最可行的民主制
度,然而, 馬克弗森則認爲「參與式民主」才是最符合民主精神的
民主形式, 而資本主義市場經濟則是與「參與式民主」無法相互調
和的,因爲它將物質財貨和政治財貨的分配都交由市場去決定,
而不是由民主決策來決定❿。如果市場才是決定物質財貨與政治
財貨之分配的機制, 則權力淨轉移的現象就無可避免, 亦卽絕大
多數的公民都將因爲缺乏足夠的資源, 而落入被政治決定而不是
決定政治的艱困處境。

　　馬克弗森一再強調, 民主應該是指涉一種社會類型, 而不僅
僅只是指涉一種政府形式。但無論如何, 民主的社會也無可避免
地必須包含特定的政府形式。馬克弗森理想的民主社會裏的政府

形式，則是直接民主和間接民主的混合。馬克弗森認爲，卽使人類今天的電子科技的發展已有了極其驚人的成果，有論者甚至以爲每一個公民在他自己的家裏利用電子通信器材進行投票或政治討論的電子民主（tele-democracy）的時代已然到來⓫，但除開技術層面的問題，在政治決策過程的面向上，電子民主仍有其困難。最主要的癥結在於電子通信科技的進展仍無法解決政治議題之彙整和提出的問題，無論通信技術如何改善政治溝通的條件，仍必須由專業的從政人物及政府機構來負責研議政治方案，「似乎無可避免的是仍需要由某種政府機構來決定哪些問題是要被提出的，這很難交由私人機構去處理。」⓬再者，在電子通信科技的輔助下，公民的創制權固然可能更爲積極有效，但創制權終究只適合解決單一議題，對於複雜的總體社會及經濟政策的規劃，就恐難奏效了。是故，在中央的層次上，「我們不能沒有民選的從政人物，我們必須倚賴——雖然我們不必完全倚賴——間接民主，問題在於使民選的從政人物對人民負責，而安置在每一個人的床邊的電子控制器並不能做到這一點，因此，電子科技並無法給予我們直接民主。」⓭

既然在現有的廣土衆民的國家裏，透過電子科技來實現直接民主仍有其實質的困難，馬克弗森認爲能夠滿足參與精神的可行之道，乃是一種結合底層的直接民主和上層的代議（間接）民主的金字塔體制（pyramidal system），再加上競爭式政黨制度。亦卽在街坊鄰里（neighbourhood）和工廠的層次實行直接民主，透過面對面的討論及溝通以共識或多數決來達成決策，而在逐步往上的各個事務層次，則透過確實對其選民負責的民選代表（delegates），以間接民主的形式進行公共事務的協商和決策。

至於競爭式政黨的必要性乃在於其仍有著不易被取代的整合及提出議題的作用，「即使在一個非階級分立的社會（non-class-divided society），仍將有政黨可以形塑的諸多議題，或是仍然需要讓議題被有效地提出及辯論：例如全盤的資源分配、環境及都市計劃、人口及移民政策、外交政策、軍事政策等議題。」❹要言之，即使在一個非階級分立的社會，固然權力淨轉移的現象已被有效地消解，但人與人間的性向及利益的差異仍將存在，而競爭式政黨則是保障這種差異的手段。馬克弗森也指出，一直到今天，西方的競爭式政黨制度的首要功能，固然是防範階級對立的表面化。但如果經濟結構能夠朝更人道的方向改良，則競爭式政黨制度就不必再擔負上述功能，而能成為在參與式民主裏保障真正的多元主義的良性力量。

但值得憂慮的是，馬克弗森所設想的金字塔體制是否會如同蘇維埃式的民主集中制一樣，在最後反而陷入反民主的困境呢？馬克弗森對此則是十分樂觀的。在他看來，蘇維埃式的民主集中制無疑地乃是一種金字塔體制，但它之所以失敗，亦即它之所以未能實現由下而上的民主過程以及上層對下層的民主責任，實受困於蘇聯本身的歷史原因，而非金字塔體制本身的必然邏輯。這可分成三方面來說，第一，如果反革命的威脅（不管是來自社會內部或外國）一直存在，則金字塔體制就無法實現上層對下層的逐層負責。再者，如果一個革命過度吞取了它本身所能消化的，則它往往就會以非民主的方式來進行消化。第二，如果內在的階級分野及階級對立再度浮現，則為了要維繫社會的存在以免使其陷入分崩離析的狀態，政治體系就很難落實上層對下層的民主責任。第三，如果多數公民都是政治冷漠的，則金字塔體制亦難以奏效

❺。設若上述三項不利的情況皆不存在，則金字塔體制將是可以被寄以厚望的。

　　對馬克弗森來說，當我們在考量「參與式民主」的可能性時，當務之急並不在於設想「參與式民主」將如何具體地運作，而是我們如何才能邁向「參與式民主」❻。這主要是涉及了「參與式民主」的前提條件。如果不能滿足或達成下列兩項前提條件，則「參與式民主」的可能性將猶如海市蜃樓。（一）人們的意識必須經歷一場大的變革，亦即必須由視自己為消費者以及以此為行為之準據的意識，轉化到視自己為自身能力之實踐者、發展者及享有者的新意識。這種新意識包含了一種尊重他人並與他人協同合作的社羣感（sense of community），但現有的視自己為效益的消費者的意識則無法激發出這樣的社羣感。（二）現有的社會及經濟的不平等必須被大幅地、有效地改善，只要這種不平等繼續存在，就只能透過非參與式的政黨制度來防止階級對立的表面化和社會的全盤解體❼。在這種情形下，馬克弗森也意識到由西方現有的自由主義民主要邁向「參與式民主」，不免會面臨一個弔詭的惡性循環，那就是「如果不先行改變社會不平等和意識，則我們就無法達成更多的民主參與；但如果不先行增進民主的參與，那麼我們也無法達成對於社會不平等和意識的改變。」❽

　　這樣的相生相剋的惡性循環，確實使「參與式民主」的可能性顯得十分的渺茫。不過，在危機之中尋求轉機，畢竟是馬克弗森的基本理論信念；在他看來，上述的惡性循環已逐漸呈現出幾個可以被突破的出口。第一，雖然人們仍未能擺脫對經濟成長的倚賴，但人們已逐漸領悟到先前一直被忽略的經濟成長的成本。空氣、水及土地的污染的成本——亦即生活品質的成本——日益

受到重視，這種對於質的知覺雖然還不足以扭轉居於主導地位的量的滿足，但究竟還是由消費者意識走向公益意識的起步。第二，人們也開始意識到政治冷漠的代價以及傳統的產業行動方式的不適切。由於長期的政治冷漠及勞動階級守舊的抗爭方式，已造成了權力的集中及相對的基層民眾權益的被忽視，因此，透過社區運動來對抗都市商業 —— 政治綜合體 (urban commercial-political complex) 的壟斷，以及要求產業民主以保障生產者的決策參與權的呼聲，已不斷響起。這種做為社區的一份子及產業生產者的參與自覺，無疑地將是一股正面的力量。第三，人們也愈來愈懷疑資本主義繼續透過不斷複製不平等的方式來滿足消費者期望的能力。為了維繫它自身的存在，資本主義體制就必須不斷地複製不平等和消費者意識，資本主義的邏輯明顯地仰賴著不斷的消費，沒有大量的消費就無法創造足夠維持其生存的利潤。但二十世紀的資本主義已無法再透過舊式的帝國主義擴張，來為其開發出強制性的商品出路，這種商品出路的受阻以及國內的凱因斯式政策的失靈，則強化了勞動生產者的激進性和階級自覺❿。這三項惡性循環裏所顯現的出口，使馬克弗森對於「參與式民主」的可能性保持著審慎的樂觀。

　　再進一步說，馬克弗森對民主社會的期望也建築在人類科技所展現的可能性上，亦卽科技的進步可能是克服物質稀罕的媒介。但如果民主理論或民主社會的構想仍依賴著人做為效益的消費者及佔有者的本體論假設，則科技的進步並不能用來抵銷資本主義本身的缺陷，相反地，它可能成為強化消費者意識的助力。因為新科技所促成的生產力的提高，在市場人和市場社會的格局裏又會複製更生猛的消費需求，其結果是科技雖然給予人類擺脫物質

稀罕之困局的機會，但市場社會的生產慣性卻只會將其再導回商品生產的循環之中。因此，只有當民主理論轉而採取人做爲自身能力之發展者、實踐者及享有者的本體論假設，科技的進步才能被用來消除社會不平等，才能使物質稀罕不再成爲人類實現的阻礙，進而有助於民主社會的形塑⑳。此一見解的新穎性在於它並不認爲科技本身是一個中立的力量，而是將科技回置到社會背景之中，以及關於人的可能性的假設之中，這使我們能更清楚地認識到科技、物質稀罕與民主之間的複雜關係。

　　再者，我們也可以再從權力（power）的角度，去探究馬克弗森所強調的民主應該指涉一種社會類型——而不單單只是一種政府體制——的更深刻的意義。馬克弗森認爲，自十七世紀以來權力一直被絕大多數的政治理論家理解成對他人的控制(control over others)，或者從他人那裏抽取利得的能耐 (the ability to extract benefit from others)，他稱此爲抽取的權力 (extractive power)。然而，這樣的權力概念對於民主理論或民主社會的建構來說，是缺乏創造性的。因此，他主張我們應該重新將權力界定爲一個人去使用及發展其能力的能耐 (a man's ability to use and develop his capacities)，他稱此爲發展的權力 (developmental power)㉑。在他看來，將權力理解成對他人的控制，無可避免地會受到如下的限制：除非是努力去改善控制的方法俾達成更大的效率，否則權力是不能被增加的，亦即，一羣特定人口裏的權力的總量是不變的；此外，一個人或一個團體的權力的增加，必須以他人或其他團體的權力的減少爲代價，故而權力的競爭乃是一種零和（zero-sum）競爭㉒。馬克弗森指出，如果當代的政治學仍然只從抽取的權力去理解權力，則將

只會是「一種十分薄弱的政治學（a pretty thin political science）」⑳，因爲這種權力的概念無法將人類目的或人類需要的考量納入其中。

　　相反地，馬克弗森認爲他所主張的新的權力界定（發展的權力），則能夠透過（發展的）權力的測量和極大化，來使民主理論和政治學得以更直接地關注到人類目的和人類需要的課題。首先，如果權力被界定爲一個人去使用及發展其能力的能耐，則測量權力的基準乃是障礙的免除（absence of impediments），「在民主理論所要求的意義裏，一個人的權力乃是由其使用其人類能力的障礙的免除來測量的」㉔，存在的障礙越多則其人類能力就愈形削減，其權力就越小，反之亦然。而一個符合二十世紀末葉的改革需要的民主理論，在測量一個人的權力時，並不是由下往上地從過去的水平到現今之間的累進情況來衡量，而是應該由上往下地從可能的最大值（maximum）與現有的權力水平之間的差距來衡量，亦即應該由相對於最大值之間的不足額度（deficiency from the maximum）來衡量，「因爲它假定民主社會的判準乃是將人現有的權力予以極大化。」㉕因此，在發展的權力的基礎上，一方面可以使權力的測量在理論上成爲可能，另一方面則明確標示了普遍的權力的極大化才是民主社會的首要目標。馬克弗森的民主理論的根本企圖，卽是要以權力的極大化來取代物質效益的極大化。

　　至於妨礙權力之極大化的障礙，馬克弗森將其區分爲三類：(1)適切的生活手段的匱乏（lack of adequate means of life）；(2)取得勞動手段的途徑的匱乏（lack of access to means of labour）；(3)防範他人之侵犯的保障的匱乏（lack of protection against invasion by others)。在自由主義民主國家裏，第三類障礙（防範他人之侵犯的保障）已不是一個太嚴重的問題，但第一類及第二類障礙則仍然十分明顯（第四章及第五章卽是處理此一問題，在此不再詳論）。我們要進一步說明的，則是馬克弗森對於權力淨轉移與權力的極大化之關係的分析，這關係到他所堅持的民主卽人類能力的普遍發展的主張。爲了更明白地說明權力的淨轉移的實質，馬克弗森又將（發展的）權力區分成生產的權力（productive power）及生產以外的權力（extra-productive power），前者指的是一個人使用其能力以從事物質財貨之生產的能耐，亦卽其勞動力（labour-power），後者則是指一個人將其能力用於從事做爲享受的直接來源（direct source of enjoyment）之活動的能力。

「權力的轉移是一種介於勞動手段的非所有人與所有人之間的持續轉移，只要存在著所有人和非所有人的不同階級，權力的轉移就已發生並且不斷延續，故而不是一種只有在階級開始分立的時刻才發生的瞬間轉移。」❷對馬克弗森來說，資本主義乃是一種典型的階級分立的體制，而資本主義所蘊生的結構性的權力淨轉移及遺失則包括下列三類：(1) 未擁有勞動手段者的生產權力被轉移給擁有勞動手段者；(2) 未擁有勞動手段者本身生產權力的「遺失」及「減少」，這指的是如果他能自行從事屬於自己的生產勞動所可能產生的滿足感，因爲他已將勞動力販售給勞動手段的所有人，故而無法得到這種滿足感，但這部分並未轉移給勞動手段的所有人，而是遺失掉了；(3) 未擁有勞動手段者的生產以外的權力減少，由於其生產權力中的一部分已被轉化成剩餘價值，並爲勞動手段的所有人所吸收，這導致他用來發展生產以

外的生活能力的減少㉗。

由上可知，權力的淨轉移乃是普遍權力極大化的障礙，馬克弗森理想的民主社會就是要克服權力的淨轉移，並透過更蓬勃更積極的參與來使權力的極大化成爲具體的民主目標。馬克弗森之對權力做出新的界定，可謂是其試圖在政治理論裏進行政治改革運動的一個環節。如陸克斯 (Steven Lukes) 所指出的，不同的權力觀或不同的對權力的理解，「乃是源自於特定的道德及政治視野，並且在其中運作」㉘，馬克弗森的發展的權力亦是如此。不過，我們在此必須探討的是，馬克弗森對權力的重新界定其利弊究竟如何？就其民主理論的內在理路來說，發展的權力無疑地清楚陳示了其民主理論對人類目的的關注，以及這種關注所要改革的標的及方法。但或許有人會以爲，這樣的權力觀將不再能廣泛地探照不同層次的政治裏的支配及控制的現象，然而，這樣的見解雖有其眞實的一面，但其眞實性並不是那麼的絕對。

權力當然是一個關係的概念 (relational concept)，某甲之控制某乙乃是表徵了存在於他們之間的政治關係。值得注意的是，馬克弗森的發展的權力在直接的表現形式上或許是個體式的（一個人去使用及發展其人類能力的能耐），但深入一層看，發展的權力同樣也是一種關係的概念。某甲的使用其人類能力之能耐的受到限制，必然反映了其他的人或團體或階級或社會結構對其設下了限制，因此，它乃是以個體的內在質性（人類能力）爲單元來顯現抽取的權力所要傳達的政治關係。除此之外，發展的權力的另一個優點是，它彌補了抽取的權力長久以來一直存在的盲點，那就是難道權力只能是爲了自私的目的而存在的嗎？在馬克弗森的理解裏，民主社會是一種不否認他人的同等重要的人類

能力的社會形式，其根本預設是基本人類能力的非對峙性（non-opposition）❷，因此，基本人類能力只能透過發展的權力而不是抽取的權力來表達。就此而言，發展的權力乃是將權力提高到相互尊重優先於自私的層次。不過，發展的權力和傳統的抽取的權力畢竟還是為不同水平的社會所造設的概念工具，發展的權力無論如何還是一個要求改革現狀（理論的現狀及政治的現狀）的概念工具。但只要人類社會仍是以人支配人為主要的存在樣態，則發展的權力在細部分析的效力上仍不及抽取的權力❸，這也是發展的權力的最主要的限制。

　　做為民主的積極倡導者，道爾一再強調程序民主的重要性（對國家及其他團體皆然）——這主要包括了成員身分的確立、成員平等的權利，以及成員如何共同地制定決策；對他來說，多元民主（polyarchy）乃是程序民主的最佳典範❸。同樣做為民主的積極倡導者，馬克弗森雖然不否認政治過程對於確保民主的重要性（他所建議的金字塔體制即是顯例），但他顯然並不認為僅僅只靠程序民主就能落實他理想中的民主社會。除了程序的條件外，民主社會的建立還必須有效地消除權力的淨轉移，以及改善做為權力淨轉移之根源的經濟關係。同時，在意識的面向上，佔有式個人主義的人性觀和社會觀亦須由人做為自身能力之發展者、實踐者以及社會做為協合社群的新信念所取代。歸結地說，馬克弗森民主社會的理想反映了下列特質：

　　（一）參與主義（participationism）：和約翰·彌爾一樣，馬克弗森也深信參與的行為具有改善人的質性的功能，同時，他更強調唯有在更尊重每一個社會成員之自主性的新的參與格局裏，才能透過普遍的、由下而上層層相扣的參與，來有效地落實人

民主權。西方現有的民主體制固然在一定的程度上提供並保障了每一個人的參與權,但由於經濟關係所導致的參與條件的不平等,使得多數人的參與行爲並未使人民主權顯得更爲眞實,相反地,卻有愈來愈多的人走向政治冷漠。面對這種低度參與的情勢,經驗民主理論更對普遍參與的可能性及可欲性產生了質疑,但問題在於經驗民主理論一直都是在西方現有的民主體制裏做觀察及下結論,而未曾思考過當參與的條件和格局都獲得有效地改善後,參與的可欲性和可能性或許將呈現出截然不同的景觀。再者,馬克弗森的參與主義所要求的參與並不僅僅侷限在政府事務的範圍裏,而是參與應該擴展到經濟(經濟民主)及社會生活的範圍❷,使普遍的參與成爲重建社羣意識的內在網絡。準此以論,馬克弗森乃是期望政治從分派、仲裁「經濟人」之間的利益糾葛的競逐場域,走向協商、發展「參與人」的人類能力的公共論壇。

(二)雙重的人本主義 (double humanism):馬克弗森不僅在政治實踐上要求落實激進的人本主義的理想,也希望對政治理論進行人本主義的改革。就政治理論裏的人本主義改革來說,他的目標在於說明不適切的對人的假設(如佔有式個人主義),無法導出以更有企圖心的政治實踐爲目標的政治理論。因此,他要從政治理論裏的關於人的見解重新出發,去建構一種重視人的可能性的政治理論,進而促成政治實踐的改革。雖然有論者曾指出,美國制衡制度的成功,正由於其制憲諸父在理論上對人做了最壞的假設。不過,必須辨別的是,這種喀爾文式的、馬基維利式的對人的假設,雖然收到了一定的功效(行政、立法、司法三權相互牽制,因而大大消解了獨裁的可能),但它卻無法開展出更尊重人的可能性的政治——因爲它既然認定人本質上是壞的,就

必須隨時提防人的劣根性所可能帶來的危險後果，而任何過於信任人的政治嘗試都必須被高度警戒。對馬克弗森來說，不適切的對人的假設只能使人成為在政治網羅裏尋求庇護或進行反抗的「被他人或體制控制的人」，而尊重人的可能性的假設則可能提供通往「自我控制的人」的互重互信的社羣的理論思考。

(三)和平的重建主義 (peaceful reconstructionism)：就對於資本主義之弊病的解析來說，馬克弗森的確繼承及分享了馬克思的許多洞見，其有關權力淨轉移的分析也可以說是對馬克思剝削理論的延伸及精緻化，但對於以暴力的革命手段來改造社會的主張，馬克弗森是最為反對的。他雖然極力強調民主社會的實現必須以改造資本主義生產關係為前提，不過，他認為無產階級革命或共產革命並不是達成這種社會轉型的唯一可能的途徑❸，尤其在西方自由主義民主國家裏更是如此。即使現存的自由主義民主體制本身是一個必須被徹底改革的對象，但在另一方面來說它所確立的結構條件已提供了非暴力轉型的可能性。更進一步說，如同馬庫色 (Herbert Marcuse) 一般，馬克弗森也認為僅僅只仰賴勞動階級並無法促成生產關係的改造及社會的轉型，十九世紀的理論家所賦予勞動階級的歷史使命，在今天看來已不再是那麼真確而不可懷疑。相反地，許多源自於中產階級並以生活品質之改善為目標的社會運動，如生態保育運動、反污染運動、反核及反軍備競賽運動、婦女運動、鄰里及社區權益運動、產業民主運動（勞動階級在最後一項運動裏當然是主要的力量）等等，都是有助於意識之轉化與社會之轉型的新興的同時也是不可被忽視的積極力量❸。對他來說，西方世界所需要乃是非暴力的意識的革命，「如果我們要想避免被世界其他地區的革命餘波所困，

則我們就需要一場民主意識的革命。」[35]

韋布倫 (Thorstein Veblen) 在《有閒階級論》一書中曾謂：「有閒階級的成立不僅對社會結構有影響，同時也影響到社會成員的性格。」[36] 韋布倫對資本主義的批判主要是集中在一羣以金錢及誇耀的消費來突顯其不凡的地位並複製相應的社會意識的人，的確，一羣佔據關鍵性地位的人當然會影響到社會結構及其他的社會成員。但深入一層看（或者說從相反的方向來看），任何一羣人或階級都必須依附著特定的建制化結構，才能彰顯或表現其集體的特性，如果沒有一種建制化的結構做爲其支撐，則任何一羣人或階級恐怕就無法穩定地傳遞及擴散其生活方式。馬克弗森的民主社會理論即是注意到建制化結構的作用和重要性，對他來說，除非是從特定的建制化的結構出發，否則任何只從抽象的基設（例如人生而平等，人都是自主的道德主體）所推衍出來的民主原則，都是缺乏實踐意含的。而分析建制化結構的政治後果，並在關注人的政治可能性的自覺下，去評估改善及重組既存結構的方向，俾使人成爲更具有創造力及羣體意識的政治動物(zoon politicon)，則是馬克弗森民主社會理論的主要行進軸線。

第二節　發展的自由

自由一直是人類政治裏的重要主題，很少人會否認如何實現自由乃是政治生活的重要目標。黑勒在考察「政治的」（the political）這個概念的歷史發展時曾指出，不管是史密特 (Carl Schmitt) 式的將「政治的」界定爲朋友和敵人間的二元對立，

或長久以來一直被沿用的將「政治的」理解爲與政府有關者，皆
已不能符合當前的需要。在她看來，「政治的」這個概念如果要
能有更具啓發性的現代意義，那麼它就應該是指「自由的普遍價
值在公共界域裏的具體化 (the concretization of the uni-
versal value of freedom in the public domain)」❸，與此
有關者才算是「政治的」，任何與此無關者都不能算是「政治的」。
然而，假定我們都接受黑勒給予自由的高度評價，我們仍然必須
面對一個更根本的問題，那就是應該被具體化的究竟是什麼樣的
「自由」？本節的目的即在於討論馬克弗森所希望實現的究竟是
什麼樣的「自由」。

　　許多重要的政治價值 —— 不論是自由、正義或平等 —— 幾乎
都不曾存在過一個不同的理論家都共同接受的詮釋或界定，而不
同的界定又往往都是與不同的政治理論相連繫的。以自由這個概
念來說，貢斯坦就曾詳加分別 (西方的) 古代人的自由與現代人
的自由之不同。前者主要是政治自由，亦即去參與集體決策的制
定及共同治理政治結合 (城邦) 的自由；後者則主要是個人自由
或公民自由，亦即人身、集會結社、言論、職業等私人領域的自
由。貢斯坦認爲，由於國家規模的巨幅擴大，要在現代世界裏
(他寫作的背景是十九世紀初期的法國) 實現古代人的自由旣是
不可能的也是不可欲的。因此，透過代議體制並適度發揚現代人
一直欠缺的公共意識 (因爲現代公民太過沈溺於私人經濟利益的
營求)，才是現代人的自由的出路 ❸。再如要將觀念論成分注入
自由主義之中的格林，則將自由界定爲「一種去從事及享受值得
從事及享受的事的積極權力或能力，同時，這些事又是我們與他
人共同從事或享受的。」❸ 很明顯地，格林的這種理解對主流的

現代政治理論家來說，可謂是格格不入的。這其中的原因之一是，自從伯林提出消極自由與積極自由的分類，並極力宣揚消極自由的正當性及不可替代性後，消極自由的概念已成爲最正統的對自由的理解。但馬克弗森一方面不同意消極自由與積極自由的分類，另一方面則不認爲消極自由是適合於民主社會的自由。

伯林當然是將消極自由及積極自由的分野予以對峙化、系統化的第一人，但伯林之以消極自由爲唯一能夠被證成的自由，則是總結了自霍布斯以來西方主流政治理論對自由的理解。霍布斯在其《巨靈篇》卽指出，「自由乃是對立的免除（而我所指的對立則是運動的外在障礙）」❹，儘管在霍布斯的體系裏，權威的確立是遠比自由的保障還要來得重要的❹，但他對自由的理解則爲爾後的自由主義所繼承。對伯林而言，消極自由是要回答下列的問題：

> 「一個行爲主體 —— 一個人或一羣人 —— 在什麼樣的範圍之內，可以或應該被允許去從事或成爲他所能從事的事或成爲的人，而不受到他人之干涉？」

而積極自由所要回答的問題則是：

> 「什麼或誰乃是決定某個人應該去從事這件事或成爲這種人，而不是去從事別的事或成爲別種人的控制或干涉的依據？」❹

他又指出，這兩個問題在性質上是截然不同的問題，故而積極自

由和消極自由乃是意義及目標皆不相同的自由。既然消極自由是
指涉著外在束縛或障礙的免除，俾使一個人在束縛或障礙所不能
介入的範圍裏得享有行動的不被干涉權，因此，必須先釐清的問
題則是哪些人或事物才可能對一個人構成障礙。伯林的回答是只
有「他人在我本來得以自由行動的範圍裏對我進行蓄意的干涉」，
才構成強制或障礙❸，更廣義地說，這個「他人」包括了別人、
別的團體或政府。

　　而積極自由則是源自於一個人想要做自己的主人的期盼❹，
亦即只有我是自己的主人時，我才是自由的。但伯林在說明積極
自由時，卻遠不及他在討論消極自由時那麼清晰，他又將許多自
我做主（self-mastery）或自我導向（self-direction）的基本
界定所不必然隱含的質素，添加到積極自由的界定之中。在伯林
看來，在觀念論及形上的理性主義的轉化下，積極自由在最終會
演變成那些已經達成自我做主或自我導向的人對尚未達成此一境
界的人的強制，亦即自由乃是理性的人對非理性的人的強制❺。
而在現實政治裏，積極自由的理念更會鼓舞那些掌權的獨夫，在
一元論的蒙蔽與自欺下（「我」的理性就是全民及國家的理性，
「我」必須協助他人完成其自我做主的期盼，使他人都能和「我」
一樣臻於絕對的至善之境），步向專制及恐怖統治的煉獄。伯林
因而歸結道：

　　　　「多元主義連同它所蘊涵的『消極』自由，對我來說比起
　　　　那些在宏大的、紀律化的、權威的結構中，透過階級或人
　　　　民或人類全體來追求『積極』自我做主的人的目標，要算
　　　　是一個更為真實及更為人道的理想。」❻

　　不過，馬克弗森則指出，伯林的消極自由所考量的外在障礙，在範疇上過於狹隘；同時其積極自由的指涉則過於含混不清，這也使得伯林能夠將積極自由推展到最不可欲的境地。在討論馬克弗森的批評之前，讓我們先行說明泰勒對伯林的消極自由之忽視個人的內在因素的批評。泰勒認為僅僅只注重外在的障礙而忽視了內在的障礙（如一個人的性格、欲望或成見對其可能實現的能力的障礙），只會使消極自由停滯在機會概念（亦即自由的空間及機會的提供）的層次，而不能有效地成為一種運作概念（亦即自由該如何被有效地用來實現個人的才具）。泰勒並指出，個人的價值及動機的評估也影響到我們對於外在障礙的判斷，例如某人的住家附近增設了交通號誌因而限制了他的行動自由，以及某人去信奉某一種宗教的自由之受到限制，雖同樣都是被加諸外在的障礙，但若將價值評斷列入考量，則這兩種外在障礙則有著質的不同與層次的高下，因此，外在的障礙實與個人內在的價值評量有著不可分離的關係。此外，泰勒也強調一個人的內在的障礙並不必然為當事人本身所知悉，這意味著一個人對於什麼才是他的自由或什麼才是他的外在障礙的判斷，並不是一成不變的或不可改變的，如果他接受了別人的疏導或自行進行後續的反省，他也可能改變他對於什麼才是他的自由的理解 ❹ 。 對泰勒來說，伯林的消極自由在形式上雖然是可以被明確地進行防衛或辯護的（外在障礙的免除即是「我」的自由），但在實質上卻不是這麼單純。

　　與泰勒不同的是，馬克弗森對消極自由的批評乃是側重在外在的障礙。對伯林來說，只有他人的蓄意的干涉才構成強制或外在的障礙，而這種外在障礙的來源有二：（1）政府或社會順從主

義 (social conformism) 的壓力；(2) 一個人對另一個人的不
當的侵犯 (這也包括了來自團體的侵犯)。但馬克弗森認爲，伯
林的這種界定完全忽視了社會結構或階級關係所形成的外在的障
礙，亦即資本主義裏的生產關係及階級關係造成了某些非預期的
安排 (unintended arrangements)，這些非預期的、非蓄意
的安排卻剝奪了許多人去取得勞動手段和生活手段的可能性，因
而對其構成明顯的外在障礙❹。雖然伯林也意識到此一困難，但
他仍主張這只能被視爲是自由的條件，而不是自由本身的障礙。
不過，伯林無法自圓其說的是，如果他人的蓄意的干涉即構成外
在的障礙，那麼非預期的結構安排既然也對許多人構成實質的限
制，爲何只能算是自由的條件的不足，而不能算是自由本身的障
礙？這完全牴觸了自由即外在障礙的免除的基本界定。或者換一
個角度來說，正因爲伯林對消極自由的外在障礙採取了一種狹隘
的界定，他才能夠將非預期的結構安排所形成的障礙，排除於外
在障礙的範圍之外。就此而言，馬克弗森如同法國自由主義的奠
基者 (如孟德斯鳩和貢斯坦) 一般，都強調人在社會裏的行動並
非機械式的物體的運動 (這正是伯林消極自由的見解)，而是由
規則所左右的行動 (rule-governed action)，行動本身只有被
陳置在社會規則的系絡中才是可以被理解的❹。由於伯林忽視了
社會規則的系絡的作用，因此，他的消極自由在範圍上就顯得過
於狹窄 (因爲其並不主張開創更大的免於結構性障礙之束縛的空
間)，在這樣的認知底下，伯林顯然不會對社會結構的改良做出
太強烈的要求。

　　至於伯林的積極自由，馬克弗森則認爲其指涉過於寬泛。他
指出伯林在討論積極自由並以之與消極自由做對比時，前後並不

一致，伯林的積極自由至少涵蓋了三種意義不盡相同的積極自由，
它們分別是：（1）第一種積極自由：自由即個人的自我導向或自
我做主，亦依照自己的自覺的目標去生活，而不是在他人的主導
下去生活或做決定；（2）第二種積極自由：自由乃是完全理性的
人或已實現自我做主的人對所有其他人的強制，亦即那些已然體
悟到真理的人對尚未體悟到真理的人的強制，這也是伯林所謂的
觀念論或形上的理性主義對第一種積極自由的轉化；（3）第三種
積極自由：自由即每一個人對於控制的權威　（controlling au-
thority）的分享，此乃民主的自由觀❺。第三種積極自由所要求
的乃是對於公共生活的民主的集體控制，這無疑地不同於外在障
礙的免除（消極自由），因為每一個人之參與主權的分享並不必
然意味著每一個人的外在障礙的減少，最明顯的是以民粹主義為
綱領的政府所施加的外在障礙，並不必然少於寡頭政治或專制政
治。不過，伯林並不能以第三種積極自由與消極自由間的對比，
來為消極自由與積極自由之間的一般性的分野下結論，因為伯林
所理解的積極自由並不僅僅只是第三種積極自由。事實上，伯林
在呈現消極自由與積極自由之間的歧異時，並非以第三種積極自
由而是以第二種積極自由為對照的對象。

　　但伯林又認為第一種積極自由即已隱含了轉化成第二種積極
自由的質素，也就是說，第二種積極自由乃是第一種積極自由被
理性主義轉化之後的產物，而第一種積極自由（自我做主、自我
導向）本身所隱含的信念，譬如只存在一種唯一的關於自我做主
的解答，以及自我的內在分裂和對峙（理性的、真實的自我及經
驗的自我——後者必須接受前者的指引），即提供了被轉化成第
二種積極自由的可能❺。更具體地說，伯林認為理性主義對第一

種積極自由的轉化，包括了四個相互關連的預設：

> 「(1)所有的人都有一個同時也是唯一的一個真實的目標，那就是理性的自我導向；(2) 所有理性的人的目的都必然會滙合在一種獨一的普遍的、和諧的模式之中，而某些人又比其他人更能清楚地洞察此一模式；(3) 所有的衝突以及所有的悲劇，都是源自於理性與個人或羣體生活中的非理性的或不够理性的成分（亦即生活中的不成熟的和未完全發展的要素）的矛盾，然而這類的矛盾在原則上是可以被避免的，尤其對全然理性的人來說更是不可能發生的；(4) 當所有的人都成為理性的人之後，他們就會服從其本性裏的理性的法則，而這些法則對他們來說都是完全相同的，因此，他們將同時是服從理性法則的人及完全自由的人。」❺²

馬克弗森則批評伯林的上述說詞是過於獨斷的，在馬克弗森看來，伯林所提出的四個預設中，只有第一個預設是合於自我導向及自我做主（第一種積極自由）的本意（但所有的人的眞實目標並不需要如伯林所認爲的被限定爲唯一的目標），至於第二、第三及第四個預設，根本就不是第一種積極自由所隱含的，因此是與其不一致的❺³。要言之，在馬克弗森對於伯林的積極自由做了細部的區分之後，他更進一步指出第一種積極自由並未隱含使其會被轉化或退化成第二種積極自由（理性的人對尙未成爲完全理性的人的強制）的內在質素，故而伯林關於第一種積極自由會退化成(或遠比消極自由更容易退化成)第二種積極自由的論述，

是無法成立的。正由於伯林對積極自由做了上述的不當的扭曲，才使他在呈現消極自由與積極自由的對峙時，能無窒礙地突顯消極自由的正當性。對馬克弗森來說，第一種積極自由之所以會退化成第二種積極自由，乃是由於自由主義在理論上無法洞悉第一種積極自由即是發展的權力的極大化（見本章第一節），是故，第一種積極自由的落實端賴於如何去除發展的權力的極大化的障礙（特別是生活手段及勞動手段的匱乏）。而在政治實踐上，由於掌權者未能認清及有效地去除這些障礙，才更誘發了退化成第二種積極自由的可能性❺。但無論如何，這都不是源自於伯林所指證的內在於第一種積極自由的原因。

　　歸結地說，馬克弗森認為伯林的消極自由根本排除了結構的外在障礙，因而大大窄化了消極自由的涵蓋空間（因為對伯林來說，自由即外在障礙的免除，被免除的外在障礙愈多，則個人的自由空間就愈大）。相對地，其積極自由則過於寬泛及含混不清，以致伯林能在其間進行不當的推論，因此，「伯林的積極自由與消極自由的分野，並不能達成它之所以被設計的目的，那就是將自由從那些使用自由這個字眼以便去否定自由之實質的人的手中解救出來。」❺伯林的辯護者葛列（John Gray)曾謂，伯林對自由的討論的最大貢獻在於將價值多元主義注入自由的理想之中，而不是以消極自由來對抗積極自由所可能帶來的危險❺。但問題在於，如果積極自由（這裏指的是自我做主、自我導向或對公共生活的集體控制）並不必然包含價值一元論的質素，則伯林之以價值一元論來詮釋及限定積極自由，只是排除了從不同於消極自由的另一種立場來探索及實現價值多元主義的可能性。這意味著伯林所堅持的只有消極自由才能保障價值多元主義的見解，顯然

是從他的前提所導致的自我設限。

　　既然馬克弗森已論證了消極自由與積極自由的分野是不恰當
的❺，那麼他又建議我們該如何去理解自由這個概念的內在歧異
呢？他的提議是以反抽取的自由(counter-extractive liberty)
和發展的自由 (developmental liberty) 這一組新概念，來取
代伯林的消極自由和積極自由。反抽取的自由指的是豁免於他人
（包括國家）的抽取的權力，發展的自由則是指一個人的發展權
力的展開，它包括了伯林的第一種積極自由（自我做主及自我導
向），但並不包括第二種積極自由（已實現自我做主的人對其他
人的強制）❺。就反抽取的自由來說，其優點是能夠將法律納入
考量，亦即承認某些障礙（如法律）乃是防範另一些障礙俾促成
全體的自由的總量之增加的必要的手段，故而能達成此一目標的
法律，即是可以被合理化的。但在伯林的消極自由裏，自由即外
在障礙的免除，而法律又是一種不折不扣的外在障礙，因此，法
律的理論地位就顯得十分曖昧了。再就發展的自由來說，它並未包
含能夠讓形上的理性主義將其轉化成令人畏懼的第二種積極自由
的質素，同時也更能突顯出反抽取的自由乃是發展的自由的前提。

　　很明顯地，馬克弗森乃是試圖將這一組自由觀與他對權力的
理解相互連繫起來。如果人類能力（權力）的極大化是民主社會
的重要目標，那麼發展的自由就是最應該被強調的自由。馬克弗
森當然承認當前西方自由主義民主國家所保障的自由都是彌足珍
貴的，同時也是應該被繼續確保的，「我希望看到的被保留的自
由主義的價值是公民自由及政治自由：言論自由、結社自由、出
版自由等等，免於被任意逮捕及監禁的自由，透過投票或其他方
法去施加政治壓力的自由。」❺但反抽取的自由畢竟不是自由的

終點，它應該被當做是進一步追求發展的自由的基礎；使每一個人都能在更有利的條件下去實現他的人類能力，才是自由的終極意義。我們可以說，對馬克弗森而言，自由的追求是爲了使「被他人控制的人的政治」得以進化成「自我控制的人的政治」。最後，我們可以將馬克弗森的自由觀做如下的歸結：

（一）自由就是一個人的人類能力的發展及極大化，但這與所有人的人類能力只能朝一個一致的方向發展，是截然不同的兩個問題。無論如何，價值一元論絕非馬克弗森的信念，相反地，他是企圖在強化個人的主體性的基礎上，去保留價值多元主義的空間（亦卽每一個人在選擇發展他的哪一些人類能力時，仍是自由的而非被強制的）。因此，唯有個人的主體性獲得更深刻的確立，價值多元主義才更能顯現其意義。

（二）外在障礙的免除乃是自由主義傳統最強烈的堅持，同時也是自由的上限，踰越了這個上限就妨礙到自由，很顯然地，馬克弗森對自由的主張是不同於自由主義的。雖然馬克弗森和自由主義者一樣都肯定自由必須是個體性的，亦卽自由的享有者必須是具體的個人，但外在障礙的免除終究只是一種機會概念，它只提供了個人享有自由的機會及空間，馬克弗森則進一步要求自由能成爲一種運作概念，亦卽使個人都能普遍地將其人類能力落實在生活之中。讓我們用下列的方式來說明這兩者的區別，外在障礙的免除只關注到人的外在性 (the externality of man)，至於人的內在素質則非自由所涵蓋的範圍。與此不同的是，馬克弗森認爲自由必須涉及人的內在性 (the internality of man)，如果一個人的人類能力不能得到有效的發展，他就不能算是眞正自由的。換言之，自由主義者認爲人的身體界線 (boundary of human body）是自由所不得穿透的，但馬克弗森所要求的自由則要滲入此一界線之中。不過，這種滲入並不是一個人對他人的滲入，而是一個人對自己的滲入，其目的在於使自己的主體性與客觀存在相互統合，唯有更深刻的自我滲入，才能使主體性在客觀世界獲得更充分的展現。

（三）在這裏我們可以看出馬克弗森為什麼要對經濟及政治結構做出前述的興革主張（參與式民主、新的財產觀、民主政治化的經濟等等）。如果缺乏相應的客觀世界的改造，則馬克弗森所要求的自由只會是抽象的、形上學的自由。但做為一個政治理論家，馬克弗森是不能以形上學的自由為滿足的。因此，馬克弗森對經濟及政治結構的興革主張之所以必要，即是為了提供落實其發展的自由（亦即人類能力的普遍發展）的條件。但反過來說，如果缺乏發展的自由的理論，則馬克弗森的政治理論就不能算是完整的，就不能有效地證成其政治及經濟改革主張的正當性，是故，發展的自由的理論乃是其政治理論之滿足內在一致性的要求所不可或缺的要素。

第三節　平　　等

平等能否做為一種終極的價值，一直是一個尚無定論的問題。但在自由主義的傳統裏，平等之可能威脅到自由，則向來是自由主義者所高度警戒的。托克維爾早就警告平等所蘊育的多數專制會危及他所崇拜的自由，「在一個所有的公民事實上都是平等的國家裏，要公民們維持其對抗權力之侵犯的獨立性，就變得很困難了。」⑩ 海耶克則認為除非對 自由這個概念做扭曲及變戲法

(jugglery)，否則所謂自由和平等能夠相互調和的說法，根本是不能成立的[61]。陸卡斯更以一種尖酸的預言式口吻指出，「平等主義者注定要去過一種不僅充滿牢騷及無窮的嫉妒，同時也充滿無盡的及無可避免的失望的生活。」[62] 消極自由的捍衛者伯林也對平等主義的極端發展有著莫大的憂慮，「（狂熱的平等主義者）會傾向於希望將人類調整成最大程度的自然屬性的平等。最大程度的心智及生理的平等，也就是說，全面的等同一致（total uniformity）。」[63] 而即使是向來以中庸特質著稱的約翰・彌爾也對政治平等有著相當的保留，「我並不認為平等的投票是那些本質上就是好的事物之一，⋯⋯我認為平等的投票只是在相對上是好的，比起建築在不相關的或偶然的情境上的特權的不平等是較不可議的，但平等的投票在原則上是錯的，因為它認定了一種錯誤的標準，並對選民的心智產生了不良的影響。」[64]

　　即使如此，形式的政治平等（一人一票）不論在理論上或現實政治裏，也已經為多數的理論家所接受，並在多數國家中落實為人民的基本權利，除此之外，法律之前人人平等的原則也不再是一個被爭議的問題。但人類今天的生活狀況仍迫使許多平等主義者要對平等提出更深刻的要求，由此可見一人一票、票票等值以及法律之前人人平等的原則，雖然剷除了特定面向的不平等，不過，對於平等主義者來說，平等的問題仍存在著很大的尚待深究的空間。時至今日，不僅平等主義者主張唯有透過更深刻的考察以建立能夠被合理化的平等原則，才能使人類更有效地脫離不平等的箝制，部分自由主義者（如多爾金等人）也認為更有效的平等確實是維護自由所不可或缺的。無疑地，馬克弗森也算是一個平等主義者，本節的目的則在於討論馬克弗森究竟是一個什麼

樣的平等主義者，亦即他所要求的究竟是什麼樣的平等。為了討論的方便，本節將分兩階段進行，第一階段先闡述馬克弗森的平等主張的主要內容（第一次趨近），然後在說明了多爾金、瑞伊（Douglas Rae）、密勒等人所提出的分析平等的架構後，再對馬克弗森的平等理念做第二次的趨近，並希望藉著第二次的趨近來突顯馬克弗森所要求的究竟是什麼樣的平等。誠如瑞伊所說：

> 「平等是所有的觀念中之最單純者同時也是最抽象者，但世界裏的實行狀況却是不可挽回地具體的及複雜的，……如果僅僅只是堅持平等，則『哪一種平等？』的問題將永遠沒有被回答。」❻❺

澄清所要求的究竟是什麼樣的平等，才是處理平等問題的當務之急。

對馬克弗森來說，民主社會的首要原則之一就是去維護「運用、發展及享有一個人所可能具有的能力的平等機會」❻❻，「民主的觀念總是包含了平等的觀念，不是收入或財富的算術平等，而是實現一個人的人類能力的機會平等。」❻❼ 由此可見，馬克弗森所要求的並不是一種齊頭式的平等或全面的等同一致；事實上，如密勒所指出的，平等主義的反對者為了更輕易地將其駁倒，往往將平等主義的要求矮化成齊頭式的平等，但這終究只是一種抨擊稻草人的做為❻❽。馬克弗森又進一步指出，機會平等可能有截然不同的指涉，它既可能指的是去參與使一個人能得到更多的競爭所需的平等的法律權利，在這個意義下機會平等即等同於古典自由主義的市場觀，它所要保障的乃是每一個人之參與市場競

爭的平等權利。除此之外，機會平等又可指涉每一個人去獲致完整的人類生活的平等的權利，這等同於古典民主的平等社會觀，而馬克弗森所要追求的則是後一種意義的機會平等⑱。此一機會平等在馬克弗森看來必須以取得勞動手段及生活手段的平等權利爲前提，不過這並不意味著每一個人的物質的平等（material equality）⑲，「我並不是說個人的自我發展或一種完整的人類生活的實現是與財富或收入相關的，那是一種我從未接受的邊沁式命題。」⑳ 就此而言，馬克弗森所要求的平等是與其民主及自由的主張緊密相繫的，參與式民主社會所要實現的就是發展的自由，而發展的自由又必須以平等爲條件。如果每一個人的實現其人類能力的機會不是平等的（姑且不論個人天賦與性向的差異，至少要將每一個人所面臨的外在條件列入考量），則每一個人的發展的自由就不能被確保，民主社會就不能被確立。

多數的自由主義者之不熱中於平等的探討，乃是由於他們認爲過度的平等必然會威脅到自由。但馬克弗森和陸克斯一樣，都認爲自由本身就應該是一個被平等項（equalisandum）㉒，自由與平等並不必然處於相互對峙衝突的狀態，相反地，唯有透過平等才能確保普遍的自由。如某位論者所強調的，「我們不能保證每一個人都能過著同等的有價值的生活，但我們卻能夠透過社會條件的安排，使每一個人都能有平等的機會去過一種有價值的生活」㉓，此乃自由必須是平等的之基本意涵。陸克斯更極富創見地將那些認爲自由無法與平等相容的論調區分成下列三種模式，並分別指出其之不能成立。(1) 意識型態的詭辯：其共通的策略是將平等窄化爲事物的重分配，並將自由界定爲選擇和自發性行動的有效性。由於重分配必然涉及部分人的選擇及自發性行動，因

此，平等是與自由相矛盾的。但這種定義勝利法（definitional victories）實質上誤解了那些重視平等的人所重視的平等的價值究竟爲何。(2)應用經濟學的利益交換(trade-off)的概念來使自由與平等處於對峙狀態：自由與平等被預設爲獨立的、不相聯繫的個別價值，因此，對政策的評估所依據的乃是它增加了多少自由、減少了多少平等，或它減少了多少自由、增加了多少平等，但此一模式的問題在於它的預設本身就錯估了自由與平等之間的複雜關係。(3)激進自由主義者(libertarian)對於何謂自主性的條件與差別待遇(discrimination)的不同於平等主義者的理解：蓋激進自由主義者與平等主義者都認爲自由及平等都是可欲的價值，但激進自由主義者所承認的自主性的限制及差別待遇的確立，都是十分嚴格的（激進自由主義者可謂是最小限度的國家的倡議者）。在這種雙重的嚴格認定下，許多平等主義者所訴求的對差別待遇的矯正(平等)即被激進自由主義者認爲是對自主性的侵犯。其結果是對於進一步平等的可能性的探討，預先做了不必要的自我設限❼。而馬克弗森和陸克斯則試圖爲進一步平等的可能性保留更大的討論空間，亦即爲自由做爲一個被平等項保留更普遍的實現空間。

接下來我們將透過瑞伊等人所提出的分析平等的架構來對馬克弗森的平等理念進行第二次的趨近。瑞伊曾提出一組對兩種不同的平等理念所涵蓋的對象進行相對比較的概念，那就是含攝的平等（inclusionary equality）和排除的平等（exclusive equality)，他將其界定如下。平等宣稱X相對於平等宣稱Y而言是一種含攝的平等，如果X增加了一些人到Y的平等的人的範疇裏（class of equals），同時也未再減少任何人。反之，平等宣稱Y相對於平等宣稱X而言是一種排除的平等，如果Y從X的平等

的人的範疇裏減掉了一些人，同時也未再增加任何人⓱。此外，瑞伊也針對平等是否涉及人與人之間的比較，而提出另一組分析平等的概念那就是以配量爲對象的平等（lot-regarding equality）和以人爲對象的平等（person-regarding equality）。以配量爲對象的平等指的是某甲之保有某物Ａ，或以Ａ向某乙換取某物Ｂ，其價值對某甲來說是一樣的。以配量爲對象的平等並不涉及某甲與某乙之間的價值的比較，其示例爲一種對任何納稅人——不論其收入多寡——都課徵相同納稅額的稅制，又如每一個加拿大人都得以使用英語的平等權利（但如我們所知，加拿大魁北克地區的居民其母語主要是法語）。以人爲對象的平等則是指某甲之保有某物Ａ和某乙之保有某物Ｂ，其價值對某甲和某乙來說乃是相同的。以人爲對象的平等涉及了人與人之間的相互比較，其示例爲一種在每一個不同的收入水平課徵不同比例的納稅額，使不同收入水平的納稅人都約略分配到均等負擔的稅率之稅制（亦卽收入較少者其稅率較低，收入較多者其稅率較高），又如每一個加拿大人都得以使用其母語的平等權利⓲。

　　就上述的架構來看，我們可以說馬克弗森的平等理念相對於正統自由主義的平等理念，可謂是一種含攝的平等；而正統自由主義的平等理念相對於馬克弗森的平等理念，則是一種排除的平等。儘管自由主義的政治確實給予了每一個人政治地位、法律地位及經濟地位的平等，但由於其所主張的經濟地位的平等只是每一個人的參與市場競爭及簽訂勞動契約（不管是出售自己的勞動力或購買他人的勞動力）的平等權利，而這種形式的平等在現實裏卻產生了隨處可見的經濟不平等，並連帶地影響了政治平等及法律平等的適用性。因此，自由主義的平等雖在形式上是以全體

公民為對象，但其實際上涵蓋的範圍明白地說則特別是那些擁有
生產工具的人。相對地，馬克弗森所主張的機會平等乃是以每一
個人都能擁有取得勞動手段及生活手段的平等權利為前提，其平
等理念的適用對象是期望能更有效地擴大到每一個公民。準此以
論，相對於自由主義的平等而言，其平等理念乃是含攝的平等。
再者，馬克弗森之主張每一個人得享有發展其人類能力的平等權
利，並不是一種以配量為對象的平等，他如同馬克思一樣都主張
每一個人的個別差異必須被列入考量，亦即「各取所需」的原則必
須得到一定程度的確認，因此其平等理念應屬以人為對象的平等。

　　此外，多爾金亦曾針對分配的平等的可能性提出兩種一般性
的理論：福祉的平等（equality of welfare）和資源的平等
（equality of resources）。福祉的平等是一種將人們當做是平等
的人的分配設計，亦即對一羣人進行資源的分配及轉移，一直到沒
有任何的資源的轉移會使這一羣人的福祉顯得更平等時，則此狀
態即是福祉的平等❼。資源的平等則是指當一種分配的設計使得
任何進一步的轉移都不能讓每一個人從整個總資源中所得的份
量顯得更平等時，則此狀態即是資源的平等。在多爾金的構想裏，
為了滿足個人的真實需要及排除不公平的可能性，資源的平等應
該假設一種拍賣市場的存在，使每一個人都能以其所分配到的資
源在市場裏依序公開進行拍賣，以揚取對他更有用的資源❽。

　　密勒則認為福祉的平等和資源的平等都只是單向度的平等，
亦即只在一個特定的面向上謀求平等的可能性，他稱為簡單的平
等（simple equality）。在他看來，真正可行的平等應該是在
許多個別的面向上容許差異的存在，但經由個別面向的相互平衡
後，可以在總體的面向上達成平等的狀態，他稱之為複雜的平等

(complex equality)⑦。而落實複雜的平等的途徑則是地位的平等 (equality of status)，密勒認為地位的平等的前提是公共制度的設計必須確實地將每一個公民當做是平等的人，並將平等的公民權擴及每一個人，以及分配的安排不能預設任何社會位階的存在。地位的平等指的是人們可能在不同的面向上相互超越，但這並不被用來做為高下優劣的評價，同時在總體面向上每一個人都確實被平等對待的無階級的社會⑧。準此，一個地位的平等的社會即是一個地位分野已不復存在的社會。

在我們看來，馬克弗森所主張的並不是福祉的平等，福祉的平等必然涉及個人需要的問題，但除非真正能找到測定個人需要的方法，否則福祉的平等是不能被落實的。對馬克弗森而言，人類需要的內容是隨著歷史而衍生變化的，同時，「在不斷增加其需求和需要之中，人才成為完整的人」⑧，而平等的目的則在於促進「人們以他們喜歡的方式去發展其各自的需要及需求的自由。」⑧馬克弗森在此雖明白肯定個人需要的獨特性，但他並未試圖找出測定個人需要的方法， 並未以福祉的平等為其平等的目標。 再者，馬克弗森雖然傾其一生之力去揭露經濟不平等的可怖後果，不過他的平等理念仍與多爾金的資源的平等有著一定的距離。固然要矯正經濟不平等就需要調整現有的資源分配狀態，但馬克弗森的終極目的並不是「物質的平等」，他是試圖將社會化的內容內化到財產權的觀念之中（從「排除他人的權利」到「不被他人排除的權利」），以求營造一種民主政治化的經濟。這種經濟樣式並不要求每一個人所能私有的資源必須是平等的，更不要說透過市場拍賣的程序來確保資源的平等；無論如何，取得勞動手段和生活手段的平等的機會並不等於每一個人的私有的資源的平等。

　　相較之下，馬克弗森的平等理念應比較接近密勒的地位的平等。在馬克弗森理想的民主社會裏，由於沒有人能壟斷勞動手段，而權力淨轉移的現象也被新的經濟結構所排除，因此每一個人都能以做爲一個平等的公民的身分，去關注、投入公共事務及發展他的人類能力。做爲自身能力的發展者和實踐者，以及做爲參與體制的成員，每一個人的地位都是平等的，而民主社會的目的即在於確保每一個人的平等的發展的自由和參與權利（但這並不意味著每一個人的自我實現的最終水平都是相同的）。在道德態度上，這樣的平等也要求將靄格爾（Thomas Nagel）所強調的無私（impartiality）納入一個人的行爲考量之中，亦即每一個人都應試著去穿別人的鞋，去設身處地體會別人的感受，使個人的（personal）考量和不牽涉特定個人的（impersonal）考量同時成爲評價事物的內在標準❽。事實上，這樣的道德態度不僅是馬克弗森的平等理念所不可或缺的，更是他整個政治理論的必要的基礎。可惜的是，馬克弗森在這方面的論述是不足夠的，他雖然極力倡言人被視爲是自身能力的發展者及實踐者的重要性，但卻忽略了這種新政治人的倫理學。他重塑了新的政治現代性所要求的個體性，但卻沒有爲這樣的個體性延伸出相應的社會倫理。譚尼曾謂：

　　　「一個重視平等的社會對於個人與個人之間的性格與智慧的差異會賦予高度的重要性，而對於團體與團體之間的經濟及社會差異則只賦予低度的重要性。」❽

　　無疑地，馬克弗森確實朝著這樣的方向去建構他的民主社會。雖

然平等主義的批評者往往將平等主義矮化成「嫉妒的政治」(the politics of envy)⑧，但我們在以上的討論裏已駁斥了這種指責的正當性。就馬克弗森的理論全形來看，平等是串連其自由、民主、權力等觀念的黏劑，如果不以平等做基礎，則每一個人在參與式民主裏追求其發展的權力的極大化的自由，將頓失憑藉。在茉朶琪 (Iris Murdoch) 的對話錄《阿卡斯托斯》裏，一位藝術的熱愛者卡利斯托斯曾有這樣的見解：

> 「有時候我認為專制政體會是令人十分寬心的，因為你根本就不必去思考政治。」⑧

但卡利斯托斯所忽略的是，專制政體並不只是要讓人們不必去思考政治，更要讓人們根本不能去思考政治。我們以為，馬克弗森構想中的民主社會的可貴之處在於，透過毫不鬆懈地探索自由、平等及個人主體性的可能空間，他試圖去建構一個讓每一個人都能夠自由選擇其涉入政治之程度的政治社會。

註　釋

❶ Norberto Bobbio, *The Future of Democracy,* Cambridge: Polity, 1987, p.132.
❷ 必須說明的是，我們對古典民主的理解，並不是熊彼得的一元式的理解。詳見第三章第二及第三節。
❸ Macpherson, *Democracy in Alberta*, p.240.
❹ *Ibid.,* p.241.

⑤ G. A. Cohen, *Karl Marx's Theory of History: A Defence*, Oxford: Clarendon Press, 1978, chs. IX and X; 姑且不論柯罕將生產力排除於經濟結構（基底）之外所可能引發的問題，他的功能解釋仍有著重要的澄清作用。

⑥ Macpherson, *Democratic Theory*, p.181.

⑦ *Ibid.*

⑧ *Ibid.*, pp.182-183.

⑨ Macpherson, *The Life and Times of Liberal Democracy*, p.94.

⑩ Macpherson, *The Rise and Fall of Economic Justice*, p.97.

⑪ 例如 F. C. Arterton, *Teledemocracy: Can Technology Protect Democracy?*, Newbury Park, Ca.: Sage, 1987.

⑫ Macpherson, *The Life and Times of Liberal Democracy*, p.95.

⑬ *Ibid.*, pp.97-98.

⑭ *Ibid.*, pp.112-113.

⑮ *Ibid.*, pp.109-111.

⑯ *Ibid.*, p.98.

⑰ *Ibid.*, pp.99-100.

⑱ *Ibid.*, p.100.

⑲ *Ibid.*, pp.102f.

⑳ Macpherson, *Democratic Theory*, pp.36-38; Macpherson, *The Real World of Democracy*, p.60.

㉑ Macpherson, *Democratic Theory*, p.42.

㉒ *Ibid.*, p.48.

㉓ *Ibid.*, p.49.

㉔ *Ibid.*, p.58.

㉕ *Ibid.*

㉖ *Ibid.,* p.65.

㉗ *Ibid.,* pp.66-70.

㉘ Steven Lukes, *Power: A Radical View,* London: Macmillan, 1974, p.26; 在陸克斯看來，單面向的權力觀（如Robert Dahl）及複面向的權力觀（如 Peter Bachrach）都忽視了一個更深刻的面向，那就是A對B之擁有權力除了在於A能够以外顯的或內隱的方式來影響B，使B做出不符合或與B自身之利益相反的決策外，更在於A能够影響B去認定什麼才是他的利益（*Ibid.,* chs. 5 and 6）。陸克斯的三面向的權力觀即補充了A之形塑B對於自身利益之認知的面向，不過，陸克斯的三面向的權力觀仍不脫離抽取的權力（A對B的控制）的範圍，這基本上仍是對傳統權力觀的修正，其與馬克弗森的重新界定仍有著本質上的不同。

㉙ Macpherson, *Democratic Theory,* p.74.

㉚ 除此之外，歐朋海姆（Felix E. Oppenheim）主張某甲之勸說某乙不要做傷害自己的事，或醫生之勸誡病患不要再吸菸，若某乙及病患皆被說服，則某甲及醫生可謂對某乙及病患運作了權力。亦即，權力的擁有者爲了被告誡者的利益而施加的影響，也應該算是權力關係，但發展的權力則無法處理這類的權力現象。見氏著 *Political Concepts: A Reconstruction,* Chicago: University of Chicago Press, 1981, pp.51 and 161.

㉛ Dahl, "Procedual Democracy" in his *Democracy, Liberty and Equality;* Dahl, *Democracy and Its Critics,* chs. 8 and 9.

㉜ 蓓德曼和梅森（Ronald Mason）亦做此主張，詳見 Pateman, *op. cit.,* pp.106f以及Ronald Mason, *Participatory and Workplace Democracy: A Theoretical Development in Critique of Liberalism,* Carbondale and Edwardsville: Southern Illinois

University Press, 1982, pp.197f.

㉝ Frank Cunningham, "C. B. Macpherson and Stanley Ryerson on Marxism and the Eighties: Interviews by F. Cunningham", *Socialist Studies,* No.1, 1983, p.7; Macpherson,*The Life and Times of Liberal Democracy,* p.99.

㉞ Cunningham, *op. cit.,* pp.10-12; 此外，在馬克思主義的陣營裏，關於勞動階級能否做爲社會轉型的唯一力量，自馬庫色以降卽備受質疑並引發多方的反省，參考拙文＜馬克思主義與階級＞，收於拙著《社會理論與政治實踐》，臺北：圓神，一九八七，頁二九至八一。

㉟ Macpherson, *Democratic Theory,* p.184.

㊱ Thorstein Veblen, *The Theory of the Leisure Class,* London: Unwin, 1970, p.145.

㊲ Agnes Heller, "The Concept of the Political Revisited" in David Held ed., *Political Theory Today,* Cambridge: Polity, 1991, p.342.

㊳ Constant, *op. cit.,* pp.309ff.

㊴ T. H. Green, "Liberal Legislation and Freedom of Contract" in David Miller ed., *Liberty,* Oxford: Oxford University Press, 1991, p.21.

㊵ Hobbes, *Leviathan,* Cambridge edn., p.145.

㊶ D.D. Raphael, "Hobbes" in Zbigniew Pelczynski and John Gray eds., *Conceptions of Liberty in Political Philosophy,* London: Athlone, 1984, p. 27.

㊷ Isaiah Berlin, *Four Essays on Liberty,* Oxford: Oxford University Press, 1969, pp.121-122.

㊸ *Ibid.,* p.122.

㊹ *Ibid.,* p.131.

㊺ *Ibid.*, pp.145ff.

㊻ *Ibid.*, p.171.

㊼ Charles Taylor, "What's Wrong with Negative Liberty" in Alan Ryan ed., *The Idea of Freedom,* Oxford: Oxford University Press, 1979, pp.175-193.

㊽ Macpherson, *Democratic Theory,* pp.98-100.

㊾ 關於孟德斯鳩和貢斯坦等人對於「由規則所左右的行動」的強調（這也是他們與英國自由主義之奠基者的根本不同），參考 Larry Siedentop, "Two Liberal Traditions" in A. Ryan ed., *The Idea of Freedom,* pp.168f.

㊿ Macpherson, *Democratic Theory,* pp.108-109.

㉛ Berlin, *op. cit.,* pp.131-134.

㉜ *Ibid.*, p.154.

㉝ Macpherson, *Democratic Theory,* pp.111f.

㉞ *Ibid.*, pp.113 and 116.

㉟ *Ibid.*, pp.117.

㊱ Johh Gray, "The Unavoidable Conflict: Isaiah Berlin's Agonistic Liberalism", *Times Literary Supplement,* July 5, 1991, p.3.

㊲ 姑且不論消極自由與積極自由的分野是否妥當，泰勒也承認西方政治傳統中確實存在著類似伯林所區分的兩種不同的對於自由的理解，詳見 Taylor, *op. cit.,* p.175；而密勒則將歷來對自由的理解區分成三種類型：(1) 共和主義的自由觀：此一自由觀係發軔於古希臘，它將自由與特定的政治安排相連繫，一個自由的人卽自由的政治社群裏的公民，而一個自由的政治社群則是指公民進行自治的政治社群；(2) 自由主義的自由觀：自由被認爲是個人所專屬者，自由卽他人所加諸之束縛或干涉的免除，此一自由觀又傾向於認爲政治終止之處卽自由

之開端（freedom as beginning where politics ends）；(3) 觀念論的自由觀: 當一個人是自主的、當一個人依其眞實的欲望或服從其理性的信念去行動時，他才是自由的。詳見 Miller, "Introduction" to he ed. *Liberty,* pp. 2-7，不過，在這個分類裏，第一種自由觀並不必然與其他兩種自由觀相互排斥。

㊹ Macpherson, *Democratic Theory,* pp.118-119.

㊺ 馬克弗森答客問，見 Cunningham, *op. cit.,* p.9.

㊻ Alexis de Tocqueville, *Democracy in America,* Vol.I, New York: Vintage, 1990, p.54.

㊼ Hayek, *The Constitution of Liberty,* p.424.

㊽ Lucas, *The Principles of Politics,* p.249.

㊾ Isaiah Berlin, *"Equality"* in his *Concepts and Categories,* Oxford: Oxford University Press, 1978, p.92

㊿ J. S. Mill, *Considerations on Representative Government* in *Three Essays,* p.288.

⑥⑤ Douglas Rae, *Equalities,* Cambridge, Mass.: Harvard University Press, 1981, p.150.

⑥⑥ Macpherson, *The Rise and Fall of Economic Justice,* p.79.

⑥⑦ Macphersyn, *The Real World of Democracy,* p.47.

⑥⑧ David Miller, "Equality" in G. M. K. Hunt ed., *Philosophy and Politics,* p.79.

⑥⑨ Macpherson, *The Real World of Democracy,* p.47; Macpherson, *Democratic Theory,* p.23.

⑦⓪ Macpherson, "Individualist Socialism? A Reply to Levine and MacIntyre", p.196.

⑦① C. B. Macpherson, "Humanist Democracy and Elusive Marxism: A Response to Minogue and Svacek", *Canadian*

Journal of Political Science, Vol.IX, No.3, 1976, p.429.

⑫ Steven Lukes, "Equality and Liberty: Must They Conflict?" in D. Held ed., *Political Theory Today,* p.59.

⑬ Richard Norman, "Does Equality Destroy Liberty?" in Keith Graham ed., *Contemporary Political Philosophy,* Cambridge: Cambridge University Press, 1982, p.103.

⑭ Lukes, "Equality and Liberty: Must They Conflict?", pp.53f, 56f and 62f.

⑮ Rae, *op. cit.,* pp.22f and 43.

⑯ *Ibid.,* pp.82f and 103.

⑰ Ronald Dworkin, "What Is Equality? Part 1: Equality of Welfare", *Philosophy & Public Affairs,* Vol.10, No.3, 1981, p.186.

⑱ *Ibid.;* Ronald Dworkin, "What Is Equality? Part 2: Equality of Resources", *Philosophy & Public Affairs,* Vol.10, No.4, 1981, pp.285f. 在多爾金看來，資源的平等才是能夠被合理化的分配的平等，但密勒則指出卽使一個滿足資源的平等的社會果眞出現，它仍無法解決下列的困難：口味的改變（如果大衆的飲酒的品味或習慣由啤酒換成了葡萄酒，則對於分配到只適合種麥的土地的人，將是極爲吃虧的）、氣候條件的改變（如果因爲氣候條件的惡化使得某些土地的墾植品質大爲降低，則對於這類土地的所有人來說，也是不公平的），只將資源的平等限定在私人擁有的項目上，可謂排除了某些可欲的資源進入拍賣程序的可能性，詳見 Miller, "Equality", pp.87-89.

⑲ Miller, "Equality", pp.82 and 92.

⑳ *Ibid.,* pp.95-98.

㉑ C. B. Macpherson, "Needs and Wants: An Ontological or

Historical Problem?" in Ross Fitzgerald ed., *Human Heeds and Politics*, Rushcutters Bay: Pergamon Press, 1977, p. 32.

㉒ *Ibid.*, p.34·

㉓ Thomas Nagel, *Equality and Partiality*, Oxford: Oxford University Press, 1991, pp.63f; Thomas Nagel, "Equality" in his *Mortal Questions*, Cambridge: Cambridge University Press, 1979, pp.126-127.

㉔ R. H. Tawney, *Equality*, London: George Allen & Unwin, 1964, p.58.

㉕ 對於「嫉妒的政治」的反批評可參看 John Baker, *Arguing for Equality*, London: Verso, 1987, pp.141-142.

㉖ Iris Murdoch, *Acastos: Two Platonic Dialogues*, Harmondsworth: Penguin, 1986, p.14.

第七章 結 論

　　如何更深刻地理解人類的政治生活，並進而謀求改善之道，一直是政治理論之所以出現的原因。不過，自蘇格拉底以降，許多同樣的問題雖經歷不同世代的思想家的不斷思索，相同的問題卻依舊處於懸而未決的狀態。一個懷疑論者或悲觀論者也許會說許許多多的政治理論的問題都是找不到答案的，或者即使有了答案，在往後的世代裏也會被證明為只是另一個不成熟的臆測。這樣的說法的確有它的諷刺的眞實性，然而，另一種更篤實的態度則是，政治理論在不斷地從不同的立場趨近政治生活時，不僅更具體地表明了各種迥異的看待問題的態度（這包括了意識型態的及知識論的態度），同時也逐漸澄清了可能與不可能之間的界線。縱使最終的解答是不可知的，但政治理論的持續努力終究使政治生活的全盤圖像被刻劃的更為清晰醒目，而各種不同的陷阱也獲得更明白的辨識。

　　在今天，政治理論似乎已擺脫了它在一九五〇及六〇年代所受到的質疑，經驗政治學企圖將政治理論一舉擊潰的戰鬥也已然收場。這兩種在知識的立場及企圖心上皆有所不同的企近政治生活的知識途徑，也分別在其相對自主的領域裏，進行其各自的深化工作。在現今看來，伯林在一九六〇年代為政治理論所做的辯護仍然尚未過時，「只要理性的好奇依舊存在 —— 一種要求透過動機及理性而不僅僅只是透過原因或功能相關或統計機率來達成

合理化及解釋的渴望 —— 則政治理論就不會全然從地球上消失。」
❶再者，如聶格爾所言，「(道德)直覺的不滿是政治理論的基本
資源」❷，由於政治理論家直覺地對特定的政治實踐感到不滿，
才進一步促使他去進行深入的理論思考，從而才有政治理論的產
生。但這樣的發生學背景也隱約地告訴我們，不同的道德直覺就
會促成立場不同的政治理論，換言之，多元主義及相對主義乃是
整個政治理論系譜裏的重要特徵。

　　就此而言，伯林對政治理論裏的完美主義傾向的批評，倒是
可以適用在所有的政治理論上(包括伯林自己的在內)。在伯林
看來，完美主義的共通質素包括了三項柏拉圖主義的預設：(1)
所有眞正的問題都必須只有一個唯一眞實的答案；(2)存在著可
以信賴的找到這些眞理的路徑；(3)這些眞實的答案彼此之間都
是相通的，同時也構成一個單一的整體❸。事實上，所有的政治
理論在它自己的系絡裏都是完美主義傾向的，以伯林爲例，他無
疑地認爲消極自由、價值多元主義、代議民主、市場理性、個人
是自身利益的最佳裁判、有限政府等等乃是最好的答案，而與此相
反對者則構成了合理的政治生活的威脅及障礙。但從另一個角度
來說，政治理論又都可以說是非完美主義傾向的，因爲政治理論
家們十分清楚，他們各自的答案只是眾多答案中的一種(雖然在
口頭上他們不一定承認)。而重要的是他們要如何突出自己的立
場，俾讓政治社會的其他成員去進行比較及抉擇。政治理論家都在
進行各自的說服工作，都試圖去說服人們選擇他們所主張及鋪陳
的政治生活，因此，如何去辨別特定政治理論的說服宣稱(per-
suasion-claim)，應該是一項有意義的工作❹。

　　馬克弗森政治理論的核心目標在於說明爲什麼當前西方的民

主社會在基礎上存在著嚴重的內在困難，以及我們又該朝什麼樣的方向去重建一個更可欲的民主社會。他所有的理論努力都是這種問題意識底下的產物，但他所仰賴的說服宣稱又是什麼呢？讓我們用下列三組概念來說明他的說服宣稱。

（一）人的政治可能性（political possibility）與人的政治不可能性（political impossibility）：強調人的政治不可能性的政治理論，在企近政治生活時首先問的問題是什麼在政治上是不可能的。這類的政治理論乃是在先行設定人的政治潛能的上限的前提下，再去探討在這種限制底下政治社會該如何被組成。譬如堅持人的不可侵犯的個體性的政治理論（最明顯的就是自由主義），就預先認定人與人之間的生活關係必定是以競爭為主軸的，因此任何踰越此一界線並試圖去建構一種協和社羣的努力都是枉然的（近年來英語世界裏的社羣主義和激進自由主義之間的論戰，即反映了這種立場的歧異）。相反地，強調人的政治可能性的政治理論，則先去問對人來說什麼在政治上是可能的這樣的問題，其道德直覺的出發點往往出於對現有政治實踐的不滿，而試圖重新建構一種正視人的政治可能性的政治秩序。當然，這兩種立足點的不同並不是絕對的，不過，其彼此間的程度差異則確實是存在的。很明顯地，馬克弗森的政治理論乃是屬於強調人的政治可能性的政治理論。他並不認為公共權威的作用僅在於確保每一個人的不容侵犯的私人空間，他也不認為民主只能是一種否決權的表達，他更不認為政治生活只是利益交換及衝突的法制化。他的參與式民主社會的理想就是在明白確認人的尚未充分開發的政治可能性的前提下，所鋪陳的落實此一可能性的新政治空間。在這裏他的說服宣稱的訊息是：不要低估了人的政治可能性，因為它還有很大

的發展空間。

（二）我的政治（me-politics）與我們的政治（we-politics）
❺：黑格爾曾極富創見的指出，「主體的特殊性去追求滿足的權
利（the right of the subject's particularity to find sat-
isfaction），或者用別的方式來說，主觀自由（subjective free-
dom）的權利，乃是古代與現代之差異的軸心點及焦點」❻，的
確，保守地說在文藝復興之前，個體性（主體的特殊性）在政治
結合裏的地位一直未被堅挺地確立，故而個人只能透過做為羣體
的一分子或集體的一部分或上帝的造物來表現其政治存在。但自
霍布斯為個人主義奠下堅實的基礎，並在歷代自由主義者的積極
開展下，個體性的確保及體現一躍而為政治最根本的關懷。這也
是索克弗（Stephen Salkever）所謂的古代的政治理論是在德
性典範（virtue paradigm）底下鋪陳的，其目標在於探討何謂
最好的生活方式，以及在何種政治制度底下人才能成為道德人，
因此個人權利的概念是不存在的。一直要到馬基維利及霍布斯的
時代，政治理論才經歷了徹底的轉型，義務或正當性典範（obli-
gation or legitimacy paradigm）成為主流，個人權利成為
政治理論的新出發點，個人與羣體之間的權利及義務關係成了最
主要的問題❼。

事實上，個體性的確立無疑地是一種進步的徵候，不過，在
自由主義思潮裏個體性雖然得到最昂揚挺拔的展開，但其極端發
展的結果是個人的主觀視界成了政治思維的唯一視界，「我同意
或我不同意某某事」主宰了一切對於政治實踐的思考，「我」的
絕對性成為不可被化約及調解的基本單元。因此，「我的政治」
的論述語言雖然明確地肯定了個體性的價值，但個體性的存在情

境卻是孤獨的，因爲每一個「我」的主觀視界或多或少都預設了其他的「我」之對其構成妨礙及束縛，就此而言，「我的政治」乃是一種防衞的政治（defensive politics）。與此不同的是，「我們的政治」則試圖從「**我們能嗎？這對我們好嗎？**」的立場來思考及衡量政治事務❽。不過，這並不是說「我們的政治」要徹底地以集體性來取代個體性，無論如何，「我們的政治」是要在肯定個體性的基礎上去調節其偏頗發展之弊。它的基本信念是：除非在個體性與個體性之間建立起倫理的相互性（ethical mutuality）的連繫，俾使個體性一方面維持其必要的自主性，另一方面則藉著開發出更大的公共空間來提高個體性的羣體性質，否則個體性的極端發展只會淪爲原子式的、防衞的政治。

更深一層看，「我的政治」可謂是方法論的個體主義的產物，由於堅持個人的行動及價值乃是理解及詮釋社會現象的不容被替代的唯一單元，其在政治上的後果是，不同的「我」與「我」之間的倫理相互性的建立，自始就在方法上受到限制❾。如果說方法論的個體主義適合於發展出保障個人權利的政治理論，那麼，相對地它則不利於發展出試圖在更高的水平調解個人與羣體的相互關係的政治理論，而這正是「我們的政治」的主要目標。從這一組概念來看，馬克弗森的政治理論乃是企圖探索「我們的政治」的可能性，他雖然從不放棄對個體性的關注，但他更注重如何塑造一個人人都能平等地享有發展自由的民主社會。對他來說，他理想中的民主社會是要超越「我的政治」的侷限，進而邁向「我們的政治」，是要克服防衞的政治的內在困難，進而實現展現的政治（expressive politics）──亦卽政治的目的在於積極地落實並展現人類能力，而不僅僅只是在消極地防衞個人權利。此一說

服宣稱的訊息是：讓「我們」共同來參與及改善政治，會使每一個「我」有更大的機會去體現其個體性，

（三）經濟人的政治與參與人的政治：如果人是做爲一個經濟人而與政治發生關連，則政治的目的乃在於確保每一個人得以自由進行經濟交換的權利，以及爲落實此一權利所需的其他保障。在這種認識底下，政治本身並無內在的目的價值，而是一種提供一個有秩序的、穩定的經濟交換環境的必要的惡，亦即，政治頂多只是一種工具價值，政治並不背負著任何與程序正義無關的倫理目標或任務。自資本主義成爲人類主要的生產模式並巨幅地擴增了人類的生產能力之後，經濟人的政治即應運而生，並進而成爲最具影響力的對於政治的理解。但如果人是做爲一個參與人而與政治發生關連，則將是一種自願發生的而非不得不然的關連。參與人的政治一方面肯定政治的工具價值，但另一方面則認爲政治生活本身亦有其內在的目的價值 —— 不管那是指涉著心智的啓蒙或道德的提昇或個人潛能的開發或社羣精神的確立。在參與人的政治認知裏，政治理性並不純粹只是計算利害的理性（prudential reason），相反地，政治理性被要求和道德判斷相結合，而政治生活則是道德實踐的場域。從這個脈絡來看，馬克弗森之試圖證成佔有式個人主義的不當，正是出於他對經濟人的政治的不滿，以及他對參與人的政治的渴盼。準此，此一說服宣稱的訊息是：人的政治存在並不僅僅只是其經濟需要的反映，普遍的參與將有助於解除當前經濟體制的桎梏，並使政治成爲轉化不公道的經濟秩序以及提高人的存在價值的活動場域。

如上所述，馬克弗森政治理論的說服宣稱表徵了一種與當前主流政治理論迥然不同的圖像，其精神則可謂是新希臘式的 ——

這從政治生活之包含目的價值、「我們的政治」所傳達的社羣意涵，以及對人的政治可能性的強調，皆可清楚看出。更明白地說，做為政治思想史家的馬克弗森所表白的評價，已然預示了其政治理論的立場及走向，故而做為政治思想史家的馬克弗森與做為政治理論家的馬克弗森是相互一致的，前一種身分透露了後一種身分的出現型態，而後一種身分則突顯了前一種身分的詮釋的整體性。然而，馬克弗森能不能稱得上是沃林（Sheldon S. Wolin）所謂的「宏偉理論家」（epic theorist）呢？在沃林看來，首先，宏偉理論家們都試圖透過思想的行動去重組（reassemble）整個政治世界。其次，如果將政治理論視為一種意向的結構（a structure of intentions），則宏偉理論家們的理論都是由強烈的公共關懷（public　concern）所觸動的，並且其理論事業主要地是以「世界裏的問題」（problem-in-the-world）而非「理論裏的問題」（problem-in-a-theory）為出發點——亦即他是針對著世界所面臨的危機，而不是研究技術的危機來發展其理論事業——同時，他對前一種問題的思考也決定了他對後一種問題的思考❿。從前面六章的討論可以看出，馬克弗森之企圖從民主的公共關懷提出重整政治世界的理論方案是至為明顯的，而同樣清楚的是，他是先確認了「世界裏的問題」（這包括了民主、自由、平等、經濟資源的政治轉化、人類實現等）的迫切性，然後再逐一將其還原為「理論裏的問題」，並進行個別的分析與串連的重建。因此，由沃林的標準來看，我們以為馬克弗森足堪做為二十世紀宏偉理論家的候選人。

馬克弗森、泰勒和柯罕可謂是將加拿大的政治理論事業提昇到世界水平的三個關鍵人物（泰勒繼伯林之後，柯罕又繼泰勒之

後出任牛津大學齊契利社會與政治理論講座教授）。雖然他們三人的專業範圍並不盡相同，但他們同樣地都在不同的程度上受到馬克思思想的影響，並在其個別的理論中表現出此一影響的痕跡（當然，這又以柯罕最爲明顯）❶。就馬克弗森而言，他對馬克思思想的繼承及轉化乃見諸於下列示例。(1) 他之強調經濟的政治作用（或者說他之試圖發展出人本主義的政治經濟學），無疑地乃是在馬克思對於資本主義的總體分析架構底下展開的 。(2) 儘管馬克弗森並不是一個偏狹的階級政治的倡導者,不過,他也從馬克思那裏認識到階級在社會構成中的理論的及實踐的重要性,他之以階級分立社會做爲自由主義民主理論的基本特徵，卽是顯例。(3) 他的權力淨轉移理論可謂是馬克思剩餘價值理論及剝削理論在政治理論裏的更細緻化的應用及延伸。(4) 他所追求的人類能力之實現的理想也可謂是馬克思反異化思想的另一種表述。不過,除了馬克思之外,馬克弗森也從約翰・彌爾那裏汲取了大量的思想養分。在他看來, 約翰・彌爾乃是第一個嚴肅去面對自由主義之困境的自由主義者, 約翰・彌爾清楚地認識到人做爲一個效益的消費者及極大化者與人做爲一個自身能力的發展者及實踐者之間的矛盾,同時, 約翰・彌爾做爲個人自由的堅定的捍衞者,也意識到自由主義哲學在實踐上的反自由的後果。雖然在馬克弗森看來, 約翰・彌爾對資本主義的理解是不夠深刻的（這也影響了彌爾的民主理想的鋪陳）, 然而, 他對於從什麼樣的關於人的預設來進行理想社會之建構的洞見, 則深深影響了馬克弗森在這方面的思考。如果說馬克思和約翰・彌爾分別從不同的切入面向總結並反省了自十七世紀以來的政治現代性的資產及負債,那麼, 馬克弗森所企圖達成的乃是在二十世紀的新背景底下, 批判地結

合馬克思和約翰‧彌爾這兩條路向的理論洞見。在以下的部分，我們將逐一檢討馬克弗森理論事業的原創性及侷限。

　　政治理論在形成之前，無可避免地必須先將特定的政治現象或關係抽繹成政治概念，以做爲討論及研究的憑藉。但政治概念的提出及界定，本身就包含了內在的政治，譬如正當性的概念就隱含了公共權威的運作必須透過合法的程序，再如政治義務的概念則隱含了在特定的條件下個人必須服從法律及國家（而激進的政治義務觀則認爲國家也應該對人民盡政治義務，在這種要求下政治義務成爲一種雙向的關係）。而對於相同的政治概念的不同理解，就牽涉到政治理論的政治，如某位論者所指出的，「概念的變遷伴隨著任何政治世界的重建」❷，對於新的政治世界的構想，往往以政治概念的變遷及轉化爲前提。

　　無疑地，馬克弗森是一位對於政治理論的政治有著高度自覺的理論家。他的政治理論之有別於當前主流的（自由主義）政治理論，並與之構成一定程度的對峙關係，主要地乃在於他對於關鍵政治概念之批判的重建，同時又將這些重建後的概念予以系統地相互連繫起來。這些被他重新予以整造的概念包括了自由（發展的權力的極大化 vs. 外在障礙的免除）、財產（不被他人排除的權利 vs. 排除他人的權利）、權力（一個人去使用及發展其能力的能耐 vs. 對他人的控制）、民主（一種社會類型 vs. 一種選擇政治領導人及制定決策的方法）等等。這些被重建的概念則在他的政治理論裏，共同扮演了突顯出參與式民主之可欲性的角色。不過，儘管對馬克弗森來說，概念的重建實現了他去建構出以新的政治實踐爲目標的政治理論志業，然而這並不表示這些概念在脫離了他自己的理論系絡之後，還必然享有獨立的解釋功能

或運作的可能。

在這個問題上，他的自由及民主等兩個概念是比較不會遭遇到困難的，但他的權力概念（發展的權力）則面臨嚴重的難題，這可分成三方面來說。第一，在人支配人的現象（這裏的「支配」也包括了「影響」在內）依然處處存在的社會裏，發展的權力的概念明顯地無法普遍地涵蓋或解釋這類現象，亦即它的解釋力遠不及傳統的權力概念。但問題在於如果權力的概念無法有效地涵蓋「權力」這個現象，則要用什麼概念來解釋及分析「權力」呢？第二，發展的權力的概念在方法上預設了人支配人的現象將會完全消失的可能性，但即使在馬克弗森理想的民主社會裏，這樣的預設仍然是十分危險的。無論如何，政治理論或許可以盡其所能地去探索更「完善」的政治秩序，但卻不能不為「不完美」預留空間。第三，馬克弗森之認為發展的權力是可以被測量的，並以此來強化此一概念之正當性的論點，只是徒然增加了發展的權力這個概念的懸疑性。事實上，他只提出了測量權力的抽象的原則，但卻未曾提出可以被明確運作的判準，因此，發展的權力可以被測量的論點，不無畫蛇添足之嫌。再者，馬克弗森的財產概念（不被他人排除的權利）固然有效地傳達了他對於如何重組現有的經濟關係的立場，不過，很可惜的是馬克弗森並沒有進一步去探討其被落實的可能性，亦即他並未深入討論財產做為一種不被他人排除的權利在取代現有的財產權時所必須解決的較高層次的理論問題（我們在此並不是要求一個政治理論家去鋪陳所有與實踐有關的技術細節）。這些問題諸如不被他人排除的所有權的判準該如何來決定，或者此一判準該依循什麼樣的原則來建立？當每一個人對許多同樣的事或物都擁有不被他人排除的所有權時，

則每一個人又能如何去運用他的這項所有權？當不同的人的不被
他人排除的權利彼此之間發生衝突時，那麼「不被他人排除」的
意義又該如何被理解？這些問題都不是馬克弗森所謂的「基本人
類能力的非對峙性」這樣的假設就能夠妥當回答的⓭。準此以論，
馬克弗森透過政治概念的重建所推動的政治理論的改革運動，在
成功地強化其政治藍圖的同時，也擴大了一些模糊的灰色地帶。

馬克弗森理論事業的另一項重點，則是對政治現代性的內容
進行辨識及重新整編的工作。在他看來，自霍布斯以降，英語世
界的政治思維主要是以佔有式個人主義為發展主軸，佔有式個人
主義的市場人與市場社會的預設既促就了自由主義的興起，也在
理論上為自由主義和資本主義架起了相互連繫的橋樑。在這項探
索近現代政治與政治思維的基本預設的工作上，我們認為馬克弗
森在下列三方面的貢獻是值得肯定的。第一，他開創了一種政治
思想史研究的新途徑，除了以個別的思想家或思想流派做為研究
對象外，政治思想史的研究還可以試圖去挖掘出貫穿一個時代的
政治思維的底層基礎，進而探討後世思想家對此一底層基礎的繼
承與修正。第二，他明白揭示了對於人的不同認知如何影響政治
理論的發展路向，固然不同的人性假設之形塑不同類型的政治理
論，早已為政治研究者所周知，不過，馬克弗森的特殊性在於將
其還原為政治理論的內在政治性的問題，並進一步將此一問題與
政治世界的改造串連起來。第三，他對個人主義的近現代特徵做
了更明確的澄清及定位，亦即，他以更清晰的理論語言表述了社
會的歷史演化對個人主義思潮的限定和影響，從而確立了歷史實
在與理論語言之間的對照關係。

從政治現代性的角度來看，馬克弗森政治理論的企圖乃是要

提出取代佔有式個人主義的新的對於人及社會的認知，並以之做
為他理想中的政治秩序的建構基礎。我們或許可以將他所提議的
新的政治現代性歸結如下：

(1) 人之成為人乃是基於他能夠盡其所能地發展他的人類能
力。

(2) 個人只有做為社羣的一份子才能具體地彰顯他的存在，
個人對於是否與他人發生關連雖享有選擇的自由，但為
了社羣的公益，個人有義務去參與公共事務。

(3) 個人在本質上雖然是其自身及能力的所有權人，但他同
時也是社羣的一份子，因此，他的這項所有權的運用仍
必須考量到社羣的其他成員做為一個人的平等權利。

(4) 個人的勞動能力是體現其生命意義的前提，而不是一項
商品。

(5) 人類社會是由一系列的參與關係所構成。

(6) 個人行動的空間之能夠被合理地限制，必須是為了提供
每一個人平等的實現其人類能力的機會。

(7) 政治社會是為了實現每一個人的人類能力的一種人為的
設計，政治社會的構成原則應由其成員以民主的方式來
決定或進行改變❹。

佔有式個人主義無疑地是一項「理論的虛構」（ theoretical
fiction），我們在第二章裏即已指出將其強加諸於特定思想家身
上之不當，除此之外，我們在此還要進一步討論馬克弗森在處理
政治現代性這個問題時所遺留下來的難題。回溯地看，馬克弗森

在出版《佔有式個人主義的政治理論》一書時，即有意識地同時
也很技巧地將他所欲駁倒的對於人及社會的認知，總結到佔有式
個人主義這項理論的虛構之中，如果說《佔有式個人主義的政治
理論》一書是在確認或標示他所反對的對於人及社會的認知，那
麼，他爾後的整個理論事業即是對其進行批判和重建（因此，做
為政治思想史家的馬克弗森以及做為政治理論家的馬克弗森，是
相當連貫一致的）。事實上，這樣的論述策略並非馬克弗森所
獨有，韋伯在指證新教倫理與資本主義精神之間的選擇的親和性
（elective affinity）時，也依賴著與此相似的策略。不過，馬
克弗森在此則暴露了若干的難題。首先，雖然每一個詮釋者都不
免帶著他的價值放大鏡去看歷史——或者用柯林烏（Robin G.
Collingwood）的術語來說，去重建歷史，但無論如何，太早限
定了已知的「答案」，將會窄化他的新發現的可能性。以馬克弗森
來說，由於他太早限定了佔有式個人主義這個對象的指涉範圍，
這使得他在探索政治現代性的內容時，已經很難再加入新的構成
要素。

　　其次，另一個值得我們深思的問題是：是不是只有從一種極
度正面的、甚至是清教徒式的或禁欲主義式的對人的假設出發，
才能發展出具有深刻的人本主義意涵的政治理論，從而才能有助
於落實與此相應的政治實踐？馬克弗森的答案顯然是肯定的。他
雖然承認羅爾斯的正義理論所表徵的是一個正確的方向，但他仍
然指責羅爾斯對人的認知仍然不脫「布爾喬亞人」（bourgeois
man）及「市場人」的格局，而這只會限制了其正義理想的被實
現的可能❻。儘管馬克弗森之挑明對人的假設直接形塑了政治理
論之發展路向的見解，可謂是極具積極性的，但馬克弗森對於人

性假設的過度的「潔癖」則是有待商榷的。我們以為更可取的態度是去確定 —— 至少在理論上 —— 特定的政治理論是否能提供人們更大的政治可能性，以及確保更有啟發性的、更穩固的自由，而不是僅僅只以其人性假設來斷定特定的政治理論的潛能和價值。要言之，從更積極的對人的認知出發固然代表了新的政治論述的起點，但「人性假設決定論」則是危險而不可取的。而馬克弗森在抨擊他人的理論時，似乎很難除卻這樣的嫌疑。

最後，我們要檢討做為馬克弗森政治理論之核心特徵的民主理論。對馬克弗森來說，民主與參與乃是密不可分同時也是相互成全及相互依賴的，民主必須透過普遍的參與才能獲得體現，參與則必須在民主的架構中才能顯現更完整的意義。我們認為馬克弗森在闡發民主內涵的轉化（從一種政府形式或政治方法到一種社會類型）、民主範圍的擴大（從政治民主到經濟民主及社會民主）、民主之必須貫徹人民主權之本意、民主與平等的互賴性、民主意識的革命等方面，確實都深具啟發性，並且與他理論的其他面向環環相扣。不過，他的民主理論仍有若干值得商榷之處，現分述如下。

(一)在為參與式民主規劃其內部格局時，馬克弗森仍賦予政黨十分重要的角色，固然我們不難理解他的用意在於確保價值多元主義和確定政治方案得以被有效地提出，但在政黨的內在困境已愈來愈明顯的今天，他對政黨的依賴 —— 同時卻未能深入檢討政黨與民主之間的複雜關係 —— 就顯得欠缺他所一再標榜的民主的想像。在理論上，政黨向來被視為是利益聚結、利益表達及政治社會化的媒介，但透過關於西方政黨之實際操作的知識，我們也得知政黨也可能是壟斷利益表達和政治議題的反人民主權的政

治單元。然而，馬克弗森對此卻抱持著存而不論的態度，並認爲
只要政黨都能落實黨內民主，則其對民主社會所可能構成的威脅
就不復存在。我們以爲，做爲一個參與式民主的積極倡議者，馬
克弗森在反省政治組織的新的基本單元這個問題上，其前瞻性是
頗受限制的。與馬克弗森不同的，本漢（John Burnheim）則
更能洞察以政黨爲基礎的選舉式政治（electoral politics）的
內在偏限。本漢認爲爲了使政治決策更合乎人民主權的要求，特
定的政治決策應該由所有與該決策有關的不同立場的團體和潛在
的受益人及受害者，以統計抽樣原則舉薦出代表來進行深入的溝
通和協調，一直到產生一個各種不同立場的人都能接受的方案，
而不再透過傳統議會裏的多數決來制定決策（本漢稱此種民主政
體爲"demarchy"）❻。就此而言，本漢在這方面的民主想像要
比馬克弗森更具前瞻性。要言之，我們固然不能說政黨必定是一
個不能被寄予希望的政治單元，但如果不直接面對政黨已然產生
的困難而率爾寄予厚望，亦非可行之道。

　　㈡馬克弗森用以區別自由主義民主思潮與前自由主義民主
思潮的判準是：前者是爲一個階級分立社會所鋪陳的民主，而後
者則是爲單一階級社會或無階級社會所陳設的民主。從第四章至
第六章的討論可知，馬克弗森理想中的民主社會是一個權力淨轉
移的現象已被有效消解的無階級社會❼，但矛盾的是馬克弗森卻
又強調他的參與式民主乃是自由主義民主的最好的典範❽。要解
決這裏所顯現的內在不一致，似乎有兩個途徑，其一爲馬克弗
森放棄他用以區別自由主義民主和前自由主義民主模式的判準，
不過，馬克弗森顯然無意這樣做（我們也認爲他不必這樣做，因
爲該判準確實有其明確的區別作用）。那麼，馬克弗森僅有的選

擇就是放棄稱其參與式民主為一種自由主義民主模式，但他卻又拒絕這樣的選擇。我們以為，這裏所顯現的正是馬克弗森對自由主義的曖昧態度，馬克弗森從來不表明自己是什麼主義者，這樣的表白已經是他對於自己的立場的最明顯的表述⑲。但問題在於他政治理論的許多面向實已大大超出自由主義所能含攝的範圍⑳，同時呈現出清楚的社會主義的色彩，然而他卻還要守住自由主義的格局。霍布豪斯曾謂，可欲的社會主義只有一種，那就是從自由主義的基礎上發展出來的自由主義的社會主義 (liberal socialism)，至於機械的社會主義 (mechanical socialism) 和官方的社會主義 (official socialism) 則是與自由主義和民主理想無關的㉑。但對霍布豪斯和馬克弗森都同樣存在的問題是：他們所陳設的社會主義式理想還能算是嚴格的自由主義嗎？我們並不是說自由主義和社會主義是不能調和互補的，不過，如果在自由主義的指涉已不能完全涵蓋的情況下，還要寄居在自由主義的軀殼，只是混淆了自己的立場，就此而言，霍布豪斯要比馬克弗森還更為直率坦白。基於上述，我們可以說馬克弗森的民主社會的理想，乃是一種試圖整合自由主義和社會主義的努力，而儘管他一直不願自外於自由主義民主的傳統，但我們以為他的社會主義成分要較其自由主義成分來得更為濃郁。

　　對民主理論家們來說，民主的最主要的難題乃是同意(意志)與正確性（理性）之間的矛盾，亦即，民主的決策是多數人的自由意志所同意的決策，但這樣的民主決策又不一定是最正確的或最合理的決策㉒。早在兩百多年前，雖然盧梭就試圖藉著全意志和立法家的設計來調解此一矛盾，但與其說他解決了這個矛盾，還不如說他更深刻地提醒了這個矛盾的存在。而同意與正確性之

間的矛盾所傳達的則是：做爲政治結合之主體的人民，在特定的
被容許的範圍裏（亦卽不侵犯到他人的基本權利的範圍裏），有
權去做出不正確的、不合理的或錯誤的決策。但在歷史上我們也
看到許多不正確的民主決策所造成的錯誤，蘇格拉底之被判處死
刑只是其中最爲人熟知的案例。從這個脈絡來看，如果民主理論
家們不能一勞永逸地解決同意與正確性之間的矛盾，至少如何去
減少或節制不正確的民主決策所可能造成的錯誤，應該是民主理
論家們必須在理論上進行審愼思考的。在這個關鍵的問題上，馬
克弗森的啓發性在於，他看到了抽象地探討自由及個人權利這種
思考途徑的限制，同時，他也提示了民主的擁護者唯有在更牢固
的社會經濟條件的屏障底下，而不僅僅只是在改善民主的政治程
序，不正確的民主決策才不會對特定的個人或團體造成不可彌補
的傷害。因此，儘管馬克弗森未曾深入討論民主的可能的負面作
用，但我們可以說他確實已經透過關於如何改革社會經濟體制的
思考，從而（至少在理論上）構築了一個防範不正確的民主決策
的安全護網，就此而言，他乃是在向不少當代論者所堅持的民主
與資本主義之間的必然關係做挑戰。更進一步說，馬克弗森的民
主理論也隱含了一個重要的論題：那就是在改善人類政治秩序的
進程中，單單只靠民主是不足夠的，不管是在理論上或實踐上，
民主都需要同其他的政治價值（尤其是自由、平等、信任和寬容）
相互連繫，唯有在這種連繫及補充之下，同意與正確性之間的矛
盾才能減縮到可以被接受及節制的範圍之內。

　　從某個角度來看，政治理論的歷史演化可謂是政治理論家不
斷在把捉、確認、分析及重建政治現代性的過程。我們跋涉了一
段不算短的路程，來評析馬克弗森在這項工作上的參與和介入。儘

管馬克弗森的政治理論仍暴露出不少的盲點，不過，總的來說，他一方面明確地標示出現代政治的侷限和內在困難，另一方面則從頑強的人本主義的立場提供了關於可能的出路的思考，因此，在使政治生活回歸到人的存在價值的體現這項目標上，馬克弗森是有著不容輕忽的標竿意義的。此外，在人類政治與經濟愈形交錯糾結的現今，馬克弗森之強調統合地以及具體地省察政治與經濟之間的緊密關連，而不僅僅只是在假設的理論模式中抽象地思索人的政治可能性的主張，也有其嚴肅的實踐意含。對於反對他的理論的人來說，馬克弗森供給了一個重新反省其自身之理論或認知的對照典範；對於贊同他的理論的人來說，馬克弗森則邀請他們進一步去深入挖掘人的政治可能性。十九世紀的某些歐洲知識分子（特別是歷史研究者）曾有這樣的感歎：「社會及政治科學危及了歷史學的處境，因為社會科學處理的是今天的需要，而歷史學則將心靈引向不相關的昨日。」[23]事實上，歷史學對當代的啓發性是十分明顯的，再者，政治研究除了專注於今天的需要，也有其指涉未來的功能。而同時做為政治思想史家和政治理論家的馬克弗森，則試圖從他特定的立場盡其所能地去揭示過去、現在與可能的未來之間的傳承及變奏。

最後，做為一位政治理論家，馬克弗森一生的理論事業當中，最令人感到欠缺和不足的，就是在他辭世（一九八七年）之前，並未有系統地建構出一套適合他的理想社會的倫理學，亦即，他並未就他的理想社會所仰賴的溝通倫理做出有系統的、嚴謹的交代。此一缺憾使馬克弗森的理論定位，不能從對現狀的質疑與批判，有效地轉進到正面的建構。伯林曾謂：「政治哲學在本質上乃是道德哲學在社會情境上的應用」[24]，姑且不論伯林和

馬克弗森在政治立場上的難以消解的歧異，我們以爲伯林對政治哲學的這項界定同形容，確有其獨到之處。借用伯林的界定來看，馬克弗森最可惜的地方就是他在解構現狀之餘，在向他人的理論進行挑戰之餘，未能正面地去形塑出他的政治哲學背後的道德哲學。如果說羅爾斯還沒有從道德哲學跨向政治哲學（因爲羅爾斯對具體的社會情境的討論是極度淺淡的），那麼，馬克弗森的問題就在於他所成就的是一種缺乏完整的道德哲學的政治哲學。就此而言，馬克弗森所遺留下來的缺口，還有待同他的立場相契近的人，去進行批判的補充和超越的躍進。

註 釋

❶ Isaiah Berlin, "Does Political Theory Still Exist?" in his *Concepts and Categories*, p.172.

❷ Negal, *Equality and Partiality*, p.7.

❸ Isaiah Berlin, *The Crooked Timber of Humanity: Chapters in the History of Ideas*, London: John Murray, 1990, pp. 5-6.

❹ 即使說服的競爭是政治理論家所必須面臨的情境，我們仍以爲買柯布森之指稱政治理論家只在滿足自身之驕傲，而其讀者則只在尋求內在慰藉的說法，乃是過於低調同時也缺乏政治積極性的，詳見 Jacobson, *op. cit.*

❺ 這一組概念借自於巴薄的我的語言（me language）和我們的語言（we language），巴薄認爲強調個人同意的自由主義的論述語言乃是「我的語言」，而參與式政治則依賴「我們的語言」，詳見 Benjamin Barber, "Liberal Democracy and the Costs of Consent" in Nancy L. Rosenblum ed., *Liberalism and the Moral Life*, Cambridge, Mass.: Harvard University Press, 1989, pp.65f.

❻ G. W. F. Hegel, *Elements of the Philosophy of Right*, ed. by Allen Wood and trans. by H. B. Nisbet, Cambridge: Cambridge University Press, 1991, para. 124, p.151.

❼ Stephen Salkever, "Virtue, Obligation and Politics", *American Political Science Review*, Vol.68, No.1, 1974, pp.78-92.

❽ Barber, *op. cit.*, p.65.

❾ 關於方法論的個體主義之政治後果的分析及批評，可參考 Larry Siedentop, "Political Theory and Ideology: The Case of the State" in D. Miller and L. Siedentop eds., *The Nature of Political Theory*, pp.61f; Robert P. Wolff, *The Poverty of Liberalism*, Boston: Beacon Press, 1969, pp. 48f; 至於在方法上對方法論的個體主義的批評，參閱 Steven Lukes, "Methodological Individualism Reconsidered" in his *Essays in Social Theory*, pp.177-186.

❿ Sheldon S. Wolin, "Political Theory as a Vocation", *American Political Science Review*, Vol.63, No.4, 1969, esp. pp.1078-1080.

⓫ 柯罕最近的一部著作《歷史、勞動與自由》(*History, Labour and Freedom*, Oxford: Clarendon Press, 1988) 的副題乃是 "Themes from Marx"。此外，伯林是柯罕在牛津大學的老師，但伯林對馬克思的評價及解釋又與柯罕有著不可化解的歧異。柯罕最近在祝賀伯林八十歲生日的文集裏的祝壽文 "Isaiah's Marx, and Mine" (收於 Edna and Avishai Margalit eds., *Isaiah Berlin:*

A Celebration, London: Hogarth Press, 1991, pp.110-126），
細述了他們之間的相交相知但又不相妥協的師生之誼，讀來令人感動
至深!

⑫ James Farr, "Understanding Conceptual Change Politic-
ally" in Terence Ball et. al. eds., *Political Innovation and
Conceptual Change*, Cambridge: Cambridge University
Press, 1989, p.30.

⑬ Macpherson, *Democratic Theory*, p.74; 另見第六章第一節。

⑭ 請與第二章第二節所羅列的佔有式個人主義的基本假設相對照。

⑮ C. B. Macpherson, "Rawls' Models of Man and Society",
Philosophy of the Social Sciences, Vol.3, No.1, 1973, pp.341-
347; Macpherson, *Democratic Theory*, pp.87f.

⑯ John Burnheim, *Is Democracy Possible? The Alternative to
Electoral Politics*, Cambridge: Polity, 1985, esp. chs. 3 and
5.

⑰ 此外，在 "Rawls' Models of Man and Society"一文裏，馬克
弗森也強調一個無階級的社會並不是無法被想像的。

⑱ Macpherson, *The Life and Times of Liberal Democracy*,
pp.114-115.

⑲ 在《經濟正義的興起與衰亡及其他論文集》一書裏，馬克弗森則表示
他既不接受現有的自由主義民主社會和國家，也不全然走馬克思主義
的道路，而是接受約翰・彌爾及十九、二十世紀的觀念論者的規範價
值，並希望從馬克思主義那裏汲取有用的養分，詳見 Macpherson,
The Rise and Fall of Economic Justice, p.62.

⑳ 如多爾金所言，自由主義的基本特徵乃是政府對於何謂善的生活這樣
的問題要保持中立的態度 (Ronald Dworkin, "Liberalism" in
Michael Sandel ed., *Liberalism and Its Critics*, Oxford:

Blackwell, 1984, pp.63-64)，但馬克弗森所主張的社會經濟結構的調整幅度（這當然關乎善的生活的問題），已大大超出了自由主義者所能容許的範圍。再如自由主義對於個人自由、財產及市場經濟等問題的立場（參看 Gray, *Liberalism*, part two)，也與馬克弗森有著本質上的不同。

㉑ L. T. Hobhouse, *Liberalism*, Oxford: Oxford University Press, 1964, pp.87, 88f.

㉒ 參考 Michael Walzer, "Philosophy and Democracy", *Political Theory*, Vol.9, No.3, 1981, pp.384f.

㉓ Owen Chadwick, *The Secularization of the European Mind in the Nineteenth Century*, Cambridge: Cambridge University Press, 1975, p.189.

㉔ Isaiah Berlin & R. Jahanbegloo, *Conversations with Isaiah Berlin*, New York: Charles Scribner's Sons, 1991, p.46.

外國人名漢譯表

Louis Althusser 阿爾圖傑赫

Perry Anderson 安德森

St. Thomas Aquinas 阿奎納斯

Hannah Arendt 阿蓮特

Aristotle 亞里斯多德

St. Augustine 奧古斯丁

Shlomo Avineri 阿文納里

Terence Ball 柏爾

Benjamin Barber 巴薄

Ernest Barker 巴克

Christian Bay 貝伊

Daniel Bell 貝爾

Jeremy Bentham 邊沁

Bernard Berelson 伯列爾森

R. N. Berki 柏基

Isaiah Berlin 伯林

Marshall Berman 柏曼

Norberto Bobbio 波比歐

John Burheim 本漢

Edmund Burke 柏克

Alex Callinicos 卡利尼可斯

John W. Chapman 恰普曼

G. A. Cohen 柯罕

Robin G. Collingwood 柯林烏

Benjamin Constant 貢斯坦

Bernard Crick 克里克

Oliver Cromwell 克倫威爾

Joseph Cropsey 克洛波謝

Robert A. Dahl 道爾

Ralf Dahrendorf 達倫道夫

John Dewey 杜威

Charles Donahue, Jr. 唐納休

Anthony Downs 當斯

John Dunn 但恩

Ronald Dworkin 多爾金

Joseph Frank 佛朗克

Milton Friedman 弗利德曼

Galileo 伽利略

Carol C. Gould 葛兒德

John Gray 葛列

T. H. Green 格林

Michael Oakeshott 歐克夏特

William of Ockham 奧坎

Felix E. Oppenheim 歐朋海姆

George Orwell 歐威爾

Richard Overton 歐弗頓

Robert Owen 歐文

Carole Pateman 蓓德曼

Pericles 佩里克里斯

Maximilian Petty 佩提

John Plamenatz 普拉緬納玆

Plato 柏拉圖

Steven Plaut 普勞特

John G. A. Pocock 波寇克

Karl Popper 巴柏

Samuel Pufendorf 普芬朵夫

Douglas Rae 瑞伊

John Rawls 羅爾斯

Andrew Reeve 瑞弗

Patrick Riley 萊利

Frederick Rosen 羅森

Jean-Jacques Rousseau 盧梭

Alan Ryan 萊恩

George Sabine 薩拜恩

Edward Said 薩伊德

Stephen Salkever 索克弗

Giovanni Sartori 薩托里

Carl Schmitt 史密特

Joseph Schumpeter 熊彼得

Judith Shklar 席克拉

Quentin Skinner 史基納

Werner Sombart 宋巴特

Leo Strauss 史特勞斯

Jonathan Swift 史維夫特

Richard H. Tawney 譚尼

Charles Taylor 泰勒

Dennis F. Thompson 湯普森

Alexis de Tocqueville 托克維爾

James Tully 塔利

Thorstein Veblen 韋布倫

Eric Voegelin 弗傑林

Max Weber 韋伯

John Wildman 懷爾德曼

John R. Wilkse 威爾克斯

Gerrad Winstanley 溫士坦利

Sheldon S. Wolin 沃林

Ellen Meiksins Wood 愛倫‧伍德

Neal Wood 尼爾‧伍德

馬克弗森年表

1911　十一月十八日生於加拿大安大略省多倫多市，其父爲華爾
　　　特‧厄尼斯特‧馬克弗森，其母爲約爾絲‧瑪格麗特‧亞
　　　當斯。

1929　入多倫多大學政治經濟系，在大學期間曾隨烏爾維克（E.
　　　J. Urwick）習經濟理論，並隨安德森（Fulton Ander-
　　　son）習哲學，但影響他最深者厥爲史普連柯爾（Otto B.
　　　Van der Sprenkel；史氏後轉赴澳洲教書，並成爲一名
　　　中國問題專家），他之接觸政治理論及馬克思、拉斯基
　　　（Harold Joseph Laski, 1893-1950）的著作，皆出於史
　　　氏之引導。

1932　自多倫多大學畢業，赴英國就讀倫敦政經學院，受業於
　　　拉斯基門下，並在拉斯基的引介下認識了譚尼（Richard
　　　Henry Tawney, 1880-1962），這兩人的思想（尤其是
　　　關於政治與經濟之間的關連的思考）日後對他都產生了一
　　　定程度的影響。

1935　四月間，以三百餘頁的《國家裏的自發性結合：一九〇
　　　〇至一九三四 —— 以英國工會之地位及其與國家之關係爲
　　　例》獲得碩士學位。返回多倫多大學任教於政治經濟系，
　　　講授政治理論（他就讀該系時，尚未開設此一課程）。

1936　開始發表學術論文及書評。

1941 二次大戰期間，被徵召到位於渥太華的「戰時情報局」，擔任情報分析工作，此一任務一直持續到一九四三年。

1942 應「戰時情報局」同事之邀，在新布倫斯維克 (New Brunswick) 大學客座一年。

1943 返回多倫多大學繼續教職。九月二十五日，與從事社會運動的凱薩琳‧瑪格麗特‧華克結婚（後育有一子二女）。

1945 升為政治經濟學副教授，並開始鑽研十七世紀英國政治思想。

1953 出版他的第一部著作《亞爾貝塔的民主》。

1955 以已出版之著作及論文獲得倫敦大學博士學位（他在三〇年代留學政經學院期間，尚無頒授政治學或經濟學博士學位之學制）。

1956 升為政治學教授。

1962 《佔有式個人主義的政治理論：霍布斯到洛克》一書由牛津大學出版社出版，從此與該出版社建立了長期的出版合作關係。

1963 出任加拿大政治學會會長。

1965 應加拿大國家廣播公司(CBC)之邀，分四個講次主講「民主的真實世界」，修訂後的講稿則在翌年（一九六六年）由牛津大學出版社出版。與克赫波 (P.-A. Crepeau) 合編《加拿大聯邦制的未來》。

1967 在劍橋大學邱吉爾學院擔任客座院士，為期一年。《佔有式個人主義的政治理論》德文譯本出版，爾後他的主要著作陸續有德文、法文、日文、西班牙文、葡萄牙文、義大利文、丹麥文、瑞典文等譯本。唯一的中文譯本則是張福

建君所譯的《柏克》(臺北: 一九八四)。

1968　爲企鵝版經典文庫編輯霍布斯的《巨靈篇》。出任加拿大大學教師協會主席，在一九六〇年代並膺選爲加拿大皇家學會院士及英國皇家歷史學會院士。

1973　出版《民主理論: 修補論文集》。

1975　升爲多倫多大學講座 (全校) 教授。

1976　出版《自由主義民主的生命與時代》。

1978　出版 (編選)《財產》。

1979　多倫多大學出版社 爲他出版了 紀念文集， 該書由孔托斯 (Alkis Kontos) 負責主編， 撰稿人包括了他的舊識如霍布士邦(Eric Hobsbawm)、希爾 (Christopher Hill)、泰勒 (Charles Taylor)、席克拉 (Judith Shklar)、蓓德曼(Carole Pateman)、阿文納里(Shlomo Avineri)、陸克斯 (Steven Lukes) 及他過去的學生等十一人。

1980　出版《柏克》，並爲黑基特 (Hackett) 版經典文庫編輯洛克的《政府論次篇》。

1985　出版他的最後一部著作《經濟正義的興起與衰亡及其他論文集》。

1987　七月二十一日病逝於多倫多，享年七十六歲。

參考及引用書目

(一)英文部分

(A) 馬克弗森的著作

A.1 Books written by C. B. Macpherson

Democracy in Alberta: Social Credit and the Party System, Toronto:Univ. of Toronto Press, 1962; 1st edn., 1953.

The Political Theory of Possessive Individualism: Hobbes to Locke, Oxford: Oxford Univ. Press, 1962.

The Real World of Democracy, Oxford: Oxford Univ. Press, 1966.

Democratic Theory: Essays in Retrieval, Oxford: Clarendon Press, 1973.

The Life and Times of Liberal Democracy, Oxford: Oxford Univ. Press, 1977.

Burke, Oxford: Oxford Univ. Press, 1980.

The Rise and Fall of Economic Justice and Other Papers, Oxford: Oxford Univ. Press, 1985.

A.2 Books edited or co-edited by C. B. Macpherson

The Future of Canadian Federalism, co-edited with

278 馬克弗森

P.-A. Crepeau, Toronto: Univ. of Toronto Press, 1965.

Thomas Hobbes: Leviathan, Harmondsworth:Penguin, 1968.

Property: Mainstream and Critical Positions, Toronto: Univ. of Toronto Press, 1978.

John Locke: Second Treatise of Government, Indianapolis: Hackett, 1980.

A.3 Articles (不包括已收入其論文集者)

"Pareto's 'General Sociology': The Problem of Method in the Social Sciences", *Canadian Journal of Economics and Political Science,* Vol.3, 1937, pp.458-471.

"On the Study of Politics in Canada" in H. A. Innis ed., *Essays in Political Economy in Honour of E. J. Urwick,* Toronto: Univ. of Toronto Press, 1938, pp. 147-165.

"The Ruling Class", *Canadian Journal of Economics and Political Science,* Vol.7, 1941, pp.95-100.

"The History of Political Ideas", *Canadian Journal of Economics and Political Science,* Vol.7, 1941, pp. 564-577.

"The Meaning of Economic Democracy", *University of Toronto Quarterly,* Vol.11, 1942, pp.403-420.

"The Position of Political Science", *Culture,* Vol.3, 1942, pp.452-459.

"Sir William Temple, Political Scientist?", *Canadian*

Journal of Economics and Political Science, Vol.9, 1943, pp.39-54.

"The Political Theory of Social Credit", *Canadian Journal of Economics and Political Science,* Vol.15, 1949, pp.378-393.

"A Disturbing Tendency in Political Science", *Canadian Journal of Economics and Political Science,* Vol.16, 1950, pp.98-106.

"Locke on Capitalist Appropriation", *Western Political Quarterly,* Vol.4, 1951, pp.550-566; reprinted in R. Ashcraft ed., *John Locke: Critical Assessments,* Vol. 3, London: Routledge, 1991, pp.267-284.

"The Social Bearing of Locke's Political Theory", *Western Political Quarterly,* Vol.7, 1954, pp.1-22; reprinted in *John Locke: Critical Assessments,* Vol. 3, pp.285-307.

"World Trends in Political Science Research", *American Political Science Review,* Vol.XLVIII, 1954. pp.427-449.

"Democracy in Alberta: A Reply", *Canadian Forum,* Jan. 1955, pp.223-225.

"The Social Sciences" in J. Park ed., *The Culture of Contemporary Canada,* Ithaca: Cornell Univ. Press, 1957, pp.181-221.

"The Treadmill", *Canadian Forum,* Jan. 1958, pp.230-232.

"Political Science" in *Encyclopedia Canadian*, Ottawa, 1958, pp.242-243.

"Edmund Burke and the New Conservatism", *Science and Society*, Vol.22, 1958, pp.231-239.

"Harrington's 'Opportunity State'", *Past and Present*, No.17, 1960, pp.45-70.

"Technical Change and Political Decision", *International Social Science Journal*, Vol.12, 1960, pp.357-368.

"Harrington as Realist: A Rejoinder", *Past and Present*, No.24, 1963, pp.82-85.

"Scholars and Spectres: A Rejoinder to Viner", *Canadian Journal of Economics and Political Science*, Vol. 29, 1963, pp.559-562.

"A New Kind of History", *New Statesman*, March 4, 1966, pp.299-300.

"Halevy's Century Revisited", *Science and Society*, Vol. 31, 1967, pp.37-47.

"Historians' Sabbath", *The Listener*, Sep. 28, 1967, pp. 399-400.

"Quandary of Positive Liberalism", *New Statesman*, Nov.3, 1967, p.591.

"The Historian as Underlabourer", *The Listener*, Jan. 11, 1968, pp.53-54.

"Interpretation vs. Criticism: A Rejoinder to Professor Crowley", *Canadian Journal of Political Science*, Vol.

2, 1969, pp.356-358.

"Bow and Arrow Power", *The Nation,* Jan. 19, 1970, pp. 54-56.

"Progress of the Locke Industry", *Canadian Journal of Political Science,* Vol.3, 1970, pp.323-326.

"The University as Critical Capital", *Queen's Quarterly,* Vol. LXXVII, 1970, pp.389-394.

"Clifford Hugh Douglas" in E. T. Williams and H. M. Palmer eds., *Dictionary of National Biography, 1951-1960,* Oxford: Oxford Univ. Press, 1971, pp. 306-307.

"The Currency of Values", *Transactions of the Royal Society of Canada,* Vol.9, Series 4, 1971, pp.27-35.

"The Criticism of Concepts and the Concept of Criticism", *Canadian Journal of Political Science,* Vol.5, 1972, pp.141-145.

"Reflections on the Sources of Development Theory" in M. Stanley ed., *Social Development: Critical Perspectives,* New York: Basic Books, 1972, pp.206-220.

"The White Cliffs of Liberalism", *The Listener,* Sep. 28, 1972, pp.415-416.

"Rawls's Models of Man and Society", *Philosophy of the Social Sciences,* Vol.3, 1973, pp.341-347.

"Hobbes à la Mode de Kuhn", *New Statesman,* Oct. 26, 1973, pp.614-616.

282　馬克弗森

"Liberalism and the Political Theory of Property" in A. Kontos ed., *Domination*, Toronto: Univ. of Toronto Press, 1975, pp.89-100.

"Capitalism and the Changing Concept of Property" in E. Kamenka and R. S. Neale eds., *Feudalism, Capitalism and Beyond*, London: Edward Arnold, 1975, pp.104-124.

"Individualist Socialism? A Reply to Levine and MacIntyre", *Canadian Journal of Philosophy*, Vol.6, 1976, pp.195-200.

"Humanist Democracy and Elusive Marxism: A Response to Minogue and Svacek", *Canadian Journal of Political Science*, Vol.9, 1976, pp.423-430.

"Hampshire-Monk's Levellers", *Political Studies*, Vol. 25, 1977, pp.571-576.

"Needs and Wants: An Ontological or Historical Problem?" in R. Fitzgerald ed., *Human Needs and Politics*, Sidney: Pergamon, 1977, pp.26-35.

"Class, Classlessness and the Critique of Rawls", *Political Theory*, Vol.6, 1978, pp.209-211.

"Second and Third Thoughts on Needs and Wants", *Canadian Journal of Political and Social Theory*, Vol.3, 1979, pp.46-49.

"By Innis out of Marx: The Revival of Canadian Political Economy", *Canadian Journal of Political and*

Social Theory, Vol.3, 1979, pp.134-138.

"Leviathan Restored: A Reply to Carmichael", *Canadian Journal of Political Science,* Vol.16, 1983, pp.795-805.

A. 4 Book Reviews (Books reviewed by C. B. Macpherson) (不包括已收入 A. 3 者)

T. Aston ed., *Crisis in Europe: 1560-1660 (New Statesman,* Nov. 12, 1965, pp.738-739)

E. Barker, *Principles of Social and Political Theory (Canadian Journal of Economics and Political Science,* Vol.19, 1953, pp.121-122)

B. Barry, *The Liberal Theory of Justice (Canadian Journal of Political Science,* Vol.7, 1974, pp.722-723)

C. Blitzer, *An Immortal Commonwealth: The Political Thought of James Harrington (Canadian Historical Review,* Vol.XLIII, 1962, pp.352-356)

J. Bowle, *Hobbes and His Critics (Canadian Journal of Economics and Political Science,* Vol.19, 1953, pp. 125-126)

H. N. Brailsford, *The Levellers and the English Revolution (Canadian Historical Review,* Vol.XLIII, 1962, pp.352-356)

G. E. G. Catlin, *Systematic Politics(Canadian Journal of Economics and Political Science,* Vol.29, 1963, pp. 393-394)

284　馬克弗森

R. H. Cox, *Locke on War and Peace* (*Canadian Journal of Economics and Political Science*, Vol.28, 1962, pp. 311-314)

M. Cranston, *John Locke: A Biography* (*Canadian Journal of Economics and Political Science*, Vol.28, 1962, pp.311-314)

M. Cranston and R. S. Peters eds., *Hobbes and Rousseau* (*American Political Science Review*, Vol.LXVIII, 1974, pp.1730-1731)

H. T. Dickinson, *Liberty and Property* (*Journal of Modern History*, Vol.51, 1979, pp.347-348)

G. Duncan, *Marx and Mill* (*British Journal of Sociology*, Vol.26, 1975, pp.111-112)

W. Ebenstein ed., *Man and Modern State* (*Canadian Journal of Economics and Political Science*, Vol.15, 1949, p.121)

Z. S. Fink, *The Classical Republicans* (*Canadian Journal of Economics and Political Science*, Vol.14, 1948, pp. 544-545)

J. L. Finley, *Social Credit: The English Origins* (*Journal of Modern History*, Vol.XLVI, 1974, pp.351-352)

J. Frank, *The Beginnings of the English Newspaper* (*Canadian Historical Review*, Vol.XLIII, 1962, pp. 352-356)

W. Haller and G. Davies eds., *The Leveller Tracts:*

1647-1653 (Canadian Journal of Economics and Political Science, Vol.11, 1945, pp.633-636)

J. H. Hallowell, *Main Currents in Modern Political Thought (Western Political Quarterly,* Vol.4, 1951, pp.145-146)

F. A. von Hayek ed., *John Stuart Mill's The Spirit of the Age (Canadian Journal of Economics and Political Science,* Vol.9, 1943, pp.267-268)

A. N. Holcombe, *Dependent Areas in the Modern World (Canadian Forum,* Feb. 1942, p.346)

C. S. Hyneman, *Bureaucracy in a Democracy (Western Political Quarterly,* Vol.4, 1951, pp.336-337)

B. de Jouvenel, *The Pure Theory of Politics (Political Science Quarterly,* Vol.LXXXII, 1967, pp.141-144)

K. W. Kapp, *The League of Nations and Raw Materials 1919-1939 (Canadian Forum,* Feb. 1942, p.346)

P. King and B. Parekh eds., *Politics and Experience: Essays Presented to Professor Michael Oakeshott (Political Science Quarterly,* Vol.LXXXVI, 1971, pp. 310-311)

J. D. Kingsley and D. W. Petegorsky, *Strategy for Democracy (Canadian Forum,* Aug. 1942, p.156)

L. Labedz ed., *Revisionism (Political Science Quarterly,* Vol.LXXVIII, 1963, pp.636-637)

H. Laski, *The Dilemma of Our Time (Political Studies,*

Vol.2, 1954, p.176)

H. Laski, *Faith, Reason and Civilization* (*Canadian Journal of Economics and Political Science,* Vol.11, 1945, pp.310-311)

G. Lichtheim, *Marxism: An Historical and Critical Study* (*International Journal,* Vol.18, 1963, pp.101-102)

B. E. Lippincott, *Victorian Critics of Democracy* (*Canadian Journal of Economics and Political Science,* Vol.6, 1940. pp.117-118)

H. M. Magid, *English Political Pluralism* (*Canadian Journal of Economics and Political Science,* Vol.8, 1942, pp.637-638)

H. Marcuse, *Soviet Marxism* (*Political Science Quarterly,* Vol.LXXIV, 1959, pp.152-154)

H. B. Mayo, *Democracy and Marxism* (*International Journal,* Vol.11, 1956, pp.301-302)

J. D. B. Miller, *The Nature of Politics* (*Political Science Quarterly,* Vol.LXXIX, 1964, pp.136-138)

S. I. Mintz, *The Hunting of Leviathan* (*Journal of Modern History,* Vol.36, 1964, pp.195-196)

A. G. Meyer, *Leninism* (*Political Science Quarterly,* Vol. LXIII, 1958, pp.129-131)

A. G. Meyer, *Marxism* (*Political Science Quarterly,* Vol. LXX, 1955, pp.634-635)

J. M. Robsob and M. Laine eds., *James and John Stuart*

Mill: Papers of the Centenary Conference (*Canadian Forum*, Dec.-Jan. 1976-1977, pp.37-38)

G. H. Sabine, *A History of Political Theory* (*Western Political Quarterly*, Vol.4, 1950, pp.143-145)

M. Seliger, *The Liberal Politics of John Locke* (*Political Science Quarterly*, Vol.LXXXVI, 1971, pp.132-133)

C. W. Smith, Jr., *Public Opinion in a Democracy: A Study in American Politics* (*Canadian Journal of Economics and Political Science*, Vol.6, 1940, pp.116-117)

P. Sraffa and M. Dobb eds., *The Works and Correspondence of David Ricardo*, Vols.1-4 (*Western Political Quarterly*, Vol.5, 1952, pp.673-674)

W. J. Stankiewicz, *Politics and Religion in the 17th Century France* (*Canadian Journal of Economics and Political Science*, Vol.28, 1962, pp.624-626)

J. L. Talmon, *The Origins of Totalitarian Democracy* (*Past and Present*, No.2, 1952, pp.55-57)

A. B. Ulam, *The Unfinished Revolution* (*Political Science Quarterly*, Vol.LXXVII, 1962, pp.451-453)

D. Winch, *Adam Smith's Politics* (*History of Political Economy*, Vol.11, 1979, pp.450-454)

D. M. Wolfe ed., *Leveller Manifestos of the Puritan Revolution* (*Canadian Journal of Economics and Political Science*, Vol.11, 1945, pp.633-636)

2

88馬克弗森

（B）其他參考及引用著作

Acton, H. B., *The Morals of Markets: An Ethical Exploration*, London: Longman, 1971.

Anderson, Perry, *English Questions*, London: Verso, 1992.

Angus, Ian H., "On Macpherson's Developmental Liberalism", *Canadian Journal of Political Science*, Vol. XV, No.1, 1982, pp.145-150.

Arblaster, Anthony, *The Rise and Fall of Western Liberalism*, Oxford: Blackwell, 1984.

_____, *Democracy*, Milton Keynes: Open Univ. Press, 1987.

Aristotle, *Nicomachean Ethics* (Loeb Classical Library No.73), Cambridge, Mass.: Harvard Univ. Press, 1934.

Arterton, F. C., *Teledemocracy: Can Technology Protect Democracy?*, Newbury Park, Ca.: Sage, 1987.

Ashcraft, Richard (ed.), *John Locke: Critical Assessments*, Vol.2, London: Routledge, 1991.

Baechler, Jean, "Liberty, Property and Equality" in J. R. Pennock and J. W. Chapman (1980), pp.269-288.

Baker, John, *Arguing for Equality*, London: Verso, 1987.

Ball, Terence, *Transforming Political Discourse: Political Theory and Critical Conceptual History*, Oxford: Blackwell, 1988.

Ball, Terence et. al. (eds.), *Political Innovation and*

Conceptual Change, Cambridge: Cambridge Univ. Press, 1989.

Barber, Benjamin, *Strong Democracy: Participatory Politics for a New Age,* Berkeley: Univ. of California Press, 1984.

_____, "Liberal Democracy and the Cost of Consent" in N. Rosenblum (1989), pp.54-68.

Bay, Christian, *Strategies for Political Emancipation,* Notre Dame: Univ. of Notre Dame Press, 1981.

Bentham, Jeremy, *An Introduction to the Principles of Morals and Legislation,* London: Methuen, 1982.

Berki, R. N., *Socialism,* London: Dent, 1975.

Berlin, Isaish, "Hobbes, Locke and Professor Macpherson", *The Political Quarterly,* Vol.35, 1964, pp.444-468.

_____, *Four Essays on Liberty,* Oxford: Oxford Univ. Press, 1969.

_____, *Concepts and Categories,* Oxford: Oxford Univ. Press, 1978.

_____, *The Crooked Timber of Humanity: Chapters in the History of Ideas,* London: John Murry, 1990.

Berlin, Isaiah & R. Jahanbegloo, *Conversations with Isaiah Berlin,* New York: Charles Scribner's Sons, 1991.

Berman, Marshall, *All That Is Solid Melts into Air,* London: Verso, 1982.

Bobbio, Norberto, *The Future of Democracy,* Cambridge: Polity, 1987.

_____, *Liberalism and Democracy*, London: Verso, 1990.

Burnheim, John, *Is Democracy Possible? The Alternative to Electoral Politics*, Cambridge: Polity, 1985.

Callinicos, Alex, *The Revenge of History*, Cambridge: Polity, 1990.

Carmichael, D. J. C., "C. B. Macpherson's 'Hobbes': A Critique", *Canadian Journal of Political Science*, Vol. 16, No.1, 1983, pp.61-80.

Chadwick, Owen, *The Secularization of the European Mind in the 19th Century*, Cambridge: Cambridge Univ. Press, 1975.

Chapman, John W., "Justice, Freedom and Property" in J. R. Pennock and J. W. Chapman (1980), pp.289-324.

Cohen, G. A., *Karl Marx's Theory of History: A Defence*, Oxford: Clarendon Press, 1978.

_____, *History, Labour and Freedom: Themes from Marx*, Oxford: Clarendon Press, 1988.

_____, "Isaish's Marx and Mine" in E. and A. Margalit (1991), pp.110-126.

Constant, Benjamin, *Political Writings*, trans. and ed. by B. Fontana, Cambridge: Cambridge Univ. Press, 1988.

Crespigny, Anthony de and K. Minogue (eds.), *Contemporary Political Philosophers*, New York: Dodd, Mead

& Co., 1975.

Crick, Bernard, *In Defence of Politics,* Harmondsworth: Penguin, 1982.

Cropsey, Joseph, *Political Philosophy and the Issue of Politics,* Chicago: Univ. of Chicago Press, 1977.

Crowley, Ronald, "A Comment on Professor Macpherson's Interpretation of Friedman's *Capitalism and Freedom*", *Canadian Journal of Political Science,* Vol. 2, No.2, 1969, pp.256–261.

Dahl, Robert A., *A Preface to Democratic Theory,* Chicago: Univ. of Chicago Press, 1956.

_____, *A Preface to Economic Democracy,* Berkeley: Univ. of California Press, 1985.

_____, *Democracy, Liberty and Equality,* Oslo: Norwegian Univ. Press, 1986.

_____, *Democracy and Its Critics,* New Haven: Yale Univ. Press, 1989.

Dahrendorf, Ralf, *Essays in the Theory of Society,* Stanford: Stanford Univ. Press, 1968.

_____, *The Modern Social Conflict: An Essay on the Politics of Liberty,* Berkeley: Univ. of California Press, 1988.

Dewey, John, *John Dewey: The Latter Works,* Vols.11, 13, 14, ed. by A. Boydston, Carbondale and Edwardsville: Southern Illinois Univ. Press, 1987, 1988.

Donahue, Jr., Charles, "The Future of the Concept of Property Predicted from Its Past" in J. R. Pennock and J. W. Chapman (1980), pp.28-68.

Downs, Anthony, *An Economic Theory of Democracy,* New York: Harper & Row, 1957.

Drache, Daniel and A. Kroker," C. B. Macpherson: 1911-1987", *Canadian Journal of Political and Social Theory,* Vol.XI, No.3, 1987, pp.99-105.

Dunn, John, *The Political Thought of John Locke,* Cambridge: Cambridge Univ. Press, 1969.

_____, "The Identity of the History of Ideas" in P. Laslett et. al. (1972), pp.158-173.

_____, "Democracy Unretrieved, or the Political Theory of Professor Macpherson", *British Journal of Political Science,* Vol.4, Pt.4, 1974, pp.489-499.

_____, *Rethinking Modern Political Theory,* Cambridge: Cambridge Univ. Press, 1985.

_____ (ed.), *The Economic Limits to Modern Politics,* Cambridge: Cambridge Univ. Press, 1990.

Dworkin, Ronald, "What Is Equality? Part 1: Equality of Welfare", *Philosophy and Public Affairs,* Vol.10, No.3, 1981, pp.185-246.

_____, "What Is Eguality? Part 2: Equalty of Resources", *Philosophy and Public Affairs,* Vol.10, No.4, 1981, pp.283-345.

_____, "Liberalism" in M. Sandel (1984), pp. 60-79.

_____, "Rights as Trumps" in J. Waldron (1984), pp.153-167.

_____, Taking Rights Seriously, Cambridge, Mass.: Harvard Univ. Press, 1977.

Farr, James, "Understanding Conceptual Change Politically" in T. Ball et. al. (1989), pp.24-49.

Foot, Philippa (ed.), Theories of Ethics, Oxford: Oxford Univ. Press, 1967.

Frank, Joseph, The Levellers, Cambridge, Mass.: Harvard Univ. Press, 1955.

Friedman, Milton, Capitalism and Freedom, Chicago: Univ. of Chicago Press, 1962.

Gewirth, Alan, "Economic Justice: Concepts and Criteria" in K. Kipnis and D. Meyers (1985), pp.7-32.

Gould, Carol C., Rethinking Democracy: Freedom and Social Cooperation in Politics, Economy and Society, Cambridge: Cambridge Univ. Press, 1988.

Graham, Keith (ed.), Contemporary Political Philosophy, Cambridge: Cambridge Univ. Press, 1982.

Gray, John, Liberalism, Milton Keynes: Open Univ. Press, 1986.

_____, "The Unavoidable Conflict: Isaiah Berlin's Agonistic Liberalism", Times Literary Supplement, July 5, 1991, p.3.

Green, T. H., "Liberal Legislation and Freedom of Contract" in D. Miller (1991), pp.21-32.

Grunebaum, James G., *Private Ownership*, London: RKP, 1987.

Gunnell, John G., *Political Theory: Tradition and Interpretation*, Cambridge, Mass.: Winthrop Publishers, Inc., 1979.

_____, *Between Philosophy and Politics: The Alienation of Political Theory*, Amherst, Mass.: Univ. of Massachusetts Press, 1986.

Hallowell, John H., *The Moral Foundation of Democracy*, Chicago: Univ. of Chicago Press, 1954.

Hampshire, Stuart, "Fallacies in Moral Philosophy" in S. Hauerwas and A. MacIntyre (1983), pp.51-67.

Hampsher-Monk, Iain, "The Political Theory of the Levellers: Putney, Property and Professor Macpherson", *Political Studies*, Vol.XXIV, No.4, 1976, pp.397-422.

Hampton, Christopher (ed.), *A Radical Reader: The Struggle for Change in England, 1381-1914*, Harmondsworth: Penguin, 1984.

Hampton, Jean, *Hobbes and the Social Contract Tradition*, Cambridge: Cambridge Univ. Press, 1986.

Harrington, James, *The Political Works of James Harrington*, ed. by J. G. A. Pocock, Cambridge:

Cambridge Univ. Press, 1977.

Harris, Paul (ed.), *On Political Obligation*, London: Routledge, 1990.

Hauerwas, Stanley and A. MacIntyre (eds.), *Revisions: Changing Perspectives in Moral Philosophy*, Notre Dame: Univ. of Notre Dame Press, 1983.

Hayek, Friedrich A., *The Road to Serfdom*, Chicago: Univ. of Chicago Press, 1944.

_____ ,*The Constitution of Liberty*, Chicago: Univ. of Chicago Press, 1960.

_____ , *Law, Legislation and Liberty*, Vol.2, Chicago: Univ. of Chicago Press, 1976.

_____ , *The Fatal Conceit: The Errors of Socialism*, London: Routledge, 1988.

Hegel, G. W. F., *Elements of the Philosophy of Right*, trans. by H. B. Nisbet, Cambridge: Cambridge Univ. Press, 1991.

Held, David, *Models of Democracy*, Cambridge: Polity, 1987.

_____ , *Political Theory and the Modern State*, Cambridge: Polity, 1989.

_____ (ed.), *Political Theory Today*, Stanford: Stanford Univ. Press, 1991.

Heller, Agnes, *Beyond Justice*, Oxford: Blackwell, 1987.

_____ , "The Concept of the Political Revisited"

in D. Held (1991), pp.330–343.

Hicks, John, *A Theory of Economic History*, Oxford: Oxford Univ. Press, 1969.

Hill, Christopher, *Puritanism and Revolution*, Harmondsworth: Penguin, 1958.

──────────, *The World Turned Upside Down: Radical Ideas during the English Revolution*, Harmondsworth: Penguin, 1975.

──────────, *The Collected Essays of Christopher Hill*, Vol.3, Brighton: Harvester, 1986.

Hobbes, Thomas, *Leviathan*, ed. by R. Tuck, Cambridge: Cambridge Univ. Press, 1991.

──────────, *De Cive*, English version, Oxford: Oxford Univ. Press, 1983.

Hobhouse, L. T., *Liberalism*, Oxford: Oxford Univ. Press, 1964.

Hodges, Richard, *Primitive and Peasant Market*, Oxford: Blackwell, 1988.

Holden, Barry, *Understanding Liberal Democracy*, Oxford: Philip Allan, 1988.

Hume, David, *A Treatise of Human Nature*, Harmondsworth: Penguin, 1969.

Hunt, G. M. K., *Philosophy and Politics*, Cambridge: Cambridge Univ. Press, 1990.

Ignatieff, Michael, *The Needs of Strangers*, Harmondsworth: Penguin, 1984.

Issac, Jeffrey, "Was John Locke a Bourgeois Theorist? A Critical Appraisal of Macpherson and Tully", *Canadian Journal of Political and Social Theory*, Vol.ll, No.3, 1987, pp.107-129.

Kamenka, Eugene and R. S. Neale (eds.), *Feudalism, Capitalism and Beyond*, London: Edward Arnold, 1975.

Kipnis, Kenneth and D. Meyers (eds.), *Economic Justice*, Totowa, New Jersey: Rowman & Allanheld, 1985.

Kontos, Alkis (ed.), *Powers, Possessions and Freedom: Essays in Honour of C. B. Macpherson*, Toronto: Univ. of Toronto Press, 1979.

Laslett, Peter (ed.), *Philosophy, Politics and Society*, lst series, Oxford: Blackwell, 1956.

_____ et. al. (eds.), *Philosophy, Politics and Society*, 4th series, Oxford: Blackwell, 1972.

Leiss, William, *C. B. Macpherson: Dilemmas of Liberalism and Socialism*, New York: St. Martin's Press, 1988.

Levine, Andrew, "The Political Theory of Social Democracy", *Canadian Journal of Philosophy*, Vol. VI, No.2, 1976, pp.183-193.

_____, "Capitalist Persons" in E. F. Paul et. al. (1989), pp.39-59.

Leyden, Wolfgang von, *Hobbes and Locke,* London: Macmillan, 1982.

_____, *Aristotle on Equality and Justice: His Political Arguement,* New York: St. Martin's Press, 1985.

Lichtheim, George, *A Short History of Socialism,* Glasgow: Fontana, 1983.

Lively, Jack, *Democracy,* Oxford: Blackwell, 1975.

Lively, Jack and J. Rees (eds.), *Utilitarian Logic and Politics,* Oxford: Clarendon Press, 1978.

Lively, Jack and A. Reeve (eds.), *Modern Political Theory from Hobbes to Marx: Key Debates,* London: Routledge, 1989.

Locke, John, *Two Treatises of Government,* ed. by P. Laslett, Cambridge: Cambridge Univ. Press, 1988.

Lucas, J. R., *The Principles of Politics,* Oxford: Clarendon Press, 1966.

_____, *On Justice,* Oxford: Clarendon Press, 1980.

Lukes, Steven, *Power: A Radical View,* London: Macmillan, 1974.

_____, *Essays in Social Theory,* New York: Columbia Univ. Press, 1977.

_____, "The Real and Ideal World of Democracy" in A. Kontos (1979), pp.139–152.

_____, "Equality and Liberty: Must They Conflict?" in D. Held (1991), pp.48-66.

MacIntyre, Alasdair, *A Short History of Ethics*, London: RKP, 1966.

_____, "On *Democratic Theory: Essays in Retrieval* by C. B. Macpherson", *Canadian Journal of Philosophy*, Vol. 6, No. 2, 1976, pp.177-181.

_____, " The Indispensability of Political Theory" in D. Miller and L. Siedentop (1983), pp.17-33.

Mandeville, Bernard, *The Fable of the Bees*, Harmondsworth: Penguin, 1970.

Margalit, E. and A. (eds.), *Isaiah Berlin: A Celebration*, London: Hogarth Press, 1991.

Marx, Karl, *Critique of the Gotha Programme*, New York: International Publishers, 1966.

Mason, Ronald, *Participatory and Workplace Democracy: A Theoretical Development in Critique of Liberalism*, Carbondale and Edwardsville: Southern Illinois Univ. Press, 1982.

Mendus, Susan, "Liberal Man" in G. M. K. Hunt (1990), pp.45-57.

Miliband, Ralph and J. Saville (eds.), *The Socialist Register 1978*, London: Merlin, 1978.

_____ , *The Socialist Register 1981*, London: Merlin, 1981.

Mill, James, "Essay on Government" in J. Lively and

J. Rees (1978), pp.53-95.

Mill, John S., *Dissertations and Discussions,* Vol.3, London: Savill and Edwards, n. d.

_____, *Principles of Political Economy,* Harmondsworth: Penguin, 1970.

_____, *Three Essays,* ed. by R. Wollheim, Oxford: Oxford Univ. Press, 1975.

_____, *On Liberty and Other Writings,* ed. by S. Collini, Cambridge: Cambridge Univ. Press, 1989.

Miller, David, "The Macpherson Version", *Political Studies,* Vol.XXX, No.1, 1982, pp.120-127.

_____, "Equality" in G. M. K. Hunt (1990), pp. 77-98.

_____, *Market, State and Community: Theoretical Foundations of Market Socialism,* Oxford: Clarendon Press, 1990.

_____ (ed.), *Liberty,* Oxford: Oxford Univ. Press, 1991.

_____ and L. Siedentop (eds.), *The Nature of Political Theory,* Oxford: Clarendon Press, 1983.

_____ et. al. (eds.) ,*The Blackwell Encyclopaedia of Political Thought,* Oxford: Blackwell, 1987.

Milne, A. J. M., "Political Obligation and the Public Interest" in P. Harris (1990), pp.1-25.

Minogue, Kenneth, "Two Hisses for Democracy", *En-*

counter, Vol.XLI, No.6, 1973, pp.61-65.

_____, "Humanist Democracy: The Political Thought of C. B. Macpherson", *Canadian Journal of Political Science,* Vol.IX, No.3, 1976, pp.377-394.

_____, "The Concept of Property and Its Contemporary Significance" in J. R. Pennock and J. W. Chapman (1980), pp.3-27.

More, Thomas, *Utopia,* ed. by G. M. Logan and R. M. Adams, Cambridge: Cambridge Univ. Press, 1989.

Mouffe, Chantal, "Rawls: Political Philosophy without Politics" in D. Rasmussen (1990), pp.217-235.

Murdoch, Iris, *Acastos: Two Platonic Dialogues,* Harmondsworth: Penguin, 1986.

Nagel, Thomas, *Mortal Questions,* Cambridge: Cambridge Univ. Press, 1979.

_____, *Equality and Partiality,* Oxford: Oxford Univ. Press, 1991.

New, John F. H., "Harrington, A Realist?", *Past & Present,* No.24, 1963, pp.75-81.

Nielsen, Kai, "On the Very Possibility of a Classless Society: Rawls, Macpherson and Revisionist Liberalism", *Political Theory,* Vol.6, No.2, 1978, pp.191-208.

Nietzsche, Friedrich, *Beyond Good and Evil,* trans. by W. Kaufman, New York: Vintage, 1966.

Norman, Richard, "Does Equality Destroy Liberty?" in

K. Graham (1982), pp.83-109.

Nozick, Robert, *Anarchy, State and Utopia*, New York: Basic Books, 1974.

Oakeshott, Michael, *Rationalism in Politics and Other Essays*, London: Methuen, 1962; expanded edn., Indianapolis: Liberty Press, 1991.

_____, *Hobbes on Civil Association*, Oxford: Blackwell, 1975.

Oppenheim, Felix E., *Political Concepts: A Reconstruction*, Chicago: Univ. of Chicago Press, 1981.

Orwell, George, *The Decline of the British Murder and Other Essays*, Harmondsworth: Penguin, 1953.

Owen, Robert, *A New View of Society and Other Writings*, Harmondsworth: Penguin, 1991.

Panitch, Leo, "Liberal Democracy and Socialist Democracy: The Antinomies of C. B. Macpherson" in R. Miliband and J. Saville (1981), pp.144-168.

Parekh, Bhikhu, "C. B. Macpherson" in his *Contemporary Political Thinkers*, Oxford: Martin Robertson, 1982, pp.48-73.

Pateman, Carole, *Participation and Democratic Theory*, Cambridge: Cambridge Univ. Press, 1970.

Paul, Ellen Frankel et. al. (eds.), *Capitalism*, Oxford: Blackwell, 1989.

Pelczynski, Zbigniew and J. Gray (eds.), *Conceptions of*

Liberty in Political Philosophy, London: Athlone. 1984.

Pennock, J. R. and J. W. Chapman (eds.), *Property* (NOMOS XXII), New York: New York University Press, 1980.

Pinkard, Terry, "Models of the Person", *Canadian Journal of Philosophy*, Vol.X, No.4, 1980, pp.623-635.

Plamenatz, John, *Man and Society*, Vol. I, London: Longman, 1963.

Plant, Raymond, *Modern Political Thought*, Oxford: Blackwell, 1991.

Plaut, Steven, *The Joy of Capitalism*, London: Longman, 1985.

Pocock, J. G. A., *Virtue, Commerce and History*, Cambridge: Cambridge Univ. Press, 1985.

Popper, Karl, *The Open Society and Its Enemies*, 2 Vols., 5th edn., London: RKP, 1966.

Pufendorf, Samuel, *On the Duty of Man and Citizen According to Natural Law*, trans. by M. Silverthorne, Cambridge: Cambridge Univ. Press, 1991.

Rae, Douglas, *Equalities*, Cambridge, Mass.: Harvard Univ. Press, 1981.

Raphael, D. D., "Hobbes" in Z. Pelczynski and J. Gray (1984), pp.27-38.

Rasmussen, David (ed.), *Universalism vs. Communitar-*

ianism: Contemporary Debates in Ethics, Cambridge, Mass.: The MIT Press, 1990.

Reeve, Andrew, "The Theory of Property: Beyond Private vs. Common Property" in D. Held (1991), pp.91–114

_____, *Property,* London: Macmillan, 1986.

Rosen, Friederick, *Jeremy Bentham and Representative Democracy,* Oxford: Clarendon Press, 1983.

Rosenblum, Nancy L. (ed.), *Liberalism and the Moral Life,* Cambridge, Mass.: Harvard Univ. Press, 1989.

Rousseau, Jean-Jacques, *On the Social Contract and Discourses,* trans. and ed. by D. Cress, Indianapolis: Hackett, 1983.

Ryan, Alan, *Property and Political Theory,* Oxford: Blackwell, 1984.

_____ (ed.), *The Philosophy of Social Explanation,* Oxford: Oxford Univ. Press, 1973.

_____ (ed.), *The Idea of Freedom,* Oxford: Oxford Univ. Press, 1979.

Said, Edward, *The World, the Text and the Critic,* Cambridge, Mass.: Harvard Univ. Press, 1983.

Salkever, Stephen, "Virtue, Obligation and Politics", *American Political Science Review,* Vol.68, No.1, 1974, pp.78–92.

Sandel, Michael (ed.), *Liberalism and Its Critics,* Oxford:

Blackwell, 1984.

Sartori, Giovanni, *The Theory of Democracy Revisited,* 2 Vols., Chatham, New Jersey: Chatham House Publishers, Inc., 1987.

Schumpeter, Joseph, *Capitalism, Socialism and Democracy,* New York: Harper & Row, 1976.

Seaman, John and T. Lewis, "On Retrieving Macpherson's Liberalism", *Canadian Journal of Political Science,* Vol.XVII, No.4, 1984, pp.707-729.

Searle, John R., "How to Derive 'Ought' from 'Is'" in P. Foot (1967), pp.101-114.

Shapiro, Ian, *The Evolution of Rights in Liberal Theory,* Cambridge: Cambridge Univ. Press, 1986.

Siedentop, Larry, "Two Liberal Traditions" in A. Ryan (1979), pp.153-174.

_____, "Political Theory and Ideology: The Case of the State" in D. Miller and L. Siedentop (1983), pp.53-73.

Skinner, Quentin, "'Social Meaning' and the Explanation of Social Action" in P. Laslett et. al. (1972), pp.136-157.

Sombart, Werner, *Why Is There No Socialism in the United States?,* New York: M. E. Sharpe, Inc., 1976.

Strauss, Leo, *The Political Philosophy of Hobbes,* Chicago: Univ. of Chicago Press, 1952.

_____, *What Is Political Philosophy?*, Chicago: Univ. of Chicago Press, 1959.

Svacek, Victor, "The Elusive Marxism of C. B. Macpherson", *Canadian Journal of Political Science,* Vol. 9, No.3, 1976, pp.395-422.

Swedberg, Richard, *Joseph A. Schumpeter: His Life and Work,* Cambridge: Polity, 1991.

Swift, Jonathan, *Gulliver's Travels,* Oxford: Oxford Univ. Press, 1986.

Tawney, R. H., *Equality,* London: George Allen & Unwin, 1964.

_____, *The Aquisitive Society,* Brighton: Wheatsheaf Books, 1982.

Taylor, Charles, "Neutrality in Political Science" in A. Ryan (1973), pp.139-170.

_____, "What's Wrong with Negative Liberty" in A. Ryan (1979), pp.175-193.

Taylor, Michael, *The Possibility of Cooperation,* Cambridge: CUP, 1987.

Ten, C. L., *Mill on Liberty,* Oxford: Clarendon Press, 1980.

Thompson, Dennis F., *John Stuart Mill and Representative Government,* Princeton: Princeton Univ. Press, 1976.

Thucydides, *History of the Peloponnesian War,* Bks.

I&II (Loeb Classical Library, No.108), Cambridge, Mass.: Harvard Univ. Press, 1928.

Tocqueville, Alexis de., *Democracy in America*, Vol.I, New York: Vintage, 1990.

Tully, James, *A Discourse on Property: John Locke and His Adversaries*, Cambridge: Cambridge Univ. Press, 1980.

Veblen, Thornstein, *The Theory of the Leisure Class*, London: Unwin, 1970.

Viner, Jacob, "'Possessive Individualism' as Original Sin", *Canadian Journal of Economics and Political Science*, Vol.29, No.4, 1963, pp.548-559.

_____, "The Perils of Reviewing: A Counter-Rejoinder", *Canadian Journal of Economics and Political Science*, Vol.29, No.4, 1963, pp.562-566.

Waldron, Jeremy (ed.), *Theories of Rights*, Oxford: Oxford Univ. Press, 1984.

Walzer, Michael, "Philosophy and Democracy", *Political Theory*, Vol.9, No.3, 1981, pp.379-399.

Wand, Bernard, "C. B. Macpherson's Conceptual Apparatus", *Canadian Journal of Political Science*, Vol.4, No.4, 1971, pp.526-540.

Weber, Max, *The Protestant Ethic and the Spirit of Capitalism*, London: George Allen & Unwin, 1974.

Weinstein, Michael A., "C. B. Macpherson: The Roots

of Democracy and Liberalism" in A. de Crespigny and K. Minogue (1975), pp.252–271.

Wilkse, John, *About Possessions: The Self as Private Property,* Univ. Park, Penn.: Pennsylvania State Univ. Press, 1977.

Williams, Raymond, *Keywords: A Vocabulary of Culture and Society,* rev. edn., Glasgow: Fontana, 1983.

Wolff, Robert P., *The Poverty of Liberalism,* Boston: Beacon Press, 1969.

Wolin, Sheldon S., "Political Theory as a Vocation", *American Political Science Review,* Vol.63, No.4, 1969, pp.1062–1082.

Wood, Ellen M., "C. B. Macpherson: Liberalism and the Task of Socialist Political Theory" in R. Miliband and J. Saville (1978), pp.215–240.

——————, "Liberal Democracy and Capitalist Hegemony: A Reply to Leo Panitch on the Task of Socialist Political Theory" in R. Miliband and J. Saville (1981), pp.169–189.

—————— and Neal Wood, *Class Ideology and Ancient Political Theory: Socrates, Plato and Aristotle in Social Context,* Oxford: Oxford Univ. Press, 1978.

Wootton, David (ed.), *Divine Right and Democracy: An Anthology of Political Writing in Stuart England,* Harmondsworth: Penguin, 1986.

(二)中文部分

朱堅章，〈洛克的自由觀念之分析〉，《國立政治大學學報》，
　　第二十期，一九六九，頁一七七至二〇五。

江金太，《歷史與政治》，臺北：桂冠，一九八一。

汪子嵩，《希臘的民主和科學精神》，北京，三聯，一九八八。

何清等譯，《十七世紀英國資產階級革命》（上），北京：商
　　務，一九九〇。

郭博文，〈杜威的評價理論〉，收於氏著《經驗與理性：美國哲
　　學析論》，臺北：聯經，一九九〇，頁二四三至二七四。

許國賢（許津橋），《社會理論與政治實踐》，臺北：圓神，一
　　九八七。

───，〈論馬克思社會批判的倫理基礎〉，中研院社科所專題
　　選刊（八十五），一九八九。

───，〈自由主義民主裡的經濟正義：馬克弗森民主理論的一
　　個側面〉，收於戴華、鄭曉時合編，《正義及其相關問題》，
　　臺北：中研院社科所，一九九一，頁二二一至二三八。

張明貴，《約翰·彌爾》，臺北：東大，一九八六。

張福建譯，馬克弗森原著，《柏克》，臺北：時報，一九八四。

華力進，〈現代民主政治的問題〉，收於政治大學政治所暨政治
　　系編，《政治學論叢》，臺北：聯經，一九八〇，頁五〇七
　　至五三八。

鄒文海，《代議政治》，臺北：帕米爾，一九八八（重刊本）。

索　引

七　劃

八　劃

九　劃

十　劃

二 十 劃

二十二劃

世界哲學家叢書(九)

書　　　　　名	作　　者	出版狀況
朋　　譚　斐　爾	平　新　卓	中稿撰

書　　　　名	作　　者	出版狀況
石　里　克	韓林合	撰稿中
維根斯坦	范光棣	撰稿中
愛耶爾	張家龍	撰稿中
賴爾	劉建榮	撰稿中
奧斯丁	劉福增	已出版
史陶生	謝仲明	撰稿中
赫爾	馮耀明	撰稿中
帕爾費特	戴華	撰稿中
魯一士	黃秀璣	已出版
珀爾斯	朱建民	撰稿中
詹姆斯	朱建民	撰稿中
杜威	李常井	撰稿中
蒯英	陳波	撰稿中
帕特南	張尚水	撰稿中
庫恩	吳以義	撰稿中
拉卡托斯	胡新和	撰稿中
洛爾斯	石元康	已出版
諾錫克	石元康	撰稿中
羅蒂	范進	撰稿中
馬克弗森	許國賢	排印中
希克	劉若韶	撰稿中
尼布爾	卓新平	已出版
馬丁・布伯	張賢勇	撰稿中
蒂里希	何光滬	撰稿中
德日進	陳澤民	撰稿中

世界哲學家叢書 (七)

書　　　名	作　　者	出版狀況
哈　伯　馬　斯	李　英　明	已　出　版
榮　　　　　格	劉　耀　中	撰　稿　中
柏　　格　　森	尚　建　新	撰　稿　中
皮　　亞　　杰	杜　麗　燕	撰　稿　中
別　爾　嘉　耶　夫	雷　永　生	撰　稿　中
縮　洛　維　約　夫	徐　風　林	撰　稿　中
馬　　利　　丹	楊　世　雄	撰　稿　中
馬　　賽　　爾	陸　達　誠	已　出　版
梅　露·彭　廸	岑　溢　成	撰　稿　中
阿　爾　都　塞	徐　崇　溫	撰　稿　中
葛　　蘭　　西	李　超　杰	撰　稿　中
列　　維　　納	葉　秀　山	撰　稿　中
德　　希　　達	張　正　平	撰　稿　中
呂　　格　　爾	沈　清　松	撰　稿　中
富　　　　　科	于　奇　智	撰　稿　中
克　　羅　　齊	劉　綱　紀	撰　稿　中
布　拉　德　雷	張　家　龍	撰　稿　中
懷　　德　　黑	陳　奎　德	撰　稿　中
玻　　　　　爾	戈　　革	已　出　版
卡　　納　　普	林　正　弘	撰　稿　中
卡　爾　巴　柏	莊　文　瑞	撰　稿　中
柯　　靈　　烏	陳　明　福	撰　稿　中
羅　　　　　素	陳　奇　偉	撰　稿　中
穆　　　　　爾	楊　樹　同	撰　稿　中
弗　　雷　　格	趙　汀　陽	撰　稿　中

世界哲學家叢書 (六)

書　　　　名	作　　者	出版狀況
祁　　克　　果	陳　俊　輝	已　出　版
彭　　加　　勒	李　醒　民	排　印　中
馬　　　　赫	李　醒　民	撰　稿　中
費　爾　巴　哈	周　文　彬	撰　稿　中
恩　　格　　斯	金　隆　德	撰　稿　中
馬　　克　　斯	洪　鎌　德	撰　稿　中
普　列　哈　諾　夫	武　雅　琴	撰　稿　中
約　翰　彌　爾	張　明　貴	已　出　版
狄　　爾　　泰	張　旺　山	已　出　版
弗　洛　依　德	陳　小　文	撰　稿　中
阿　　德　　勒	韓　水　法	撰　稿　中
史　　賓　格　勒	商　戈　令	已　出　版
布　倫　坦　諾	李　　河	撰　稿　中
韋　　　　伯	陳　忠　信	撰　稿　中
卡　　西　　勒	江　日　新	撰　稿　中
沙　　　　特	杜　小　真	撰　稿　中
雅　　斯　　培	黃　　藿	已　出　版
胡　　塞　　爾	蔡　美　麗	已　出　版
馬克斯·謝勒	江　日　新	已　出　版
海　　德　　格	項　退　結	已　出　版
漢　娜　鄂　蘭	蔡　英　文	撰　稿　中
盧　　卡　　契	謝　勝　義	撰　稿　中
阿　多　爾　諾	章　國　鋒	撰　稿　中
馬　爾　庫　斯	鄭　　湧	撰　稿　中
弗　　洛　　姆	姚　介　厚	撰　稿　中

世界哲學家叢書 (五)

書　　　　　名	作　者	出 版 狀 況
亞 里 斯 多 德	曾 仰 如	已　出　版
柏　　羅　　丁	趙 敦 華	撰　稿　中
聖 奧 古 斯 丁	黃 維 潤	撰　稿　中
安　　瑟　　倫	趙 敦 華	撰　稿　中
伊 本 · 赫 勒 敦	馬 小 鶴	已　出　版
聖 多 瑪 斯	黃 美 貞	撰　稿　中
笛　　卡　　兒	孫 振 青	已　出　版
蒙　　　　　田	郭 宏 安	撰　稿　中
斯 賓 諾 莎	洪 漢 鼎	已　出　版
萊 布 尼 兹	陳 修 齋	撰　稿　中
培　　　　　根	余 麗 嫦	撰　稿　中
霍　　布　　斯	余 麗 嫦	撰　稿　中
洛　　　　　克	謝 啓 武	撰　稿　中
巴　　克　　萊	蔡 信 安	已　出　版
休　　　　　謨	李 瑞 全	已　出　版
托 馬 斯 · 銳 德	倪 培 林	撰　稿　中
伏　　爾　　泰	李 鳳 鳴	撰　稿　中
孟 德 斯 鳩	侯 鴻 勳	排　印　中
盧　　　　　梭	江 金 太	撰　稿　中
帕　　斯　　卡	吳 國 盛	撰　稿　中
達　　爾　　文	王 道 遠	撰　稿　中
康　　　　　德	關 子 尹	撰　稿　中
費　　希　　特	洪 漢 鼎	撰　稿　中
謝　　　　　林	鄧 安 慶	撰　稿　中
黑　　格　　爾	徐 文 瑞	撰　稿　中

世界哲學家叢書 (四)

書　　　　名	作　者	出版狀況
知　　　　　訥	韓基斗	撰　稿　中
李　栗　谷	宋錫球	已　出　版
李　退　溪	尹絲淳	撰　稿　中
空　　　海	魏常海	撰　稿　中
道　　　元	傅偉勳	撰　稿　中
伊藤仁齋	田原剛	撰　稿　中
山鹿素行	劉梅琴	已　出　版
山崎闇齋	岡田武彥	已　出　版
三宅尙齋	海老田輝巳	已　出　版
中江藤樹	木村光德	撰　稿　中
貝原益軒	岡田武彥	已　出　版
荻生徂徠	劉梅琴	撰　稿　中
安藤昌益	王守華	撰　稿　中
富永仲基	陶德民	撰　稿　中
石田梅岩	李甦平	撰　稿　中
楠本端山	岡田武彥	已　出　版
吉田松陰	山口宗之	已　出　版
福澤諭吉	卞崇道	撰　稿　中
岡倉天心	魏常海	撰　稿　中
中江兆民	畢小輝	撰　稿　中
西田幾多郎	廖仁義	撰　稿　中
和辻哲郎	王中田	撰　稿　中
三木清	卞崇道	撰　稿　中
柳田謙十郎	趙乃章	撰　稿　中
柏拉圖	傅佩榮	撰　稿　中

書　　　　　名	作　　者	出版狀況
大　慧　宗　杲	林　義　正	撰　稿　中
袾　　　　宏	于　君　方	撰　稿　中
憨　山　德　清	江　燦　騰	撰　稿　中
智　　　　旭	熊　　琬	撰　稿　中
康　　有　　為	汪　榮　祖	撰　稿　中
章　　太　　炎	姜　義　華	已　出　版
熊　　十　　力	景　海　峰	已　出　版
梁　　漱　　溟	王　宗　昱	已　出　版
金　　岳　　霖	胡　　軍	已　出　版
張　　東　　蓀	胡　偉　希	撰　稿　中
馮　　友　　蘭	殷　　鼎	已　出　版
唐　　君　　毅	劉　國　強	撰　稿　中
賀　　　　麟	張　學　智	已　出　版
宗　　白　　華	葉　　朗	撰　稿　中
龍　　　　樹	萬　金　川	撰　稿　中
無　　　　著	林　鎮　國	撰　稿　中
世　　　　親	釋　依　昱	撰　稿　中
商　　羯　　羅	黃　心　川	撰　稿　中
維　韋　卡　南　達	馬　小　鶴	撰　稿　中
泰　　戈　　爾	宮　　靜	已　出　版
奧羅賓多・高士	朱　明　忠	撰　稿　中
甘　　　　地	馬　小　鶴	已　出　版
拉達克里希南	宮　　靜	撰　稿　中
元　　　　曉	李　箕　永	撰　稿　中
休　　　　靜	金　煐　泰	撰　稿　中

世界哲學家叢書（一）

書名	作者	出版狀況
王陽明	秦家懿	已出版
李卓吾	劉季倫	撰稿中
方以智	劉君燦	已出版
朱舜水	李甦平	已出版
王船山	張立文	撰稿中
眞德秀	朱榮貴	撰稿中
劉蕺山	張永儁	撰稿中
黃宗羲	吳光	撰稿中
顧炎武	葛榮晉	撰稿中
顏元	楊慧傑	撰稿中
戴震	張立文	已出版
竺道生	陳沛然	已出版
眞諦	孫富支	撰稿中
慧遠	區結成	已出版
僧肇	李潤生	已出版
智顗	霍韜晦	撰稿中
吉藏	楊惠南	已出版
玄奘	馬少雄	撰稿中
法藏	方立天	已出版
惠能	楊惠南	已出版
澄觀	方立天	撰稿中
宗密	冉雲華	已出版
永明延壽	冉雲華	撰稿中
湛然	賴永海	已出版
知禮	釋慧嶽	排印中

世界哲學家叢書 (一)

書　　　名	作　者	出　版　狀　況
孟　　　　子	黃　俊　傑	已　出　版
荀　　　　子	趙　士　林	撰　稿　中
老　　　　子	劉　笑　敢	撰　稿　中
莊　　　　子	吳　光　明	已　出　版
墨　　　　子	王　讚　源	撰　稿　中
淮　　南　子	李　　增	已　出　版
賈　　　　誼	沈　秋　雄	撰　稿　中
董　　仲　舒	章　政　通	已　出　版
揚　　　　雄	陳　福　濱	已　出　版
王　　　　充	林　麗　雪	已　出　版
王　　　　弼	林　麗　真	已　出　版
阮　　　　籍	辛　　旗	撰　稿　中
嵇　　　　康	莊　萬　壽	撰　稿　中
劉　　　　勰	劉　綱　紀	已　出　版
周　　敦　頤	陳　郁　夫	已　出　版
邵　　　　雍	趙　玲　玲	撰　稿　中
張　　　　載	黃　秀　璣	已　出　版
李　　　　覯	謝　善　元	已　出　版
楊　　　　簡	鄭　曉　江	撰　稿　中
王　　安　石	王　明　蓀	撰　稿　中
程顥、程頤	李　日　章	已　出　版
朱　　　　熹	陳　榮　捷	已　出　版
陸　　象　山	曾　春　海	已　出　版
陳　　白　沙	姜　允　明	撰　稿　中
王　　廷　相	葛　榮　晉	已　出　版